现代汉语话语情态研究

徐晶凝 著

（修订本）

上海教育出版社
SHANGHAI EDUCATIONAL
PUBLISHING HOUSE

目　　录

修订版前言

本书是在 2005 年完成的博士论文的基础上修改而成的，2008 年有幸受到北京大学"季羡林出版基金"的资助，作为"东方文化集成·中华文化编"的一部，由该基金指定出版社昆仑出版社出版。出版后承蒙陶红印教授厚爱，在 *Pragmatics* 杂志 2018 年第 2 期进行了介绍。学界前辈同行也给予了一定的关注。

白驹过隙，十余年一晃而过。记得在完成博士论文的过程中第一次接触到"交互主观性"（intersubjectivity）这一概念，当时，它是由外语学界译介进来的，对译词为"主观间性"。出于语义透明的考虑，我将其译为"交互主观性"。如今，这一翻译已成为主流译法。而在这十余年中，包括情态在内的汉语主观性与交互主观性研究受到了越来越多的关注，涌现出不少优秀成果，特别是对汉语情态副词、语气助词有了更广泛、更深入的观察。感谢上海教育出版社欣然再版拙著。

本次修订，主要是在不影响全书理论框架与基本观点的前提下，尽可能地补充了一些最新研究成果，并对某些观点进行了修正或者补足，主要是在语气助词部分。此外，还对字词语句、例句以及部分章节进行了增减调整，以使论证脉络，表述更为清晰。

最近几年，在互动语言学的研究视角下，汉语说话人如何利用语言进行互动，互动又如何培育了汉语语言形式的意义及其用法，成为青年学者努力探求的方向。而关注互动，便必然离不开对情态表达形式的观察。希望拙著的研究思路与观点，能够继续为汉语主观性与交互主观性研究提供有价值的参考。

徐晶凝

2020 年 6 月

于博雅德园寓所

初版序

2007年年初,徐晶凝告诉我,她两年前完成的博士论文通过了"东方文化集成·中华文化编"的审查,将由昆仑出版社出版。我真为她高兴。

这是一部有深度的(理论性强)、厚重的(涉及多种语言的材料和数亿字的汉语语料库)研究专著。两年多过去了,现在读起来,却好像更能体会其中的价值。

话语情态,是语言作为交际工具的体现。近年来,语言研究者越来越认识到,语言不仅是人们表达对经验世界的认识的工具,而且还是人际交流的工具。作为决定言语表达的说话人,说出的每一句话,都要选择自己与听话人在具体说话场合特定的交互关系,都要带入自己对客观经验的主观态度和评价,这就是话语中属于言者的"交互主观性"和"主观性"的部分。可以设想,如果没有这些部分,语言还成其为语言吗?

情态是近年来语言学、哲学、逻辑学等多个学科研究的热点,已经有多种不尽相同的定义。这本专著首先梳理术语,限定研究对象——将所研究的"话语情态"限定在"说话人在语句中留下的、由语法化的形式(也即封闭类成员或有限对立的形式)表达的自我印记(也即语句中表达主观性和交互主观性的部分)"。这一定义既突出了"话语情态"与"语句内容"在意义上的性质不同,又突出了话语情态在语言形式上的"范畴化"。

抓住了意义上的主观性与交互主观性,抓住了语言形式上的范畴化,作者建构起了由四个分系统组成的汉语话语情态大系统:①由直陈—祈使句类(两项对立)表达的言语行为语气分系统;②由语气助词("啊、呢、嘛、吧、呗、吗"等有限成员)表达的传递言者态度的语气分系统;③由情态助动词和核心情态副词表达的可能/应然/将然三维向的情态梯度分系统;④由边缘情态副词表达的(言者)评价情态分系统。

四个分系统各有自成系统的形式表现,各有自己情态义的分工。抓住"形式—意义"的关联,使得这项研究一方面体现了语言的普遍性——任何语言都有"话语情态",也即言者的主观性和交互主观性都会在各个语言的语句中有范畴化的表现,如特定的句类、封闭词类或形态语言的形态变化等;另一方面也显示了汉语的特点,比如汉语有专门的一组语气词,但没有专门的敬语系统,说明汉语者对听说双方交际地位的重视、对礼貌原则的重视高于英语者而低于日语者。

在情态大系统整体构架的基础上,作者对各个分系统分别进行了研究,作出了全新的探索。包括:①严格从"形式—意义"的关联入手,建构了汉语"语气—句类"层级体系,对汉语的祈使句、感叹句等作出了基于形式—意义关联的新界定;②从言者对听说双方交际地位和对所言态度的选择这一新视角出发,详细描写了"吧""啊""呢""嘛""呗"五个语气助词的分布,分析出它们所表达的各不相同的言者态度语气("吧"表推量语气,"啊"表求应/促应语气,"呢"表点明/探究语气,"嘛"表论理语气,"呗"表弃责语气);③通过对情态助动词在语篇中连用情况的考察,首次提出汉语情态助动词具有英语所不具备的区分可能/应然/将然三种情态维向的功能;④通过对情态副词与情态助动词连用情况的考察,对情态副词作出了新的分类。

作者的研究态度严谨,所有考察都以 8 亿字语料库(清华大学孙茂松教授开发)和有自动标注、检索词类功能的上千万字的 CCRL 语料库(北京语言大学宋柔教授开发)的检索为基础语料,并结合了小范围的对北京人语感的调查。

完成这样的博士论文,其中甘苦恐只有作者自知。

初识徐晶凝,是在 1994 年秋季学期我主讲的"系统功能语法"课上。那时她刚从山东大学考入北京大学对外汉语教学中心,做李晓琪老师的硕士。她十分用功,期末小论文写得很有见地,给我留下很深的印象。2002 年她提出要考我的博士,从她的报名材料我得知,近年来她的研究逐步集中到情态方面:在李晓琪老师指导下她完成的硕士论文是关于汉语语气词研究的,在日本教汉语的几年中她细读了当时能找到的国外情态研究的多种论著,并特别收集了从情态角度对日语语气词的最新研究。对于博士期间的科研工作,这些无疑是很好的基础。

然而博士论文的写作还是遇到了意想不到的困难。晶凝十分勤奋、用功,但当她扩大阅读范围,研读了更多的国外最新论著之后,感觉却是更无法界定什么是情态,什么是语气。一段时间内她所作的读书或研讨报告,似乎总是在各种概念中打圈圈。经过在我们语言学教研室硕士博士讨论班上的几次报告,通过师生们几次的深入讨论,晶凝逐渐明确了,话语情态所涵盖的言者主观性和交互主观性必须有形式上的范畴化,但形式上的范畴化不仅包括形态和助动词、语气词等封闭词类,也包括有限对立的句类。当这些关系逐渐理清,依据汉语的形式—意义关联,应建立四个情态分系统的想法也越来越明晰了。

从语料中整理分布的规律,找出分类的根据,本来就是晶凝的特长,大型的语料库则为她提供了更为充分的语料。比如,传达兼顾听者的言者态度义的语气词,我们都会用,却讲不清其意义上的彼此分别。晶凝能下苦功,通过她费时甚多的检索和从新视角出发的整理,我们也能意会到其中的差别了,但怎样给它们一个易懂又不失优雅的命名呢?至今还记得,我们师生几人在教研室激烈讨论的热闹场景。“啊”在陈述语气中表“求应”(期求听者回应),在疑问语气中表“促应”(催促听者回应);“呗”表“弃责”,这些术语不知包含了晶凝多少心血。

汉语话语情态这个题目,远非一篇博士论文可以完成。各个情态分系统之间的关系、汉语情态系统的类型学特点、语气助词在不同语调中的意义变体等等,众多大大小小的课题都有待更深入的研究。把已有的研究成果转化到汉语二语学习的应用方面,更是晶凝本职工作的直接要求。有了这本书的研究,我们对晶凝有了更多的期待。

“东方文化集成”为这部论著提供资助是很有眼光的,相信这本书的出版会促进学界对情态、意态的理论认识和对汉语话语情态系统的整体认识,会进一步激发对语言主观性和交互主观性的研究热情,会促进更多、更好的论著问世。

王洪君
2007 年 11 月 3 日
于北大承泽园

第一章 绪 论

本书的研究对象是话语情态(discourse modality)。情态是哲学、逻辑学和语言学三个领域的话题,本书所谈指的是语言学中的情态。

第一节 话语情态的界定

说话人在某交际语境中发出某个语句(utterance)时,要指定(specify)以下三个方面:一是语句内容(designation)①;二是说话人对语句内容的主观态度;三是说话人对交际参与者(听话人)的态度。语言有不同的装置分别用来表达这三个紧密相关的侧面。看一组例句:

A. 我命令你把盐递给我。

B. 你必须把盐递给我。

C. 把盐递给我。

D. 把盐递给我啊。

E. 把盐递给我嘛。

F. 把盐递给我吧。

G. 请把盐递给我。

H. 你能把盐递给我吗?

I. 把盐递给我,好吗?

J. 劳您驾,把盐递给我,好吗?

这几个语句所传达的内容是完全一致的,都是"你把盐递给我",但说话人却是以不同的态度将它们带到交际语境中的:一是把语句作为一个命题来陈述(A);二是直接用语句来发出指令(B-G);三是把语句作为对之进行提问的实体(H-J)。在有形态变化的语言中,这样一组语句中的主要动词"递"会有不同的屈折形式,语言

---

① 这有不同的叫法,维特根斯坦称之为句子主体(sentence-radical),也有学者称之为命题主体(proposition-radical),Lyons 也曾称之为命题内容(propositional content)。

研究中将之归结为一个语法范畴,即语气(mood)。

而"必须""能"则表明了说话人对语句内容的主观态度或观点,即说话人在多大程度上希望"递盐"行为被实施,是对实施"递盐"行为的可能性/必然性所持的态度,这样的一些意义,在语言学的研究中一般归为"情态"(modality)。

同时,这些语句也表达了说话人对听话人的态度。仅从礼貌等级上看,这些语句的礼貌等级就是逐渐提升的。选择哪个语句来完成交际,说话人首先需要对交际语境进行分析判断,考虑自己与听话人在社会地位、社会距离/熟悉度、语句内容对听话人所造成的强迫度等因素,再决定选用哪些语言手段来传达语句内容以及自己的态度。假如说话人和听话人是关系亲密的朋友,那他可以选用C句或F句;如果在一个自助晚会上,说话人和听话人互不相识,而听话人看起来比自己年长或者地位高,那说话人最好选用H句、I句或J句。如果在朋友之间,说话人第一次发出请求之后,听话人没有回应,说话人可以选用D或E句;如果选用D句,说话人是再次明确提出请求,并含有敦促听话人执行的口气;如果选用E句,则含有一种告诉听话人他理所应当执行"递盐"行为的劝求口气。这些人际意义的不同,主要是通过语气助词表达的,我们将之称为意态①。

本书所要研究的话语情态主要包含情态和意态两个部分。语句内容、情态和意态,从语言的特性来看,分别属于语言客观性(objectivity)、主观性(subjectivity)和交互主观性(intersubjectivity)(Traugott & Dasher,2002:19—24)。因此,话语情态的研究与语言主观性和交互主观性密切相关。

上面通过对例句的分析引出了话语情态这个概念,而没有对它的具体内涵进行明确界定。事实上,作为一个语言学概念,情态的内涵与外延究竟如何,在语言学界至今还没有比较一致的认识。因此,下面首先要讲清楚本书是如何界定情态和意态这两个概念的。

一、情态与主观性

在进入正题以前,有必要对"情态"一词稍加说明。上文已经说过,情态也是哲学和逻辑学的研究对象。在哲学和逻辑学领域,也常常使用"模态"这个术语,它是一个古老的话题,最早可以追溯到亚里士多德。必然性与可能性,实然命题(a是b)与模态命题(a必然是b/a或然是b)等对立的范畴都是他提出来的。在传统模态

---

① 注意,语言学界也有人(李战子,2000)把Halliday所谓的modulation翻译为意态(参看第二节的介绍)。而我们这里的意态含义与modulation是不同的。

逻辑(modal logic)中,情态只与可能性(possibility)和必然性(necessity)有关,它们与命题的真值联系在一起。在传统逻辑中(二分逻辑:主词＋谓词),情态被描写为对谓词的限定(quantification of predicate)。在现代内涵逻辑中,"必然性"被界定为在所有可能世界中具有真值,"可能性"被界定为在某些可能世界中具有真值。现代模态逻辑主要有两个分支,即标准模态逻辑和非标准模态逻辑,前者研究逻辑必然与逻辑可能,而后者则主要包括道义逻辑(deontic logic)、认识逻辑(epistemic logic)和时态逻辑(tense logic)。20 世纪 40 年代开始,克里普克(Kripk)等逻辑学家开始了对模态逻辑的语义研究。模态逻辑和可能世界语义学的研究成果及研究方法,给语言学带来冲击,使语言学又开辟了一个新的研究领域。

对语言学的情态研究影响最大的,可以说是冯·赖特(George Henrik von Wright,1951)。他从模态逻辑的角度将情态划分为以下几类:

A. 真势情态(alethic mode):关于真值(truth)

如:He is a bachelor, so he must be unmarried.(他是一个单身汉,所以他一定没有结婚。)

B. 认识情态(epistemic mode):关于所知(knowing)

如:John may be there by now.(约翰现在可能在那儿。)

C. 道义情态(deontic mode):关于义务(obligation)

如:You may come in now.(你现在可以进来。)

D. 存在情态(existential mode):关于存在(existence)

如:Lions can be dangerous.(狮子可能是危险的。解释:"有的狮子是危险的。"或者"狮子有时候是危险的。")

E. 能动情态(dynamic mode),主要是关于能力和意愿(ability and disposition)

如:John can speak German.(约翰会说德语。)

模态逻辑主要研究客观情态(objective modality),特别是真势情态,但它在语言学中却几乎没有什么地位。因为在表现形式上它与认识情态几乎没有什么区别。另外,认识情态和道义情态,在标准模态逻辑和形式语义学中,总是被客观刻画的。如 he may not come:

如果作客观认知的解释,它的意义是:根据所知的,他不会来了是可能的。

如果作客观道义的解释,它的意义是:他来是不被允许的。

但是,在自然语言中,与 may 相关的情态也可以是主观的,即在发出语句时,说话人可能表达他们自己的信仰、态度或他们自己的意志和权威性,而不是仅仅作为

一个中立者客观报道某事态的存在。如 he may not come:

如果作主观认知解释,它的意义是:我想他不来是可能的。

若作主观道义解释,则是:我禁止他来(I forbid him to come.)。

因此,Lyons(1995)指出,在自然语言的日常使用中,主观情态比客观情态更常见,它是语言学情态研究的对象。

综上可见,虽然语言哲学、模态逻辑与语言学的情态研究存在着相当多的交叉,但它们的研究各有侧重,研究诉求是不同的。语言学将情态作为人类使用语言进行交际时,说话人附加在语句内容之上的主观的看法和态度,是语言作为交际工具所具备的一种建构交际语境的手段。因此,在语言学领域中,情态是主观性(subjectivity)研究的一个重要组成部分。

主观性指的是说话人留在语言形式中的自我印记,根据 Finegan(1995),主观性包括三个方面:说话人的视角(perspective)、说话人的情感(affect)和说话人的认识(epistemic modality)。情态主要与说话人的认识这一方面的主观性有关。说话人的认识,指的是说话人对命题真值的承诺(commitment),是说话人对命题真值可能性或必然性的态度。如:

(1)他现在【可能】在家。

(2)他现在【应该】在家。

(3)他现在【一定】在家。

这三个语句都是陈述句(declarative sentence),所表达的命题完全相同,但是,说话人对该命题是否为真却持有不同的态度:"可能""应该"和"一定",分别表达了说话人不同程度的承诺,它们所表达的意义属于认识情态。

在语言学的研究中,还往往将与可能性、必然性紧密相关的许可(permission)、义务(obligation)、意愿(volition)、能力(ability)等意义范畴也纳入在情态中。如:

(4)你现在【可以】在家。

(5)你现在【应该】在家。

(6)你现在【必须】在家!

这三个语句都是祈使句(imperative sentence)①,说话人不是在对命题的真假作出判断,而是用语句来发出一个指令,要求听话人执行"在家"这个行为。"可以"

---

① 含有"必须、应该、可以"等词的语句是否属于祈使句,学界观点尚不一致。袁毓林(1993)认为它们属于祈使句,而吴剑锋(2006)将其称为评议祈使句,范晓(1998)则将这类句子与祈使句区别开来,单独将之划分为评议句。我们采取袁毓林(1993)、吴剑锋(2006)的观点。

"应该"和"必须"分别表明了说话人在多大程度上要求听话人执行"现在在家"的行为,它们所表达的意义属于道义情态(deontic modality)。

意愿和能力则属于能动情态(dynamic modality)。如:

(7) 他【愿意】在家呆着。

(8) 他【能】在家帮我照顾孩子了。

认识情态和道义情态是情态研究中的两个重要范畴,它们刻画了说话人用语句作出一个断言或者使某个行为被执行时,对命题或语句内容的不同态度。而能动情态所表达的是句子主语的意愿或能力,与说话人的主观态度无关,不具有主观性,因此,严格说来,能动情态并非真正意义上的情态小类。但因为表达能动情态的语言手段与其他两类情态的语言载体往往属于同一个语法形式类,而且它们之间存在着千丝万缕的联系,因此,语言学的情态研究也往往将它包括在内。本章第二节和第六章我们将对此进行详细分析。

二、意态与交互主观性

交互主观性可以看作是主观性的一种,它是说话人在语言形式中所留下的对听话人表示关注的自我印记。看一组例句:

(9) I will take you to school.　　(10) Actually, I will take you to school.

　　你去。　　　　　　　　　　　你去吧!

例(9)句中,第一、二人称代词的使用植根于说话人的视角,但说话人没有对交际语境中的听话人的形象或需要明确加以关注。而例(10)中,副词 actually 表明了说话双方之间潜在的或事实上的分歧(比如,听话人可能觉得开车去学校是没有必要的,或者他期望由其他人开车去送),以及说话人试图减少分歧的努力;而语气助词"吧"则表达了说话人对听话人不加强迫的态度(参看第五章)。总之,第二组语句都明确表达了说话人对听话人的关注,带有凸显的交互主观性特征[①]。

人类语言都为她的使用者提供了各种交互主观性的表达手段:韵律的、句法的、词汇的、副语言手段的等等(Lyons,1995:341)。比如,说话时的语调和口气不同,说话人表达的对听话人的态度也就不同;选用的句式不同,表达出的态度也不一样,如:这个好什么呀? /这有什么好的?;对不同词汇的选用,也可以表达不同的

---

① 交互主观性这个概念最早由 Benveniste(1958)提出,但并未进行深入分析。Traugott 继承了他的思想,并进行了一系列历时、共时的研究,从而使交互主观性的研究得以全面展开。后来,还有学者 Verhagen(2005)、Nuyts(2001、2012)等也使用交互主观性这个术语研究一些语言现象,但含义与 Traugott 并不完全一致。可参看丁健(2019)的介绍。

态度,如:老爷爷/老头儿/老家伙/老不死的,policeman/officer/cop/pig 等;说话时的表情、手势与听话人的身体距离等副语言手段,也是交互主观性的表达形式。这些手段让语言使用者能够有效地表达自己对听话人的态度,帮助建构交际语境。

但是,在不同语言中,交互主观性的表达形式在语法化的程度上却可能不同。比如,在英语中,有 sort of, well, you see, you know, mind you, yes/yeah, no, look, on the other hand, really, actually 等词语可用于建立或保持交际参与者之间的关系(James, 1983),但这些语言形式却没有自成一个语法类别。而在汉语中,却有一套高度语法化了的专用于交互主观性表达的语言手段,即语气助词。在日语、波斯语、爪哇语等语言中,也存在系统性的语言资源,用来指示说话人与听话人之间的关系,如表达给予、接受事件时,说话人需要根据施受双方的关系来决定使用什么样的语言表达形式(Beeman, 2014)。本书所说的意态,主要指通过语法化程度比较高的语言手段所表达的交互主观性,不包括语调、副语言手段以及通过选择性对比(词汇或句式)等方式表达的交互主观性。

从上面的例句分析,我们还可以看到,在英语和汉语中,交互主观性并不必然是所有有关第二人称的表达式的特征,但是在某些语言中,有关第二人称的表述却必须具有意态的表达形式(Traugott & Dasher, 2002:22)。

三、小　　结

Traugott(1999)认为,在语义演变过程中,交互主观化(intersubjectification)可以看作是主观化(subjectification)的进一步发展,没有一定程度的主观化就不可能有交互主观化的过程。如在 let's 的语义演变中,它经历了如下一个过程:

Let us "allow us(imp.)">let's>"I propose(hortative)">"mitigator"

允许我们>让我们(包含对方)>我提议(劝告)>缓和(语气)

例:

(11) Let us go, will you? >Let's go, shall we? >Let's take our pills now, Johnny.

在这个演变过程中,let 的主语从你(you)发展到我(们)(I/we),主观性逐渐加强,而在最后一个阶段,则是一个交互主观化的过程,因为说话人对听话人有移情(empathetic),他在用 let's 的时候,心里对听话人有一个猜测——认为听话人可能反对吃药。所以,在它的语义中,对听话人的关注成为核心。

如果不严格区分主观性和交互主观性,情态和意态都可以归属于自然语言的主观性范畴,都是说话人的自我表达,都是说话人在语句中留下的自我印记(Lyons,1977:739)。不同的语言,主观化程度不同。如英语与许多其他语言相比,主观化程度较低(Lyons,1995:341)。而日语说话人的自我表达,有时候比命题表达还重要(Maynard,1993:2),比如终助词ね(ne,相当于汉语的语气助词)的使用常常仅仅是为了增进交际双方间的认同感(徐晶凝,2003)。汉语在话语情态表达方面所折射出的主观性和交互主观性上的语言类型特点,是以下各章将要涉及的一个方面。

需要注意的一点是,随着语言主观性研究的深入,学界对语言中所存在的各种说话人的"主观印记"进行了全面观察,包括说话人的态度(attitudes)、感受(feelings)、判断(judgments)、对命题内容的承诺度(commitment)等各种主观性,Biber & Finegan(1988、1989)为此提出了立场(stance)这个术语,以涵盖这些语义现象。Precht(2003)认为"立场"是一个完美的语言学术语,因为它能够容纳同一个语言形式可以表达的各种主观性意义。如 maybe 除了表达说话人的不确信态度(uncertainty,如 Maybe we should eat.),还可用来表达估计(estimate,如 There were maybe five people.)或委婉(hedge,如 I don't know,maybe.),用一个"立场"便可以将它们都概括在内。

但随着研究的不断拓展,学者们在对与主观性相关现象的命名、界定与理解上,也产生了一些差异。Englebretson(2007)指出,某人所谓的"立场"可能涵盖了另外一个人所谓的"主观性",而有人则倾向于使用"评价"(evaluation)而避开"立场"一词等。Thompson & Hunston(2000)还特别对文献中所使用过的上位概念 stance,evaluation,appraisal① 等进行了比较梳理。也有学者使用"情态"一词来涵盖交际中命题以外所有的语言的、非语言的成分。如 Coates(1988)基于对自然语言会话的分析,将情态的研究领域拓展为:说话人观点转换的标记,保护面子的策略,表达否定礼貌的策略,不显示立场的观点表达。而 Maynard(1993)则提出了话语情态(discourse modality)的概念,认为情态的研究包括五个方面:(1)非语言形式,如韵律手段②、眼睛注视等;(2)句法手段,如主动语态与被动语态的选择使用、语序等;(3)独立的情态表达形式,如感叹词、语气助词、情态副词、话语连接词;(4)辅助动词和形容词、动词性词语的共用;(5)日语敬体与普通体的交替使用等。对"情态"一词的

---

① 在 Maritin & White(2005)的评价理论(appraisal theory)中,情态(modality)是一个相当下位的概念,隶属于介入系统。

② 严格说,韵律手段也是语言形式,这里是直接引自 Maynard(1993)原文。

这种泛化使用与研究视角逐渐与语用、语篇相结合有关。在汉语学界,也有一种对"情态"一词泛化使用的倾向。

本书所谓的"情态"则是指成系统的、封闭的、语法化程度比较高的语法形式所表达的意义范畴。同时,我们用"话语情态"这个术语作为上位概念,来统领情态与意态两个语义范畴,以及由情态副词所表达的意义(详见第三章第四节)。

第二节　本研究的理论基础

以上简要介绍了本书的研究对象,并从主观性和交互主观性的角度对话语情态(情态和意态)进行了定位。但事实上,情态的内涵及其定义,在不同的时期、不同的流派都有不同的看法。下面我们将对国外情态研究的四大模型作一个简要回顾,并在此基础上确定本书情态研究的理论视角。

在国外情态研究的历史上,主要有四大理论模型[①]:功能模型(functional model)、逻辑模型(logical model)、认知模型(cognitive model)和民族模型(national model)。这四大模型不仅研究视角不同,而且对情态含义的理解也有宽有窄。

一、功能模型

功能模型以 Givon、Halliday 等为代表,根据说话人的认识确信度(speaker's epistemic certainty)对情态进行概念化。其中,Givon(1989)认为语言学的意义绝不能根据真值界定,而应该根据"交际合同"(communicative contract),即说话人声称命题为真(veridicality),而听话人则加以挑战。所以,他用说话人的主观确信度(speaker's subjective certainty)取代真值(truth),将情态限定为说话人对命题的态度,分为两大类:

认识态度(epistemic attitudes):truth, belief, probability, certainty, evidence

评价态度/道义态度(evaluative attitudes/deontic attitudes):desirability, preference, intent, ability, obligation, manipulation

但是,Givon 对情态的交际解释主要集中在认识情态上,它面临的问题是如何将道义情态整合进来,因为这两个情态的句法范围是不同的:认识情态作用于命题,而非认识情态的范围则限制在动词结(verbal nexus)上。这个问题成为破坏情

---

① 本节关于情态研究理论模型的介绍主要根据 Lampert & Lampert(2000),所引文献的标注也主要来自该书。

态概念统一性的最大障碍。

Halliday(1985)则干脆将认识情态和非认识情态分开处理：将认识情态限定在说话人对命题可验证状态的评价(speaker-based assessment of the veridicality status of the proposition)，也就是介于"是—不是"之间的概念，包括可能性(如 possibly，probably，certainly)和通常性(如 sometimes，usually，always)两部分；而将非认识情态称为 modulation，李战子(2005)将之译为责任型情态，包括不同程度的义务(如 allowed to，supposed to，required to)和意愿(如 willing to，anxious to，determined to)。但是，Halliday 也承认在认识情态和责任型情态之间存在着模糊(ambiguities)、融合(blend)和中立(neutralization)的情况，难以截然分开。

功能模型遇到的另一个问题是：表达说话人的"主观确信度"的这一概念不能仅仅建立在演绎推理的过程之上，还应该依赖其他许多资源，如听说或感知到的信息。这又促使另一个范畴——证据范畴(evidentiality，提供演绎推理的证据)的产生，但如何处理情态与证据范畴间的关系，学者们的意见并不统一。有学者将情态作为证据范畴的一个次类(Chafe，1986)，也有学者将证据范畴纳入情态当中(Palmer，1979)，还有学者(Faller，2002)认为信息来源(证据范畴)和真值判断(认识情态)根本就是两个不同的概念。

对功能模型提出挑战的另一个概念是"将来"(future)。"将来"与说话人的推测、意愿等情态概念紧密相关，具体到英语，就是 will/shall 等应归入情态还是作为时标记，学者们持有不同意见。如 Givon 将指称将来的所有形式都归入情态，而 Comrie(1976、1985)则认为 will，shall 是时标记。

二、逻 辑 模 型

与功能主义的概念化相关的上述问题并没有导致情态从语言学中消失，其中一个方法就是对情态进行更深的限制，把它与可能性和必然性(possibility & necessity)联系在一起，从而产生了另一个具有广泛影响的模型——逻辑模型(logic model)。

该模型将自然语言的语义等同于模态逻辑中的语义，从而将语言学变为数学的一个分支，以 Kratzer 的关联情态(relative/relational modality)为代表。这一理论的主要观点是：情态联系着两个论元，一个是非情态化的命题，一个是会话背景(conversational background)。具体来说，有两种特定的关联：

logical compatibility(possibility)：it does not follow from a proposition P that a proposition Q is false.

logical conclusion(necessity)：in all those possible worlds in which P is true Q is true also.

该模型的语义表达公式为：Operator(restrictor，matrix)。Matrix 代表情态算子辖域内的命题，restrictor 代表与 matrix 中的命题相关联的会话背景。如 Miller (1978)据此模型对 ought to 的核心义所作的分析如下：

OUGHT TO(x，y)：x"ought to" y, relative to a set of circumstances C，if there is a system K such that, if C obtains, then K entails y.

Perkins(1983)对传统上的三种情态作了如下分析：

认识情态(epistemic reading)：K = rational laws；C = evidence；Y = the truth of proposition

道义情态(deontic reading)：K = social laws；C = deontic source；Y = occurrence of event

能动情态(dynamic reading)：K = natural laws；C = empirical circumstances；Y = occurrence of event

逻辑模型对情态的意义解释比较精确，而且对认识情态、道义情态等作了一致分析，找到了它们之间的区别特征。但是，用逻辑表达式的形式来分析自然语言的情态表达，难免抽象了一些，也简单了一些，忽略了交际中其他因素的作用，对我们认识自然语言的情态表达的帮助不大。

三、认 知 模 型

认知模型主要是 Talmy 建立起来的，并经过 Sweetser、Langacker 等人的进一步发展。该模型将情态建立在 force 这一意念之上，把它作为人类认知图式 force dynamics schemata 的一个次类。根据这个图式概念，Talmy(1988)分析了英语情态助动词的意义。如：

can(not)：主语倾向于实施动词所表达的行为，但是存在着某些力量反对这个倾向，并且该力量更强大，阻止事件的发生。

will/would not：主语拒绝向使其实施某行为的外部压力妥协。

认知模型虽然将情态纳入到了人类的认知图式中进行研究，并且深入地分析了同一个情态载体如何以及为何可用于不同的情态域，但是却从未对情态的范围进行明确的界定，没有为整体把握某语言的情态体系提供理论框架。所以 Lampert

（2000:271）认为情态并不是一个有认知理据（cognitively motivated）的范畴,而只是语言学者使用的一个方便标签而已。

四、民族模型

民族模型则将情态限定为情态助动词[①]——可根据形式特征确定的特定动词类——所表达的意义类,该模型的代表人物是 Palmer（1979、1986）和 Coates（1983）。Palmer（1979/1995）根据英语"may、can、must、ought to、should、shall、will、dare、need、be to、would rather、had better、be bound to、be able to、have to、have got to、be going to"等 17 个情态助动词的语义及句法表现,将它们分别归为认识情态、道义情态和能动情态。他对情态的界定基本上沿用了 Lyons（1977）的定义,即情态指句中命题以外的成分或修饰命题的成分;是说话人的主观态度和观点的语法化或句中那些主观性特征,是说话人对句子所表达的命题或命题所描写的情景的观点或态度,即语句中的非事实性（non-factuality）成分（廖秋忠,1989）。

为了有一个比较直观快捷的了解,我们将 Palmer（1979/1995）的情态分类体系列表描述如下:

表 1.1　Palmer(1979/1995)的情态分类体系

情态类	认识情态 （epistemic）	道义情态 （doentic）	能动情态（dynamic）	
			主语取向 （subject-oriented）	中立情态 （neutral）
情态指向	命题（proposition）	事件（event）	事件（event）	
定义	对命题真值的承诺	事件有道义上的限制,道义源是说话人	事件没有道义上的限制	
	若把命题和事件都看作是概念化的事态（state of affairs）,陈述这个事态是可能的或必然的	在真实世界里存在着使这种概念化的事态可能或必然变成现实的条件	主语的某些特征（能力或意愿 ability and disposition）	存在着使概念化的事态可能或必然变成现实的普遍条件

[①] 在汉语中,"可能、应该、可以、会"等词,曾有过不少名称:助动词、能词、能愿动词、衡词等。其中,助动词和能愿动词用得比较多。随着情态研究在汉语语言学界的引入,有学者（王伟,2003）开始使用情态动词这一名称。本书统一称它们为情态助动词。在不影响意义表达的前提下,为了行文的俭省,有时候也使用助动词来指称。

（续　表）

情态类		认识情态（epistemic）	道义情态（doentic）	能动情态（dynamic）	
				主语取向（subject-oriented）	中立情态（neutral）
情态指向		命题（proposition）	事件（event）	事件（event）	
情态的梯度 degree	可能性 possibility	I may go up at the end of August.	Oh, you can leave me out, thank you very much.	They can't speak a word of English, of course, not a word, but you know, they can say what they like.	Who knows? It can go either way.
	必然性 necessity	John must be in his office.	These people must be expelled if they disrupt lectures.		I must have an immigrant's visa. Otherwise, they're likely to kick me out, you see.
	意愿/权利/习惯（volition/power/habit）will、shall	John will be in his office.	You shall have your reward tomorrow.	John can and will help a friend.	

根据 Palmer，认识情态是关于命题的情态，与说话人的信仰或知识有关，说话人基于这些信仰或知识表达自己对命题真实性的判断；道义情态和能动情态是关于事件（event）的情态，其中道义情态与行为的可能性或必然性有关，说话人发出许可或义务要求，使得某行为在将来被执行。认识情态和道义情态都与说话人的主观态度有关，而能动情态则与说话人的主观看法和态度无关，只是关于句子主语的能力或意愿，或者是对一个普遍条件下的事态的表述，因此，严格说来，能动情态不是真正的情态。但是，因为在英语等语言中，可用于认识情态和道义情态表达的情态助动词一般都同时具有能动情态的用法，所以，Palmer 还是将它纳入情态的研究当中。Palmer 的这个分类体系在情态研究中具有相当大的影响，长期以来一直被诸多学者接受。

五、本研究依据的理论模型

从以上的简要介绍中不难看出，四大模型不仅研究视角不同，而且对情态内涵的理解也有宽有窄,比如 Halliday 与 Palmer 的情态体系所存在的差异及其大致对应关系可见图 1.1。

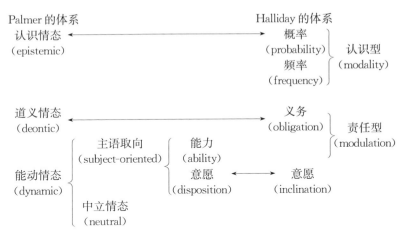

图 1.1　Halliday 与 Palmer 的情态体系所存在的差异及其大致对应关系

对情态的内涵界定不同,四大模型在情态的语法表达手段的确定上也便存在分歧。民族模型——如 Palmer(1986)——认为,人类语言的情态表达手段尽管非常丰富,但情态研究本身是一种语法研究,所以,他将情态表达形式的语法化(grammaticalization)作为一个重要标准,主要研究情态助动词、语气(mood)、小词(particle)和附着形式(clitics),而将形容词(如 possible)、副词(如 possibly)、名词(如 possibility)、动词(如 hope, believe)等词汇形式及语调等韵律特征排除在情态研究的范围之外。实际上,Palmer(1979)所详细描写的情态仅仅限于情态助动词,这也是传统情态研究的核心内容。

而其他几个模型所研究的情态载体则包罗万象,如 Halliday 对 144 个情态次类的重建,就考虑了与情态助动词语义对等的词汇性成分。Givon(1989)列举的可用于主观确信的现实断言和非现实断言(realis-assertion & irrealis-assertion for subjective certainty)的语法手段则包括如下一些:

情态助动词,如 will, may, must, should, can, might

认知动词,如 think, believe, guess, suspect, be sure, doubt, suppose, assume, presume, surmise

形容词,如 possible, probable, likely, true, false, alleged, presumed

副词,如 maybe, perhaps, probably, possibly, presumably, necessarily, really, most likely, allegedly

Talmy 也提出了大情态体系(greater modal system)这一概念,不仅包括封闭类动词(情态助动词),也包括开放类的词汇词(如 I made him/let him/had him/helped him push the car to the garage.)、名誉情态助动词(honorary modals,如 have to/be supposed to/be to/get to)等。

总之,情态所涵盖的意义领域及其表达手段,在不同的学者那里有不同的界定。但是,有两个明显的倾向:一是情态的含义越来越宽,二是语言类型学者越来越怀疑能否给情态一个具有跨语言有效性的界定。如 Bybee 等(1994)指出,跨语言的研究表明,将情态定义为"说话人主观态度和看法的语法化"已涵盖不了情态意念(modality notions)的范围,事实上,不可能对情态的意念领域及其语法化了的部分作出成功的界定。大多数语言类型学者(Givon 除外)都认为情态没有内部统一的意义(Lampert,2000:117)。但是人类语言中存在着这样一个语义语用范畴,却是肯定的,并且其核心部分并没有太大争议,学者们可以在自己界定的范围内对情态进行具体、深入的研究。

本书旨在从现代汉语的语言事实出发看现代汉语的情态表达系统,也就是说我们将采取民族模型的研究思路,选取语言中可以找到形式依据的封闭类作为研究目标,确定已语法化了的、由有限成员构成的情态概念系统。情态的表达有语言的共性,也有语言的个性。功能模型从意念出发来寻找人类语言中的情态表达形式,从而将所有与情态意义有关的语言形式都包罗在内,这也不失为一种很好的研究思路,对于观察同一个情态意念在不同语言中的表现很有帮助。只是限于研究目标及精力,本书不采取功能模型的研究视角。但是,在研究中,我们也会适当通过汉语与英语或日语的对应形式的对比,来进一步揭示汉语在情态表达上所体现的人类语言的共性与类型特点。

第三节　研究范围的确定

现代汉语中,能够表达说话人对语句内容以及听话人的主观态度和看法的语言形式是非常丰富的,主要有如下一些:

A. 句类(sentence type)和语气(mood):陈述句/祈使句、直陈语气/祈使语气

B. 语气助词:吧、呢、嘛、啊……

C. 情态助动词:可能、可以、能、应该……

D. 情态副词①：必须、一定、也许、千万……

E. 名词：可能性、必然性……

F. 情态实义动词：(我)觉得、知道、相信、希望、怀疑、猜测、推断、肯定……

G. 连词：如果/要是/假如、即使/即便/就是……

H. 否定副词和频度副词：不、没、又、再……

I. 隐性语法操作：如"的"字短语做后置定语小句、动词重叠……

下面先对这些语言形式如何表达话语情态意义作一简单说明，涉及的理论问题，将于下一章再作深入探讨。

说话人在交际中对语句内容所表达的主观观点或态度，最基本的体现就是说话人选择以什么样的方式将语句带到交际场景中来：是用语句作出一个断言，还是用语句使某行为被执行？ 这就涉及了句类和语气。如果说话人要作出一个断言，他一般可以选用陈述句句类；如果他要使某行为被执行，他一般可以选用祈使句句类。在有形态变化的语言中，动词有不同的屈折形式来表达这些意义。以日语为例，日语的动词有终止形和命令形，分别用于陈述句和祈使句，如：

（1）私は　　　　　　行った。（我去了。）

　　我-话题标记　　　去-终止形(过去时)

（2）あなたは　　　　行け！（你去！）

　　你-话题标记　　　去-命令形

在这两个例句中，说话人一是使用陈述句和动词的终止形，表达了自己的断言，说话人也完全承诺命题为真；一是使用祈使句和动词的命令形，说话人对听话人发出了一个指令，要求听话人执行"去"的行为。从情态的角度看，它们分别表达了认识情态和道义情态。在汉语中说话人也可以选用不同的句类来表达自己对语句内容的态度，虽然汉语动词没有形态变化，但仍存在一些对立的、隐性的句法属性。如：

（3）他昨天去了一趟王府井。（陈述句，直陈语气，认识情态）

（4）你去一趟王府井。（祈使句，祈使语气，道义情态）

在陈述句中，句子的主语没有人称限制，但以第三人称为最无标记，主要谓语动词可以带有时体标记"了、着、过、起来、下去"等等，且在语义特征上也没有限制。但在祈使句中，主语通常是第二人称或第一人称复数，主要谓语动词一般不可以带

————————

① "必须、一定、也许、千万"等词，传统上叫作语气副词，本书称作情态副词，因为本书对"语气"一词有比较严格的使用。

15

有时体标记,且一般为[＋自主][＋可控]动词,等等。这些句法属性上的对立,也不妨看作是语气的对立。

现代汉语中,语气助词主要用于表达说话人基于对听话人的关注而采取的对语句的处置态度,它们自成一体,形成了现代汉语的一个话语情态次系统。如语气助词"吧",其基本的情态意义是"弱传信式推量,并交由听话人确认"(徐晶凝,2003;请参看第五章第六节)。

情态助动词、情态副词、名词等,用来表达说话人在多大程度上承诺命题为真或要求某行为被执行。如:

(5) 他【会】去一趟王府井。(情态助动词,认识情态)

(6) 他很【可能】去了一趟王府井。(情态助动词,认识情态)

(7) 他去了一趟王府井,有这种【可能性】。(名词,认识情态)

(8) 他【也许】去了一趟王府井。(情态副词,认识情态)

(9) 你【得】去一趟王府井。(情态助动词,道义情态)

(10) 你【必须】去一趟王府井。(情态副词,道义情态)

情态实义动词后带小句宾语时,它们可以明确地表明说话人的主观态度或观点。如:

(11) 我【知道】他去了一趟王府井。

(12) 我【相信】他去了一趟王府井。

(13) 我【怀疑】他去了一趟王府井。

(14) 我【希望】他去了一趟王府井。

(15) 我【命令】你去一趟王府井。

"知道、相信、怀疑、希望、命令"都不是用来陈述事实的,而是明确表示说话人的主观态度,明示了言语行为的类。在言语行为理论的框架中,它们被称为施为动词(performative verbs)。而在情态的研究领域中,它们无疑参与了情态意义的表达。近年来,学界对它们进行了比较多的研究,如徐晶凝(2012)、匡鹏飞(2017)等。

连词(如果/要是/假如、即使/即便/就是)、否定副词(不、没)、频度副词(又、再)、隐性语法操作(如"的"字短语做后置定语小句、动词重叠等)等语言形式则与现实情态与非现实情态(realis/irrealis modality)的表达有关。第二章第三节将专节论及这个问题,在此不赘。

以上这些语言表达形式大致上可以分为两类:一类是成系统的、封闭的、语法化程度比较高的,可以完整地表达情态系统中的某个侧面,它们是句类和语气、语气助词、情态助动词和情态副词;其他的或者是零散不成系统的,或者是语法化程度较低的实义词汇。这两类话语情态成分往往结合在一起,互相作用。要研究汉语话语情态的整体面貌,最好是将它们综合起来加以分析。但本书将只选取第一类作为研究对象,因为这些情态成分都是封闭类,且各自形成一个相对完整的情态表达侧面,是情态表达的核心成分,借助它们基本上可以勾勒出现代汉语话语情态表达体系的整体面貌。

第四节　语用研究视角

话语情态与语用的关系非常密切。如英语中情态助动词的过去时形式主要用于委婉表达(tentativeness),如:

(1) <u>Could</u> you tell me what time the bus leaves,please?

(2) <u>Would</u> you let me have a look?

语句中情态词语数目的增加可以使礼貌程度增强(万茂林,1994)。如从例(3)到例(7),语言形式的礼貌等级是逐渐增强的。

(3) Stop writing.

(4) It's <u>necessary</u> for you to stop writing.

(5) It <u>may</u> be <u>necessary</u> for you to stop writing.

(6) It <u>may</u> <u>possibly</u> be <u>necessary</u> for you to stop writing.

(7) I <u>would</u> <u>imagine</u> it <u>may</u> <u>possibly</u> be <u>necessary</u> for you to stop writing.

因此,Leech(1983:139)认为情态助动词也是一种建构人际关系的有效手段。对情态的研究不能与语用割裂开来。

汉语中,情态表达形式也往往与礼貌策略有关。在此仅以情态副词为例稍作说明。如:

(8) 你【未免】太任性了一些。

(9)【大概】咱们【最好】马上走。

(10) 不管怎么说,【也许】【最好】还是跟你们邻居中的哪一位先说一说。

(11) 这些话【似乎】【不必】再加分析了。

这些语句或者用于规劝或批评,或者用于建议,都会伤及听话人的负面子(negative face,Brown & Levinson,1987),即说话人行动不被限制的自由。而说话人在语句中使用了情态副词,在一定程度上减少了面子威胁的程度。如例(8)中,情态副词"未免"使得说话人的口气不那么强硬,而其他例句中两个情态副词连用,前一个情态副词将后一个情态副词纳在自己的辖域之中,从而将一个道义指令以一种推测的形式给出,口气也委婉了很多。

当然,语言形式的礼貌等级也要与交际情境关联起来,才能判断在具体的交际情境中它究竟是不是一种礼貌的表达手段。比如,联系"付出——收益比(benefit-cost)"进行判断(Leech,1983),下面两个语句虽然在指令行为中使用了加强词,也并非不礼貌:

(12)张大人,张大人,【千万】【不必】动气!

(13)因此,对市场机制【完全】【不必】恐慌。

这两个语句所实现的也是一种伤及听话人负面子的行为,但在这些指令中,听话人是受益者,不遭受损失,所以说话人使用加强性副词,表面上使得指令更为强硬,实际上却表达了对听话人的关切,反而是得体的。

意态主要关注的是说话人对听话人的态度,它与语用的关系自然非常密切。事实上,在英语等印欧语的研究中,学者们一般将交互主观性的表达手段归为语用学(pragmatics)的研究范围。如 Brinton(1996)认为语用标记(pragmatic marker)主要可以分为两类:一类属于篇章性的(textual),一类属于人际性的(interpersonal)。前者用来指示某语句与其他语句的线性关联,保证交际的连续性等,如 and,so,but 等。后者则用来引起听话人注意,邀请听话人参与或者合作,拉近或拉远交际参与者之间的关系,暗示说话人的态度等,如 you know,well,anyway 等。汉语中,语气助词主要参与交际语境人际关系的构建,如"吧"在语境中有助于维护听话人的面子,建构和谐的交际语境(徐晶凝,2003),第五章将对语气助词进行系统分析。

因此,本书对话语情态的研究,将坚持语用研究的视角,在相关讨论中会涉及交际参与者的权势关系、距离远近、面子威胁、礼貌策略等语用因素。

本书总的研究思路是:首先对话语情态表达体系加以总体介绍,然后分别研究语法化程度较高的话语情态标记各自所表达的情态意义,它们的组合模式及其共现限制和规则解释。研究时力求做到句法、语义与语用相结合。我们也会使用他人已有的研究成果,对汉语和英语或日语进行比较,虽不能全面彻底地比较三种语言在情态表达方面所表现出的语言共性或个性,但尝试从某个侧面进一步清楚地揭示汉语话语情态表达系统的某些特点,同时也证明情态表达也是观察语言类型特点的一个视角。

第五节 本书的结构及语料来源

一、各章内容简介及研究目标

除了本章之外,本书还有七章。

第二章主要介绍了国内外汉语情态研究的概况,并就研究中涉及的几个理论问题进行阐述,包括认识情态和证据范畴间的关系、现实情态与非现实情态、句类与语气的关系、情态系统的层次性等,为后面各章的分析建立理论基础。

第三章描写现代汉语话语情态表达的四个分系统,即(1)由直陈—祈使句类表达的言语行为语气分系统(speech act mood);(2)语气助词表达的传态语气分系统(attitude-conveying mood),语气助词与句类共同作用,表达说话人基于对听话人的态度而将语句带到交际语境中的方式,其特点在于[+言者交际态度][+当下性],是交互主观性的语法化范畴;(3)情态助动词和核心情态副词构成了情态的不同维度(dimensional degree),并用于区分可能/应然/将然等情态域的不同梯度;(4)边缘情态副词用于表达说话人对语句内容作出的主观评价,构成评价情态分系统(evaluative modality)。

第四章讨论了现代汉语的句类系统,指出陈述句、疑问句、祈使句和感叹句在言语功能上存在着交叉渗透的现象,因此,句类的确定必须有句法形式上的依据。现代汉语中只存在着直陈语气和祈使语气两大言语行为语气。

第五章以交互主观性为纲,从说话人对语句内容的信疑度以及他主观上为听话人设计的交际身份出发,为核心语气助词"啊、呢、嘛、吧、呗"确定了各自的原型情态意义,并说明了它们的原型意义在不同句类中、不同的句法位置上的意义变体,还解释了它们为何不能出现在某些句类或句法位置上,以及它们出现在相同的句法位置上时情态意义的差别,并从语言类型的角度对这一问题进行了理论上的探讨。

第六章研究情态助动词在情态系统中的作用,对情态助动词的连用规定作了情态角度上的解释,同时分析了汉语与英语情态助动词在句法分布及语义表达上所表现出的语言共性与个性,发现汉语的主观性可能强于英语。

第七章研究情态副词在情态系统中的作用,主要描写了情态副词彼此间的共现规定,以及情态副词在情态梯度表达上的作用。该章还就英语和汉语副词在情态表达上的特点进行了比较,发现英语情态副词的主要作用在于与情态助动词、情态形容词和情态名词等形成情态主客观取向(orientation)的连续统,英语重视客观与主观的对立;在英语说话人的概念系统中,证据范畴与情态间的关系可能更为密切。而汉语情态副词则以主观性作为自己鲜明的特征。

第八章对本书所提出的主要观点进行了梳理,并指出还有待研究的几个问题。

总之,本书将对汉语的话语情态系统作出尽可能详细的描写与解释,并与英语、日语进行比较,揭示汉语在话语情态表达方面所具有的语言共性及其独特之处,从而为语言类型研究提供素材。这些研究成果也可以为编写汉语交际语法(communicative grammar/modal grammar)提供理论支持和参考。

二、语 料 来 源

本书的研究基于真实的书面语语料,题材、体裁上尽可能全面,并重点考察小说中的对话材料,以弥补口语语料的不足。主要使用了两个语料库:一是清华大学孙茂松教授研发的8亿语料库,一是北京语言大学宋柔教授研发的"汉语语料检索系统CCRL(工智通)"语料库。所使用的检索工具,也是这两个语料库自备的检索软件。

具体说来,情态副词、情态助动词及语气助词的单项研究,使用的是孙茂松教授编制的检索工具,先随机抽取500例,再检索8亿语料库的分库——王朔小说中的所有用例。进行具体分析时,则将这两个语料检索结果互相对照。原因在于情态助动词的语义分析对语境有很大的依赖性,要确定词语的意义必须参照它所出现的上下文语境,而500例要找到它所在的原文困难很大;单独使用王朔小说语料,一是有作者个人语言使用习惯的影响,二是语料涵盖面不够广泛,有的分布可能查不到。所以,我们主要利用500例查找词语的分布,然后利用王朔语料进行语义分析。如果500例中有些用法或意义在王朔语料中没有出现,则用500例的用例加以说明。另外,还有一部分语料,特别是分析语气助词时,我们还补充检索了王朔、冯小刚编导的电视剧《编辑部的故事》中的对白。

在考察情态表达项目之间的共现分布情况时,则使用了宋柔教授研发的"工智通"检索软件。另外,文中有一小部分例句是改造过的或自造例句,这是为了使例句能更典型地说明观点。有的例句则取自已有研究文献。为节省篇幅,例句出处不一一注明。

第二章　汉语情态研究之现状及几个理论问题

本章首先对汉语学界的情态研究现状进行回顾，然后，就几个理论问题进行探讨，提出本书的处理意见，为后面各章的描写提供理论依据。

第一节　中国境内汉语学界的情态研究

虽然现代汉语中有着丰富的情态表达手段，但中国境内汉语语言学界长期以来并没有把情态作为关注的焦点。对它的专门研究大概是从廖秋忠 1989 年在《国外语言学》第四期上译介 Palmer 的《语气与情态》(*Mood and Modality*)才开始的，至 2002 年 4 月在湖南长沙召开的第 12 次现代汉语语法学术讨论会，才第一次将情态确定为会议主题之一。在此之前，汉语学界对汉语情态的表达形式——如情态助动词、情态副词、语气助词等——所做的研究，或侧重于句法特征，或侧重于个别词语的语义描写或辨析，并未有意识地将它们纳入人类语言的情态研究中来。这些研究的相关内容留待后面各章分别介绍，在此不赘。

在情态正式进入中国学者的研究视野之前，有一位学者的研究虽然没有以情态为题，却与情态框架的构建有着直接的关系，那就是吕叔湘的《中国文法要略》，他在第十五到第十七章所探讨的问题与认识情态、道义情态有关：

表 2.1　吕叔湘《中国文法要略》中的广义语气系统

广义语气	语意：以加用限制词为主	正与反	肯定	
			不定（是非问句）	
			否定	
		虚与实	实说	
			虚说	可能、必要等
				设想（假设句）

（续 表）

广义语气	狭义语气	语势：以语调为主	轻与重		
			缓与急（缓：提顿）		
		语气：概念内容相同的语句，因使用目的的不同所生的分别。兼用语调和语气词	与认识有关	直陈（强调则为确认）	
				疑问	肯定性：测度
					中性：询问
					否定性：反诘
			与行动有关	商量（建议、赞同）	
				祈使	肯定性：命令
					否定性：禁止
			与感情有关	感叹、惊讶等	

　　吕先生的研究中有两点值得注意，一是"与认识有关"和"与行动有关"的语气分类，已经抓住了认识情态和道义情态两大情态类的本质特征，而且将情态类与陈述句、祈使句建立了直接的关联；二是他已经认识到了实说与虚说的对立，将"可能、必要"等概念和假设句看作一类，抓住了这两类语言形式在本质上的一致性，也就是说，吕先生已经意识到现实情态与非现实情态的意念差别。可惜后面的分论基本上只是围绕着句类和语气助词展开，没有全面描述情态的各个侧面，特别是没有提及情态副词的作用。

　　王力的《中国语法理论》第九章第二十二节和第二十三节的研究则将语气助词和情态副词都作为语气的表达形式进行了描写，对常见语气助词和情态副词的意义描写可谓精确，但没有系统性的考虑，失于零散，而且仅仅将它们看作是"情绪"的表达，没有探讨语气助词和情态副词所表达的意义之本质。

　　后来学者们的研究有了自觉的情态意识，贺阳（1992）、齐沪扬（2002）、鲁川（2003）、崔希亮（2003）等都尝试着对现代汉语的情态系统进行整体的把握①。下面撮要介绍一下他们的研究成果，并作出评述。

　　贺阳（1992）和齐沪扬（2002）的研究，总的来说，有异曲同工之处：他们不但都使用了"语气"这个术语，而且都用英文 mood 一词做了注解。其研究结论见表2.2。

---

　　①　此外，还有一些学者，如房玉清（1992）、孙汝建（1999）、徐晶凝（1993）等，也做了一些整体研究工作，但由于理论上的局限，这些研究还存在着很多有待改进之处，在此不加引述。

表 2.2　贺阳(1992)与齐沪扬(2002)的对比

	贺阳(1992)			齐沪扬(2002)		
定义	通过语法形式表达说话人针对句中命题的主观意识,是对句中命题的再表述:可以是说话人表达命题的目的,可以是说话人对命题的态度、评价等,可以是与命题有关的情感。			说话人使用句子要达到的交际目的以及说话人对说话内容的态度或情感		
语气系统	功能语气	陈述语气		肯定	陈述语气	功能语气
				否定		
		疑问语气	询问	询问	疑问语气	
			反问	反诘		
		祈使语气		请求	祈使语气	
				命令		
		感叹语气			感叹语气	
	评判语气	认知语气	确认	▒▒▒▒▒▒▒▒		
			非确认	▒▒▒▒▒▒▒▒		
		模态语气	或然	或然	可能语气	意志语气
			必然	必然		
		履义语气	允许	允许	允许语气	
			必要	必要		
		能愿语气	能力	能力	能愿语气	
			意愿	意愿		
	情感语气	料定语气		料定	料悟语气	
		领悟语气		领悟		
		诧异语气		▒▒▒▒▒▒▒▒		
		侥幸语气		▒▒▒▒▒▒▒▒		
		表情语气		▒▒▒▒▒▒▒▒		

　　齐沪扬(2002)还进一步区分了所谓的"语气"和"口气",认为口气不应该包括在语气中,所以,他将贺阳(1992)的"情感语气"中的三个小类(诧异、侥幸、表情)划出去了,而将另外两个小类(料定、领悟)划归到意志语气中。除此之外,二人的研究结论几乎是完全一样的。他们的研究范围则包括情态助动词、情态副词、语气助词、句类、叹词等等。可以看出,贺阳(1992)和齐沪扬(2002)虽然使用的是"语气"一词,但

就实际的研究范围来看,他们所谓的语气其实就是本书所说的话语情态。

鲁川(2003)的主要观点是,语言的主观信息有两类,一类是主观因素(褒贬因素、远近因素等),一类是主观标记。主观标记表达言者的主观意图、主观情绪和主观态度,分别由语气标记和情态标记表达。"语气"是对"人"的,体现言者跟闻者交际的意图:是告诉闻者某些信息,还是让闻者做某些事情,同时也体现为言者对闻者的态度。而"情态"是对"事"的,体现言者基于固有的主观认识而对于事情的主观情绪或态度。虽然鲁川并未明确地指出来,但可以看出,他所谓的"语气"主要是通过句类和语气助词来表达的,而"情态"则主要由副词(尤其是情态副词)和情态助动词表达。他对现代汉语的情态系统描写见表2.3。

表 2.3　鲁川(2003)的情态体系

情态范畴	判断	推断	确定	必　总是　一定
			揣测	约　大概　也许
		必要	理应	该　应当　当然
			必须	得(děi)　必须
		常规	照常	仍　依然　照例
			反常	偏　反倒　居然
		适度	过分	过　极其　简直
			不足	只　不过……而已
		机遇	幸好	恰　刚好　幸亏
			遗憾	咳　可惜　只得
	评议	评估	评价	配　值得　善于
			能力	可　可以　能够
		提议	建议	最好　赶快　千万
			禁止	别　莫　甭　不得

就实质而言,鲁川的"语气"大致相当于贺阳、齐沪扬之"功能语气",而"情态"则相当于贺阳、齐沪扬之意志语气等。只是鲁川认为,"语气"和"情态"是应该加以区分的两个范畴,它们同属于主观标记,而贺阳、齐沪扬则将它们统称为"语气"①。

---

①　"语气"一词在《现代汉语词典》中有两个意义:一是相当于英文 mood 的对译词,传统上包括陈述、疑问、祈使和感叹等;一是说话时的口气。而贺阳(1992)、齐沪扬(2002)以及曹大峰译(1997)《日语的语气和人称》(日文书名为《日本语のモダリティと人称》)等,又赋予了"语气"第三个含义,即"情态"。因此,阅读文献时一定要注意研究者是在哪个意义上使用这个词的,否则就可能产生误解。本书将在严格的意义上使用"语气"和"情态"这两个术语:语气指 mood,是一种语法范畴,而情态则指 modality。语气和情态的含义及其关系,将在本章第三节加以论述。

术语的纠缠并没有实质上的意义,尽管鲁川的理解与表述更为透彻,但是三位学者对这一个范畴的理解本质上是一致的:

表 2.4　不同学者概念术语间的对应关系

鲁川(2003)		贺阳(1992)、齐沪扬(2002)	
主观标记	语气	功能语气	语气
	情态	意志/评判/情感语气	

三位先生的研究与吕叔湘先生相比,有进有退:进的是他们已经明确地认识到语气助词、情态副词、情态助动词等所表达的意义属于一个大范畴,并且试图对这个大范畴进行系统构建;退的是他们对句类(陈述、疑问、祈使、感叹)的认识:吕先生敏锐地把握住了"与认识有关"和"与行动有关"的对立,而他们仅仅将陈述、疑问、祈使和感叹并列在一起。

崔希亮(2003)是在 Palmer(2001)的意义上使用"情态"一词的,但他将情态的含义扩大到跟动词复合体有关的一切事件和情景,所构建的汉语情态系统见表 2.5。

表 2.5　崔希亮(2003)的情态体系

表态系统											
语气范畴						时体范畴	能愿范畴				
言者情态						事件情态	施事情态				
疑问	祈使	感叹	推测	委婉	肯定		物力论情态		道义论情态		
							能力	意愿	可能	禁许	义务
吗	啊/吧	啊	吧	吧/呢	嘛/呗	语气副词	能/会	肯/要/可以	能/会	甭/别能/会	得/必须肯/要/可以

与本研究相关的是语气范畴和能愿范畴。在崔先生看来,汉语里语气助词和情态副词(语气副词)所表达的情态意义属于一类,都是言者取向的情态,而情态助动词所表达的情态意义是一类,属于施事取向的情态。这个体系中有两个问题值得商榷:一是情态助动词并非仅仅表达物力论情态(即能动情态)和道义论情态,还可以用于表达认识情态。二是并非所有的情态助动词所表达的情态都是施事情态,事实上,只有物力论情态是施事取向的情态,而认识情态和道义情态都是言者取向的情态。

总之，上述几位学者都比较自觉地坚持了情态研究的理论视角，并试图从情态意义的角度出发，立足于汉语的语言事实，对现代汉语的话语情态系统作出整体的把握，一些观察已经相当深入。如鲁川对"对人"和"对事"情态的区分，已经明确地抓住了情态表达中的两个基本侧面。不过，他们对话语情态系统的描述中也还存在着一些有待进一步厘清的问题，如话语情态的诸表达形式在情态系统中的地位分别是什么？崔希亮将语气助词和情态副词所表达的情态归为一个类，将情态助动词所表达的情态归为另一个类；而鲁川则将语气助词所表达的情态意义单独看作一类，将情态助动词和情态副词所表达的情态意义归为一类；贺阳、齐沪扬则笼而统之一并处理。第二个问题是话语情态是不是一个简单的二分系统？情态和语气的关系到底是什么？吕叔湘、贺阳、齐沪扬、鲁川都将语气（句类）归在情态的研究范围之中，而崔希亮则没有。这些问题，还有待继续研究。

近年来，范晓蕾（2011，2014）等学者也开始基于汉语方言事实，试图对情态进行更深入的研究。

第二节　中国境外汉语学界的情态研究

中国境外的汉语学界比较早就开始了自觉的情态研究。特别是对情态助动词的研究很早就采纳了情态的视角，谢佳玲（2004）分别介绍了 Tsang（1981）、Tiee（1985）、词库小组（1993）、汤廷池与汤志真（1997）、黄郁纯（1999）的研究，并作了分析评价，在已有这些研究的基础上，谢佳玲提出了自己的看法。

从谢佳玲（2004）的介绍可以看出，上述这些研究基本上都采用了 Palmer（1986）的理论框架，首先界定了情态助动词的句法鉴定标准，然后将情态助动词归为认识情态、道义情态和能动情态等。但他们大都意在研究情态助动词，而非现代汉语话语情态的整体框架，在此不加介绍，留待第六章。本章只介绍一下谢佳玲（2004）的研究。

谢佳玲（2004）首先给出了一个适合汉语的情态定义。认为情态作为一个自然类，内部应当具有共同的属性：广义的情态必须具备[＋可能世界]这个属性，而狭义的情态则必须同时具备[＋说话者来源]和[＋可能世界]两个属性。另一方面她在给出的情态语义的限定下列举出了表达这一意义的语言形式，包括情态助动词、副词和情态实义动词，并将这些词语统称为情态词。她的研究总结见表2.6。

表 2.6　谢佳玲(2004)的情态体系①

大　类	小　类	定　义	内部小类	
广义情态	狭义情态	认知情态	表达对一个命题为真的判断与证据	猜测	判断系统
				断定	
				真伪	
				引证	证据系统
				知觉	
		义务情态	表达让一个事件成真的指令与保证	允许	指令系统
				要求	
				承诺	保证系统
				威胁	
		评价情态	表达对一个已知为真的命题的预料与愿望	符合	预期系统
				不合	
				符合	愿望系统
				不合	
		动力情态	表达让一个事件成真的潜力与意愿	潜力	
				意愿	

　　谢佳玲(2004)的研究有两个地方值得注意,一是她完全采纳了 Palmer (1986)的情态观,认为在汉语的认识情态系统中存在着两个小类:判断类和证据类,也就是说她将证据表达当作了情态的一个小类。理由是情态助动词在语义上不仅表示一个判断,而且还隐含着判断的来源是说话人自己,比如,在"他可能离开了"中,"可能"一方面表达了说话人的观点或态度,另一方面也隐含着这个观点或态度的来源是说话人自己。而"我猜测他离开了"中,"猜测"虽然也表达了一个观点或态度,但是,来源却不一定是说话人,还可以是其他人,如"小王猜测他离开了"。因此,谢佳玲(2004)要区别广义的情态与狭义的情态:狭义的情态必须同时具有[＋说话者来源]和[＋可能世界]两个属性,而广义情态则不限定说话人作为来源。

----

　　① 谢佳玲(2004)使用"认知情态"对译 epistemic modality,而汉语学界一般用"认知"一词对译 cognitive,因此,本书认为用"认识情态"一词更好。下文论述中将径直使用"认识情态"一词。此外,以往文献中,也多使用"义务情态"和"动力情态"对译 deontic modality 和 dynamic modality,在综述已有研究时(特别是第六章),本书将按被引文献的术语加以介绍。

另一方面,与 Palmer(1986)相比,谢佳玲(2004)将情态的范围扩大了,增加了一个评价情态类,见表 2.7。

表 2.7 谢佳玲(2004)的评价情态体系

	［＋来源］	［－来源］
符合	难怪 无怪 无怪乎 当然2 果 果然 果真 毕竟 终究 终归 到底2 怪不得	料到
不合	竟 竟然 居然 甚至 甚而 反而 反倒 原来 未料1 不料 不想 想不到1	惊讶 讶异 未料2 想不到2 没想到

在对情态的定义作了界定以后,谢佳玲逐一详细地列举出了情态的表达形式。以认识情态为例:

表 2.8 谢佳玲(2004)的认识情态及其表达手段

		［＋来源］	［－来源］
判断系统	猜测	大概 也许 或许 可能 会1 要1 将 恐怕1 难说1 难保 未尝 可望 未必 不致 不至于 不见得 不尽然 敢情 莫非 岂 难道 难不成 说不定 搞不好	猜 猜测 想1 猜想 料想 预料 预计 预测 预期 推测 臆测 揣测 估量 估计 怀疑 疑心 恐怕2 怕 难说2
	断定	定1 一定 肯定1 注定 铁定 笃定1 必 必定 必然 必将 想必 势必 势将 应该1 应当 该1 当 当然1 想当然 自 自当 自然 确然 准 稳 断 谅 八成 绝 绝对 绝然 简直 无非 无疑 不免 未免 难免 免不了	认为 以为 判断 预断 推断 推论 相信 确信 深信 坚信 不信 认定 料定 断定 肯定2 笃定2 谅2
	真伪	的确 确 确实 实在 委实 着实 真 真的 当真 诚然 明明 分明 是 到底 究竟	确定
证据系统	引证	听说1 谣传 传说 传闻 传言 据说 据闻 据报	听说2 听闻 耳闻 风闻
	知觉	好像 好似 看似 疑似 似乎 仿佛 依稀 恍若 恍如 显得 显然 俨然	感觉 觉得 看

在对情态词的句法鉴定方面,谢佳玲(2004)采纳的是典型范畴理论,认为在情

态动词到情态副词之间是一个没有截然分界的连续统,有典型情态动词、非典型情态动词、非典型情态动词或非典型情态副词、非典型情态副词和典型情态副词五个类。她据以作出判断的依据是:

动词属性   副词属性

否定成分、正反成分、单作答语、名宾用法   ……地、包含"然"、语调群组

从以上的介绍可以看出,谢佳玲试图通过对现代汉语的情态词(情态助动词、情态实义动词和情态副词)的综合研究,勾勒现代汉语的情态系统,可以说已经做得相当全面,也比较深入了。她认为情态词在句法属性上不存在截然分界的观点,也相当精辟。不过,也还存在着一些有待继续探讨的问题:同中国境内学者一样,谢佳玲也是根据情态助动词、情态实义动词和情态副词所表达的意义给情态系统做出了一个平面的分类,没有考虑到它们在汉语整个情态表达体系中的分工;第二个问题是,谢佳玲完全采纳了 Palmer 的理论,将证据类和判断类看作是汉语情态系统中的两个小类,而这个分析尚可进一步商榷,下文将提出我们对这些问题的看法。

以上对中国境内外汉语学界对情态的整体框架性研究成果作了一个简单回顾,论述中提到了几个理论问题,对这些问题的认识将直接影响到我们对现代汉语话语情态系统的整体构建。因此,下面将就这几个理论问题进行论述并提出我们的看法。

第三节　情态研究中的几个理论问题

一、认识情态与证据范畴①

第一章提到功能模型遇到的一个挑战是如何处理证据范畴与情态间的关系,不同学者对这个问题的看法并不一致。本章也介绍过谢佳玲(2004)的研究,她完全采纳 Palmer(1986)的观点,认为现代汉语的认识情态系统中应当包括一个证据类。那么,现代汉语的认识情态系统是否有必要包括证据类呢?

证据范畴(evidentiality)是 Jakobson 1971 年首次确定的一个语言学概念。汉语学界张伯江(1997)首次对它进行了介绍,并且对现代汉语的证据范畴进行了简

---

① 这个术语张伯江(1997)翻译为"传信范畴",并被很多学者采用。但张文基本上是在广义上使用 evidentiality,用于对译狭义的 evidentiality(即指示信息来源,而并不必须反映说者对命题的确信程度,Aikhenvald,2003)时,不太合适。而且"传信"在汉语中已经有了一个专门的含义,指语气助词的传信或传疑,为避免意义上的混淆,我们将之翻译为"证据范畴"。也有学者使用"示证""可证性""言据性""实据性"等译法。

要描写。继张伯江之后,张成福、余光武(2003)再次论及证据范畴,并且对证据范畴与情态两个概念进行了区分,认为最好将它们分开处理,这样"可以更清晰地观察和分析语言中的各种成分的性质和表达功能";该文还比较系统地研究了现代汉语插入语的证据表达功能。另外,李晋霞、刘云(2003)也以证据义为切入点,考察了"如果"与"如果说"的差异,认为"说"具有证据意义。近年来,有学者也专门探讨了汉语的证据范畴,如陈颖(2009)、乐耀(2020)等。这些研究对我们逐步认识证据范畴这个语言学概念,以及了解现代汉语的证据范畴表达都有很好的帮助。本节将在以往研究的基础上,进一步阐述证据范畴的含义,特别是加强对证据范畴和认识情态关系的认识。

1.1 证据范畴的含义

证据范畴有广义和狭义之分。狭义的证据范畴指的是知识的来源(source of knowledge),即说话人作出断言(assertion)所依据的证据,是感知到的、引证的、还是个人推断的等等。如 Willett(1988)根据信息来源的不同,将证据系统作了如下分类:

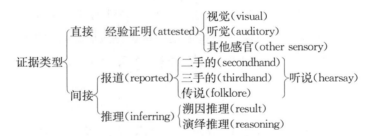

广义的证据范畴指的是对知识的态度(attitudes towards knowledge),如 Chafe (1986)认为英语的证据范畴可包括如下一些方面:

可靠程度(degree of reliability):

> She could/might come tomorrow.
>
> She will possibly/probably/certainly/undoubtably come tomorrow.
>
> It's sort of/kind of raining.
>
> It rained about/approximately three inches.

信念(belief):

> I think/guess/suppose it's raining.

推断(inference):

> You're all wet, it must/has to/'s gotta be raining.
>
> It's obviously/evidently/apparently raining.

Maybe/perhaps it's raining.

It's obvious/evident/apparent that it's raining.

感知证据(sensory evidence)：

I can hear/see/feel/smell it raining.

It feels/looks/smells/sounds like it's raining.

意料(expectations)：

Of course/in fact/actually/oddly enough，it's raining.

传闻(hearsay)：

Joe said，"it's raining".

Joe says it's raining.

I hear it's raining.

也就是说，在 Chafe 看来，证据范畴并不仅仅指知识或信息的来源。因此，他认为英语中有丰富的证据范畴装置，英语中证据范畴的分布范围非常广泛(Chafe，1986:261)。陈颖(2009)也是在广义理解上探讨汉语的证据范畴。

无论是从狭义还是从广义来理解证据这个概念，人类语言中都有这么一类装置主要用来表明说话人是根据什么来作出断言的。在有的语言中，如 Jaqi 语，"如果不表明信息的来源就很难说出一个语句"，证据范畴在该语言中具有举足轻重的地位(Hardman，1986，转引自 Chafe & Nichols，1986)。每种语言都有一些用于表明信息来源的方法，但是，并非所有的语言都有证据这个语法范畴，而以词汇形式标记知识来源的方法，可能更具有普遍性。以日语为例，日语中有各种词汇形式来标明信息的来源：soo da(传闻助动词)用于标记信息是听来的，yoo da 表明信息是说话人通过自己亲自看到、听到、触摸到的证据作出的推断，而 rasii 用于表明证据是通过其他途径而非自己的感知收集到的，另外有一个 soo da(在语调与接续形式上与传闻助动词不同)则用来表明讲话人推测某个事件即将发生，no/n 则用来表明断定是有充分根据的。但是这些标记证据意义的语言形式并不能形成一个内部统一的语法范畴：soo、yoo 是名词，而 rasii 是形容词，而且证据在语句中也并不是必需的成分。

在存在着作为语法范畴的证据范畴的语言中，证据范畴往往与时—体范畴、小句类型或情态范畴间存在着密切的关联。分别举例如下[①]：

---

① 例子都引自 Aikhenvald A.Y. & Dixon R.M.(2003)。

在 Jarawara 和 Myky 语中,证据标记通常用于过去时。在 Turkic 语中,完整体
(perfective)与间接证据(indirective)标记有语源上的联系(Aikhenvald A. Y. &
Dixon R.M. 2003:15—16)。

在 Yukaghir, Abkhaz, Eastern Pomo 和大多数 Samoyede 语中,证据标记在动
词中占据语气和情态的位置,因此,在分布上与条件、祈使、疑问标记是互相排斥的
(Aikhenvald A.Y. & Dixon R.M. 2003:11)。

许多语言在命令句中不包括证据标记,如 Qiang, Eastern Pomo, Jarawara,
Turkic 等。相当多的语言中从属小句不包含证据标记,如 Abkhaz, Qiang, Eastern
Pomo, Tariana, Jarawara 等(Aikhenvald A.Y. & Dixon R.M. 2003:17)。

但是,上述这些现象都不具有普遍性,如在 Jarawara 和 Tariana 语中,语气和情
态标记是可以与证据标记共现的。在 Shipibo-Konibo, Tariana 和 Northern Embera
语中,命令句也可以有证据标记(Aikhenvald A.Y. & Dixon R.M. 2003:17)。

因此,很多学者认为,证据范畴有其作为一个语法范畴的独立地位。从证据意
念的角度出发看不同语言是如何表达证据意义的,有助于我们了解人类语言在这
一意念表达上的普遍特点与个体差异。

1.2 证据范畴与认识情态

上文已经说过,无论是广义的证据范畴还是狭义的证据范畴,都与知识有关:
或者是单指信息的证据来源,或者还包括说话人在多大程度上相信命题信息为真。
而认识情态也与说话人的信仰和知识有关,因此,证据范畴和认识情态间就有了错
综复杂的关系,不同的学者有不同的理解。

Palmer(1986:51)认为证据范畴是认识情态的一个次类。在他的理论框架中,
认识情态表达说话人对命题的信念(belief)、知识(knowledge)、真实性(factuality)的
态度和观点。也就是说认识情态除了涉及可能性、必然性这些概念之外,还适用于
显示说话人对他所说话的承诺程度的任何系统,特别是包括诸如听说(hearsay)或
者报导(report)这样的证据类或各种感觉证据。因为他发现在很多语言中,说话人
并不是根据可能性或必然性来表达自己对所说话的承诺程度,而是根据他所拥有
的证据。如德语中,情态助动词 sollen 和 wollen 就分别用来表示是所有人说的
还是句子主语说的,也就是显示了不同的证据来源。而且表达这些意义的语
言形式往往与判断类情态的表达形式属于同一个形式系统(formal system)。
因此,他认为很多语言的认识情态是由判断类(judgment)和证据类(evidential)
两部分组成的。

而 Chafe(1986)则持相反的观点,他将情态作为证据范畴的一个次类,在上节的介绍中可以看到,在 Chafe 所列举的英语证据范畴的类别中,可靠程度、信念、推断和意料这四个方面的语义,也是通常意义上的认识情态。

同时也有学者认为证据范畴与认识情态是彼此独立的两个范畴,De Hann(1999)认为证据范畴所编码的是信息来源,而认识情态范畴所编码的则是言者对所言信息的承诺程度,与真值判断有关。张成福、余光武(2003)同意此观点。

毋庸讳言,说话人对命题真值的承诺程度以及他们所作出的判断往往与他们所拥有的证据有关,所以,证据范畴与认识情态并不那么容易区分。即便是在具有一个单纯的证据系统的语言,如 Tuyuca 语中,证据标记本身也可以说是包含着判断。英语助动词 must 也暗含着说话人作出推断是有充分证据的(Palmer,1986:67—70)。现代汉语的情态助动词也大都具有这样的隐含意义:

(1) 我哈哈笑了,说:"【可能】吧,我还能想象出许多你不能容忍的事,在你那胆小鬼的世界里,有许多这样不可容忍的事吧?……"

(2) 如今拒绝她,她【可能】不开心,若给她个希望,结果令她失望,她更会痛苦。

(3) 教堂【可能】是上个世纪留下来的建筑物,屋顶墙壁,饱经风雨,有一点败落景象。

(4) 我下节课【可能】不回来上了,但是中午我一定会回来陪你吃饭的。

(5) 此外的消息有的说【可能】采访去了,【可能】开会去了。

说话人使用"可能"也就表明自己的证据不那么充足。但是,与德语词 sollen 和 wollen 不同的是,证据意义并非汉语和英语助动词意义中的固有的区别性特征,助动词更多的是用来标记说话人的推测或判断。比如下面的一段对话①:

(6) 主人甲:对对,股票一定会下跌的,快抛出吧。

客人乙:哦,是吧?……

(客人离开后)

主人丙(对甲):你怎么那么肯定股票会下跌? 你又不是这方面的专家,以后说话的时候能不能少用"肯定、一定"啊?!

从说话人丙的话语可以得知,他认为说话人甲作出推断时并没有足够的证据。可见,"一定"所编码的只是说话人的主观态度,而不能作为证据范畴的表达

---

① 有学者如黎锦熙(1955)、梁式中(1960)曾将"一定"看作助动词。

手段。英语中的 must 也并非语法化的示证手段(De Haan,1999)。

本书的看法是:既然在某些人类语言中有专门的语法形式用来表达证据意义,那么,证据范畴就有资格成为一个独立的语法语义范畴。至于要判断一个语言的认识情态系统中究竟是否包含着证据类,那要看该语言的证据意义是否语法化为少数几个有限成员。就汉语而言,从意义上来说,证据范畴的确与一般的认识情态有各自的领域。认识情态的本质特征是主观性(Palmer,1986:16),表达的是说话人作出的判断,而证据却不一定是主观的判断。看一组例句:

(7) 听说,明天可能下雨。

(8) 看起来,今天要下雪了。

(9) 我看,你这样做一定会把事情搞砸的。

"听说、看起来、我看"表达的是说话人作出断言时所依据的证据:传闻、感知到的证据或我个人的信念,属于证据范畴;而"可能、要、一定会"则表达了说话人对命题的一个主观承诺态度,属于认识情态。再如:

"起来"与"看、听、吃、闻、摸"等感知动词以及"想、说"等动词一起使用的时候,可表达证据意义①。如:

(10) 饺子嘛,吃起来好吃,包起来就麻烦了。

(11) 看起来,你还是不甘寂寞呀!

(12) 现在想起来,简直是荒唐。

(13) 说起来,这还算是我的处女作呢。

"上去"也可以与"看、听、摸"等少数几个感知动词一起使用,表达证据意义。如:

(14) 看上去,他也就四十来岁。

(15) 听上去,他挺不乐意的。

(16) 这布摸上去还不错,手感挺好的。

在这些表达中,说话人使用了证据标记,目的是对据以作出判断的知识来源作出限定,"动词+起来/上去"都属于证据标记,而不是认识情态标记。

但是,汉语中上述这些专门用于证据表达的语言形式,却不是由有限成员组成的:"听说"可以细化为"听小王说""听他说"等等;可与"起来/上去"共现的动词数量众多,而且它们往往可以用其他说法替代,如"这布摸着还不错""听那意

---

① 研究表明,在很多语言中,证据范畴与时体范畴之间常常存在着密切的关系,时体标记在一定的语境中,可以表达证据意义(Chafe,1986)。汉语也是如此,"起来、下去"皆可用于体的表达。

思,他挺不乐意的"等等。因此,现代汉语尚未形成"证据类情态"这一语法范畴。

二、现实情态与非现实情态

现实情态(realis modality)与非现实情态(irrealis modality)是对情态的另一种分类。先看一组例句:

(17) 他没去,真好。

(18) 如果他没去就好了。

(19) 即使他没去也不行。

例(17)是对现实世界中已经实现的事件或事态所作的陈述,属于事实命题;而例(18)(19)则都属于虚拟命题,所陈述内容都不是真实发生的。这两组例句的分别可以看作是现实情态与非现实情态的分别。

某些语言有专门的语法化形式来区别现实情态与非现实情态的对立。如在巴布亚新几内亚 Amele 语中,可以根据句中动词在时与语气上的不同将现实情态与非现实情态明确地区分开来。现实情态基本上只包括现在时和过去时,即习惯性过去时(habitual past tense)、远过去时(remote past tense)、昨日过去时(yesterday's past tense)、当日过去时(today's past tense)和现在时(present tense),而非现实情态则包含其他时和语气,如祈使语气、劝诱语气等(Roberts J.R.,1990)。英语中直陈语气与虚拟语气(subjunctive mood)的对立,实质上也是现实情态与非现实情态的对立。日语里动词的屈折形式(词尾变化)中也有专门的假定形,用于非现实情态的表达。

现代汉语不是一种明确区分现实情态与非现实情态的语言,如真实条件句和非真实条件句在语法表现上没有什么本质的不同(徐李洁,2003)。但现实情态与非现实情态这样的意念分别并非不存在,有些语言形式与现实情态/非现实情态的表达有着密切的关系,只是这些语言形式自身还不成系统,或者语法化程度比较低。它们是:情态实义动词、连词、否定副词、频度副词、隐性语法操作等。

2.1 情态实义动词

情态实义动词可以明确表明说话人的主观态度,这种态度也包含着说话人对小句命题真值的承诺态度。如"知道"表明说话人完全承诺命题为真,而"相信"则表明说话人对命题的真假不加承诺,"希望"则表明说话人承诺命题为假。情态实义动词在语义上的这种对立,是成系统的,分别称为叙实词(factive)、半叙实词(non-factive)和逆叙实词(counter-factive)。这一区分在 Kiparsky & Kiparsky (1970)、Lyons(1977)、Givon(1972)、沈家煊(1999)中都有论述。其他情态实义动

词还有如下一些:

表 2.9　常见情态实义动词

叙实词(factive)	半叙实词(non-factive)	逆叙实词(counter-factive)
知道、记得、忘(了)、看见、听见、了解、后悔、发现、意识到、奇怪、责怪	决定、同意、害怕、想、认为、相信、怀疑、断定、承认	假装、以为、设想、梦想

2.2　频度副词

现代汉语中频度副词"又""再"的用法区别实质上也与现实情态与非现实情态的意念分别有关。根据马真(2000),现代汉语中副词"又、再、还"表达重复义时,其用法可简单列表总结如下:

表 2.10　表重复义的"又、再、还"

	过去的事实	过去虚拟事实	未来之事	未来虚拟之事
又	+	—	—	(+)[不如意的事]
再	—	+	+	+
还	—	(+)[能]	(+)	(+)

表示追加义时,它们的用法为:

表 2.11　表追加义的"又、再、还"

	过去的事实	过去虚拟事实	未来之事	未来虚拟之事
又	+	+[能]	—(有例外)	+[不如意的事]
再	—	+	+	+
还	+(有例外)	+	+(有限制)	+(有限制)

过去虚拟事实、未来之事和未来虚拟之事都属于非现实情态,而过去的事实则是现实情态。"再"可以自由用于非现实句,而不能用于现实句;而"又"多用于现实句,用于非现实句时受到限制。可见,它们在用法上的对立,与现实情态和非现实情态的分别有着直接的关系。

2.3　否定副词

否定副词"不"与"没有"在用法上的对立,也与现实情态与非现实情态有关。它们的对立可以简单表述如下:

◎ "不"侧重于否定意愿,而"没"侧重于否定客观叙述。

◎ "不"主要用于非过去事件,"没"用于过去事件。

◎ "不"可用于否定经常性或习惯性的动作或状态，"没"用于否定过去某一行为动作的发生。

◎ "不"否定形容词时否定的是性质，而"没"否定的是变化。

◎ "不"可以否定情态助动词、心理活动动词、"是、认识"等静态动词，而"没"不可。

可以看出，"没"只用于现实句，而"不"多用于非现实句。习惯性或经常性的动作或状态，是归属于现实情态还是非现实情态，不同语言有不同的处理方式。如巴布亚新几内亚 Amele 语，将习惯性过去时看作现实情态，而 Bargam 语却将之归属为非现实情态。从"不"与"没"的用法对立上看，现代汉语习惯性行为似乎可以归属为非现实情态。

否定词参与情态表达可能是汉语情态表达体系的一个特点。石毓智（2001）列举出了一些汉语现实句和虚拟句在句法上的对立，这些对立都与否定词有关[①]。陈一（2005）也进一步列举出了一些现实句和虚拟句在句法上的差异，此不赘引。根据郭锐（1997）的研究，汉语现实句与非现实句在句法上的对立不仅与否定词"不/没"有密切关系，而且与动词的时间过程结构也有关：静态动词能以非过程时状表示现实状况，而动态动词只能以过程时状表示现实状况。

2.4　情态助动词

表达将然性的"会$_2$"主要用于非事实预测，它可以用于将来预测、虚拟预测，也可以用于事理预测和规律性预测：

◎ 单纯将来预测，如：

（20）我们俩将来一定【会$_2$】幸福。

（21）现在刻骨铭心的惨痛，过个几十年回头看看，你就【会$_2$】觉得无足轻重。

---

① （1）宾语有数量成分时，谓语动词在现实句中不能直接加"不"否定，但在虚拟句中可以。
* 一间屋子不住四个人。　如果一间屋子不住四个人，那么就有一些人没有地方住。
　　　　　　　你们这里一间屋子不住四个人吗？
（2）动词重叠式在现实句中不能直接加"不/没"否定，但是在虚拟句中可以。
* 每星期六都不看看电影。　每星期六不看看电影就会觉得少了点什么。
　　　　　　　你上星期六没看看电影吗？
（3）动词加"着"表进行态时，现实句中不能加"不"，虚拟句中可以。
* 他不听着收音机。　他不听着收音机就学不进去。
（4）某些句型中，否定词的位置随现实句和虚拟句的不同而变化。
他们对我不好，所以，我很生气。（现实句）
他们不对我好，我就不理他们。（虚拟句）
（5）在虚拟动词的从句中，只能使用"别、甭"，如：
大家都劝他别生气。　　* 大家都劝他不生气。

◎ 将来虚拟预测，如：

（22）我可就说不准了，即便现在喜欢你，一旦你老了，十之八九【会$_2$】去另觅新欢。

（23）她对阿眉讲："要是你这些优越条件都没了，他还【会$_2$】跟你好吗？"

◎ 过去将来预测，如：

（24）我本来以为胡亦【会$_2$】吃惊，【会$_2$】惶惑，【会$_2$】刨根问底，然而都没有。

◎ 过去虚拟预测，如：

（25）我要真想骗您，就不【会$_2$】找这个借口了。

（26）她这个讯号很明显，明显对你有意了，否则不【会$_2$】请你去吃饭。

◎ 事理预测，如：

（27）可警察已经看见咱俩了，他们不【会$_2$】傻到真相信咱们是等出租车的过路人。

（28）问题不在谁念错了一个字，谁都【会$_2$】出错，让你念一篇课文你没准比老师错得还多。

◎ 规律性预测，预测表达的是某种规律性。如：

（29）以往前妻接孩子去玩都【会$_2$】在晚饭后送他回来，或让他自己回来。

（30）偶尔他们对某个人某件事看法也【会$_2$】发生分歧，但更多的是一个人对另一个人的随声附和。

说话人用"会"所预测的事件都不是被作为现实事件看待的，都是可能发生的事件，即便在规律性预测中，虽然所预测的事件在现实世界极有可能真实发生，但说话人也仍然只是将它们当作可能发生的事件。因此，"会"可以说是汉语中一个典型的非现实情态标记。

2.5 隐性句法操作

现代汉语还存在一些隐性的句法现象，也直接参与情态的表达。如"的"字短语做前置关系小句，既可用于现实语境，也可用于假设语境，而做后置关系小句时则只能用于假设语境，如：当事人对决定不服的，可以申请复议（董秀芳，2003）。

复合趋向补语与非处所宾语搭配时，当名词没有数量词修饰时，某些用于现实句不合法的句子，用于假设句却没有问题。如：

（31）＊从山上跑下了狼来。

从山上跑下了狼来怎么办？（郭春贵，2003）

某些动词用于现实句时没有重叠形式，用于虚拟句时往往就可以了。如①：

（32）说什么风凉话？你也死死看啊。

（33）我们去去就来。

（34）跌跌跟头有好处。

（35）姓姓易也可以。

事实上，动词重叠式多用于非现实情态句，如祈使句、条件句、目的句、未然句等。如：

（36）闲了时候还求婶子常过来瞧瞧我，咱们娘儿们坐坐，多说几遭话儿。（建议）

（37）让你一盘，高兴高兴。（目的句）

（38）群众说说还可以原谅。（假设性表述）

（39）他现在正渴望有一个人来给他解决疑难，帮助他思考思考。（将来发生）

李珊（2003：101）也发现，重叠动词不能受已然副词修饰，这也说明动词重叠与非现实情态间的密切关系。

陶红印（1999）甚至发现，指示代词"这（儿）、那（儿）"在口语中的分工也与现实情态与非现实情态有关。"那（儿）"可以用来指代非现实句中的实体，并无具体的指称（non-referential & non-specific），而"这（儿）"不能这样用。如：

（40）我很少看到警察，抓了一个外国人在那儿要他的身份证。

这个例子中，说话人所叙述的并不是真实世界里发生的"警察检查外国人身份证"的事件，而是他假设中的一种情况。

2.6 连词

现代汉语还有专门的连词，用来明确表明语句所描写的事件是否具有现实性。如用于条件句的"如果/要是/假如/假使/假设/假若/倘使/若是/若"等，让步条件句中的连词"即使/就算/就是/纵使/纵然/哪怕"等，以及用于目的句中的连词"为的是/以免/免得/省得/以防/以便/以求/用以/借以/好/好让/以"等，它们都可以用于表明语句的非现实性，是非现实情态的载体。

以上举例性地介绍了一下与现实情态和非现实情态的意念分别相关的语言表现形式，目的是为了说明：现代汉语虽然存在着现实情态与非现实情态的意念分

---

① 以下例句多取自李珊（2003）或自编。

别,但这种意念分别不是用语法化的有限对立形式表达的,尚未形成作为语法范畴的情态体系成员。因此,虽然区分现实情态与非现实情态也不失为一种情态研究的视角,却未必适合于研究现代汉语的情态体系,本书对此不作专门探讨。

三、情态与语气、句类①

前面已经说过,本书所说的情态含义相当于英文的 modality,而语气则相当于mood。在本章第一节的论述中可以看到,贺阳和齐沪扬都在情态的意义上使用了mood 一词,鲁川则明确区分了语气和情态,并认为在情态系统中不应该包括语气。那么情态和语气的关系到底是什么呢?本节对此问题进行详细论述。论述中还将涉及另外一个概念——句类(sentence type)。

3.1 情态与语气

情态指的是语句中所表达的说话人对语句内容或语句所处语境的主观态度和看法;一般而言,认识情态和道义情态是两个最具普遍性的分支。所有的自然语言都为它的使用者提供了各种手段,使他们能够细致表达认识的或道义的承诺。就作断言(making statement)来说,说话人可以用各种各样的方法来限定(qualify)他的认知承诺:他们可以暗示自己据以作出断言的证据——认知保证或认知权威——可能不太好;他们也可以暗示自己的承诺是试探性的、暂时性的或有条件的。这些不同类、不同程度的承诺,在有的语言中就语法化为语气范畴,但在有的语言中则词汇化或半词汇化为情态助动词(modal verbs,如 may)、情态形容词(modal adjective,如 possible)、情态副词(modal adverbs,如 possibly)和情态小词(particles,如 perhaps)等(Lyons,1995)。

所谓语气,传统上指的就是在有形态变化的语言中,通过动词的屈折形式来表达说话人的主观态度和看法的语法范畴。如果某语言有语法化的语气形式表达说话人对命题的中性(unqualified)认知承诺,传统上一般描写为直陈语气(indicative)。如果某语气用于表达将说话人的意志施加到别人身上,发出一个指令,则传统上将之称为祈使语气(imperative)(Lyons,1995)。直陈语气和祈使语气与认识情态和道义情态的分立直接相关。有的语言还通过语气来表达"现实/非现实"的分立,如英语等语言中存在虚拟语气。Palmer(1986)指出,有的语言还会将信息来源等与可能性有关的其他范畴也语气化,即存在引证语气(quotative)等。

---

① 这部分内容以《汉语句类研究之检讨》为题发表于《对外汉语研究》2009 年第五辑。

也就是说,语气是一种语法范畴,它所表达的语法意义属于情态。但是,因为在某语言中由语气表达的情态意义,在其他语言中可能通过其他手段来表达,所以,从理论上说,也可以从情态意义出发,将不同语言中情态的这些语法表达形式都看作是语气。如 Huddleston(1984,引自 Hoye, 1997:39)曾提出分析型语气系统(an analytic mood system)的提议,认为可以将情态助动词作为语气系统的成分,用分析型语气系统来描写现实性断言(factual assertion)和非现实性断言(non-factuality assertion)的不同,即认为"He is downstairs./He may be downstairs./He must be downstairs."之间存在着语气对立。

但是,作为一个语法范畴,语气的一般含义是指通过动词的屈折形式来表达情态的一种语法范畴。根据 Bybee(1985),语气的概念域应限定在情态的两个分支上:以言行事(illocutionary force)以及说话人对命题真值之承诺程度。这两种情态都将整个命题作为自己的辖域,如直陈(indicative mood)、祈使(imperative mood)、虚拟(subjunctive mood)、证据(evidential mood)等。这样一来,语气的含义就可以概括为"表示说话人选择以怎样的方式将命题放到语篇环境中"或者"说话人想在特定的语篇中用语句做什么"。要说明的一点是,因为跨语言研究表明,哪些情态由屈折形式表达在人类语言中具有一致性,所以,语气既可以只限于用动词屈折变化作为表达形式的,也可以从动词形态普遍对应的语气范畴意义出发,扩大到表达这些普遍语气范畴义的其他表现形式。

本书将在 Bybee(1985)的基础上严格使用语气一词,也就是将现代汉语中"表示说话人选择以怎样的方式将命题放到语篇环境中"的语言形式看作语气。

3.2 语气与句类①

戴维·克里斯特尔《现代语言学词典》中对语气作了如下界定:"对句子/小句类型,特别是句中的动词,做理论和描写研究的术语。"从这个定义中可以看到,语气除了用来指"由动词词形变化所表示的一组句法和语义对立"之外,还被看作是句子类型的分类。五四以来,汉语语法学界借鉴西方语言学的观点研究汉语,对语气的使用一直采取的是后一含义,即学者们普遍认为汉语的句子存在四种语气分

---

① 我们曾就本节论述的问题请教过 Bybee 教授,她的回信是:This is a difficult question and I don't think you should expect to find that everyone agrees on the answer or that all languages behave the same way. Some problems are that "mood" may not be a totally coherent category; it might correspond to speech acts sometimes and modality other times. After all certain kinds of modality(those with clausal scope) could mark speech act type. And then, speech act isn't so clear cut either: why aren't quotative and subjunctive speech act types? Linguists have made up these categories and they don't always work well because language is a complex system that is always evolving. Go with your intuitions and try to find good evidence for them.

类：陈述语气、祈使语气、疑问语气和感叹语气（金兆梓，1983；陈望道，1979；胡裕树，1979；黄伯荣、廖序东，1997；北大中文系，1993；邢福义，1997 等）①。齐沪扬、贺阳等在研究现代汉语的情态系统时，也一直沿用着这样的解读。

那么，能否将句类等同于句子的语气分类呢？

所谓句类，其实是一组成员极其有限的小句类型与几种最基本的言语行为功能相互关联的范畴。从功能意义上考虑，人类语言中最基本的言语行为功能，可以分为三四个大类：作断言（making statements）、问问题（asking questions）、发出指令（issuing directives）等（Lyons，1995：251）。不少语言中这三四个言语行为类型的原型表达形式都表现为有限的小句类型。如陈述句（declarative sentence）、疑问句（interrogative sentence）、祈使句（imperative sentence）等。如：

（41）他昨天去长城了。（陈述句，作断言）

（42）他昨天去长城了吗？（疑问句，问问题）

（43）你去长城！（祈使句，发出指令）

从形式上来说，句类间的区别手段是比较复杂的，既包括动词的形态变化（即语气），又包括特定词类（特别是疑问代词）、词序、语气助词、正反相叠句式、主语的有无、主语人称的选择、动词的时体特征，甚至动词小类的选择（自主/非自主、可控/非可控）等。不过，在有形态变化的语言中，句类的区别往往会在动词的形态上有所体现，即句类与语气之间存在着原型（prototypical）联系。一般来说，直陈语气多出现在陈述句中，祈使语气多出现在祈使句中。因此，将句类粗略地看作是句子的语气分类也是可行的。

但是，严格说来，句类和语气（动词的形态变化）并非总是一一对应的。如人类语言中存在着非直陈语气的陈述句（non-indicative declarative sentence），在有证据语气的语言中，存在着不同证据语气的陈述句（Lyons，1995：181）。再如日语，用句类来表达不同的言语功能类型，而用动词的屈折变化来表达"假定、命令、推量"等情态意义。在祈使句中，动词总是采用命令形；假定形和推量形则既可以用于陈述句，也可以用于疑问句；陈述句和疑问句中的动词，也都可以采用动词的直陈语气形式。

不过，句类所表达的言语行为功能类和动词形态表达的狭义语气，有一个共同的意义领域，即作断言与发出指令（直陈/祈使）的对立。在有形态变化的语言中，

---

① 也有学者（丁声树，1979）认为，陈述句、祈使句、疑问句等是根据句子的用途所作的分类。对此观点我们将在第四章进行深入分析。

总是用动词的形态变化来表达这一组对立:陈述句中使用动词的直陈语气形式,祈使句中使用动词的祈使语气形式。而在无形态变化的语言中,则用其他的语法手段来表达直陈、祈使的对立。如汉语中,陈述句和祈使句在句子的主语、谓语动词的语义特征或时体特征等方面,存在着明显的对立,这种对立构成了句类的对立。但是,如果按照不同语言的意义存在着相应的形式上的语法区别的原则,汉语中这种句类上的对立也不妨当作是直陈语气和祈使语气的对立。也就是说,在无形态变化或形态变化不丰富的语言中,语气的表达往往可以直接通过句类来实现。

句类与狭义语气所表达的意义领域中,最显著的差异在疑问句。人类语言中普遍存在着疑问句句类,但是迄今为止还未发现哪一种语言是通过动词的屈折变化来表达疑问的。另外,句类是人类语言中普遍存在的句子类型,具有跨语言的共性,而语气却不是,有些语言不存在这个语法范畴。因此,为了区分二者,Lyons(1977)、Leech(1983)等建议使用两套不同的术语。

句类:declarative　interrogative　jussive

语气:indicative　　　—　　　imperative

人类语言中为什么没有通过语气形式来表达疑问的? 我们认为,这是因为语气作为一个情态范畴,它是作用于整个命题的(Bybee,1985),但疑问不具有这样的特点。一般来说,疑问句可分为两个类型:是非疑问句(yes-no interrogative)和特指疑问句(WH-interrogative)。在是非疑问句中,说话人寻求的是与归一度相关的信息(a request for information regarding polarity)(Halliday,1985:85);而在特指疑问句中,说话人寻求的是动作的执行者、承受者、时间、地点、方式、原因等方面的相关信息:它们都不能将整个命题纳为自己的辖域。从情态的角度看,疑问句也不具有自己独立的情态地位,它或者用来对一个命题信息进行提问,或者用来发出一个道义诉求。因此,无论是从疑问的辖域上讲,还是从情态意义上讲,疑问都不具有独立为一个语气的条件(请参看第三章第一节)。

综上,如果单纯研究句子的类型(sentence type),用语气来指称陈述句、疑问句、祈使句和感叹句所具有的意义上(主要是言语功能)的对立,也无不可。但是,如果要将句类纳入情态的研究框架中来,则有必要综合考虑人类语言中"句类"与"动词的形态变化"所表达的范畴义的实质,它们各自的主要意义领域及汉语中的具体情况,以严格界定句类与语气的内涵。本书将区分语气与句类的含义。

一来本书是从情态表达的角度研究语气,理应遵守"情态的辖域是整个命题"的原则;二来现代汉语中既存在着疑问句句类,又有专用疑问语气助词"吗、不成"。

如果将它们所表达的意义都称为疑问语气,则很难说明这两个辖域不同的意义对立。因此,本书把陈述句、疑问句、祈使句和感叹句作为四大句类,它们是言语行为功能的原型表现形式;而将汉语学界已经习惯称之为"语气"的意义叫作"言语行为功能",如询问功能、祈使功能、感叹功能等。不过,陈述句、祈使句这两个句类,在主语和谓语动词上存在着隐性的语法对立,与认识情态和道义情态的基本区分有关,因此,本书也把这些对立所体现的情态意义叫作语气(即言语行为语气)。同时,现代汉语还存在着一套封闭的词类——语气助词,总是作用于整个命题,而且与句类间存在着关联,本书也将语气助词所表达的情态意义看作是语气(即传态语气),详见下节与第三章。如果在论述中要引用已有研究在"口气"意义上所使用的含义,则用"语气(口气)"的表述以示区别。

现代汉语中是否存在着与"陈述/疑问/祈使"抽象程度差不多的其他功能范畴,它们是否有资格独立为一个句类? 汉语的句类系统中有多少下级成员,它们的形式特点、原型意义是什么? 这些问题将在第四章讨论。

四、话语情态系统的层次性①

本章还提到一个问题,即情态的诸表达形式在情态系统中的地位是不是一样的? 这个问题,以往的学者都没有正面论述过。其实,至少在现代汉语的话语情态系统中,语气助词、情态副词和情态助动词的地位是不同的,它们具有不同的分工。本书将在后面几章分别对话语情态的分系统进行论述,本节先作一简要说明。

首先,由直陈、祈使对立所表达的言语行为语气(speech act mood)与语气助词所表达的传态语气(attitude-conveying mood),是现代汉语话语情态系统中语法化程度最高的两个分系统。

正如前文所言,在印欧语的研究中,语气一般指的是直陈语气、虚拟语气、祈使语气、证据语气、意愿语气(optative)等。这些语气分类所概括的情态意义与言语行为有直接的关系,可以将它们称为言语行为语气。汉语中存在着直陈与祈使的语气对立。同时,还存在着一套由语气助词所表达的传态语气,是说话人在说话时刻基于对交际双方关系或交际目的的考虑而选择的一种交互主观性态度。

言语行为语气与传态语气,表达的都是说话人将语句带到语篇中的方式,都是人类语言中情态最抽象的表达形式,也是语法化程度最高的情态范畴。但它们所

---

① 这一节的主要思想,特别是情态系统内部有分层的思想,是在王洪君教授的直接启发下完成的。

关注的方面是不同的。"直陈、祈使"几乎是所有语言中都要用语法的手段来区分的。无论是采取动词的屈折形式还是语法结构或小词的方式来表达,它们所体现的意义都是言语行为语气的中心概念——说话人使用语句要完成的言语行为类型。而在注重交互主观性的语言,如日语、汉语中,那些与交互主观性相关的情态意义,也多半表现为高语法化。

言语行为语气对句类的形成起着决定性的作用,而传态语气则不会改变句类的性质。以日语为例:

(44) 彼は早く行きました。　　　彼は早く行きましたね。

(他很早就走了。)　　　　　(他很早就走了吧。)

彼は早く行きましたよ。

(他很早就走了啊。)

(45) 早く行け!　　　　　　　早く行けよ!

(早点去!)　　　　　　　(早点去啊!)

在这两组例子中,动词分别使用了不同的形态:(44)组使用的是动词的终止形(直陈语气),(45)组使用的是动词的命令形(祈使语气)。使用终止形的是陈述句,而使用命令形的是祈使句。动词的形态不同,句类也会随之发生改变。但是,在这两组句子中,终助词ね或よ的使用,却不能改变句类的性质,而只是增加了说话人对听话人的态度表达,它们体现的是传态语气意义。

汉语语气助词也自成系统,用于标注说话人在交际语境中基于对听话人的考虑而采取的展示命题信息或发出道义诉求的不同方式。也就是说,传态语气包含[＋言者交际态度][＋当下性]两个因素。言者交际态度包括两个方面:一方面指说话人对语句内容的信疑态度;另一方面则指说话人对交际参与者的处置态度。当下性则是指传态语气只能用于说话人与听话人即时即地的交际场景中:听话人一定在场,或者说话人主观上假设听话人在场。

言语行为语气和传态语气是我们看待语气的不同方式,这就像体(aspect)的表达有两种方式一样:一是事件或情状内部的时间结构,主要通过谓语动词和它的补足语(complement)来表达;一是通过语法手段表示的说话人展现事件或情状的特定方式。Smith(1991)分别将它们称为情状体(situation aspect)和视点体(viewpoint aspect)。情状体是事件或情状自身就具有的特点,而视点体则带有了说话人的主观观察,且二者之间存在着选择限制,如静态情状很少与进行体共现。言语行为语气表达的是说话人基于言语行为本身的特性所采取的将命题带到语篇中的方式,而传态语气则带有了更多的说话人主观上对语句内容和听话人的处置态度,二者之间也存在着选择限制。如上述日语例句中,通过动词的形态变化所表达的两种言语行为语气,虽然都可以与传态语气词よ共现,但动词命令形却不可以与ね共现。汉语中言语行为语气与传态语气的选择关系,详见第三章第二节。

其次,在现代汉语的话语情态系统中,情态助动词和情态副词所表达的情态意义,主要与情态的维向与梯度(degree)有关。在大多数语言中,情态助动词和情态副词都是用来标注认识情态和道义情态的梯度的,如可能性、必然性、许可、义务等。英语中情态助动词的作用,Palmer(1979)作了详细的描写,见第一章,在此不赘。汉语中核心情态副词(central modal adverb)和情态助动词也可以用于标注情态的梯度,请参看第三章第三节和第六章、第七章。

最后,汉语里还有一部分情态副词,如"竟然、反正、偏偏、简直、并"等,用来表达说话人对语句内容作出的主观评价,并且主要是基于命题内容或者交际双方关系的考虑而发出话语。这部分主观性意义往往还兼有情感(affect)表达的作用,而且它们所涵盖的意义维度极为复杂,比如,与预期、反预期等范畴有交叉。因为从表达手段的语法属性来看,它们与核心情态副词同属于一个词类,因此,也可纳入话语情态的系统之中,本书将之统称为评价情态(evaluative modality)。

语气、情态的维向与梯度、评价情态是话语情态系统中的不同分系统,这在人类语言中恐怕是一种共同的现象。形式上,语气的语法化程度最高,情态维向与梯度次之,评价情态再次之。因此,本书将现代汉语话语情态系统分层构建如下:

A. 说话人对交互态度的选择:传态语气

B. 说话人对言语行为类型的选择:言语行为语气

C. 认识情态和道义情态成系统的细分:可能性/必然性/强制度/意愿度

D. 情态意义的其他细分:评价情态

第三章　现代汉语话语情态总论

第一章指出,随着研究的深入和拓展,情态的涵义已经越来越宽,以至于大多数跨语言研究的类型学者都认为情态并没有一个统一的意义领域,但是,情态作为一个范畴存在于人类语言中却也是不容置疑的。一个非常重要的事实是,情态在不同的语言中有不同的表达形式,不同语言的情态系统也可能是不同的。因此,要研究某一个语言的情态系统最好立足于该语言的语言事实进行具体分析,这也是民族情态模型的基本思路。第二章我们对汉语学界的情态研究作了一个简要回顾,并对以往研究中涉及的几个理论问题进行了阐述,进一步明确了情态的含义以及本书所要研究的范围。本章将从现代汉语的基本事出发,对现代汉语话语情态表达系统的总体框架进行描写。

第一节　句类和言语行为语气

言语行为理论(speech act theory)认为,人们说出一个语句,就是在执行一个言语行为。Austin(1962)将言语行为分为两个大类:陈述(constative)和施为(performative)。而在情态的研究中,这两大言语行为则分别对应着情态的两大分野:认识情态和道义情态。

(1) 他今天在家。

(2) 你今天必须在家。

例(1)是一个陈述,说话人作了一个断言,并完全承诺"他今天在家"这个命题为真。例(2)是一个施为,说话人要求听话人执行"在家"行为,并用情态副词"必须"表达了对该行为被执行的强制态度。

从语言所交换的内容来看,前者交换的是命题信息,后者交换的是一个行为。Halliday(1985)根据交际角色和交流物将言语行为分为四个大类:

表 3.1　Halliday(1985)的言语行为分类

	物品和服务(goods & services)	信息(information)
给予(giving)	提供(offer) Would you like this teapot?	陈述(statement) He's giving her the teapot.
求取(demanding)	命令(command) Give me that teapot.	提问(question) What is he giving her?

从情态的角度来看,以交流信息为目的的言语交际行为中所涉及的反映说话人对命题真值承诺态度的语言形式及其意义就构成了认识情态,而以交流物品或服务为目的的言语交际行为中,则包含着道义情态的表达要素。

既然言语行为类型与认识情态和道义情态的分野有着密切的联系,是情态研究的一个参照框架(Palmer,1986:13),而人类语言中普遍存在的句类又与言语行为具有形式与意义的原型对应关系,因此,要谈现代汉语的情态表达系统,就不能不谈现代汉语的句类系统。

现代汉语中存在着陈述句、疑问句、祈使句和感叹句四个句类以及两个言语行为语气——直陈语气和祈使语气。陈述句、疑问句、祈使句和感叹句各自具有彼此不同的句法特征,且分别对应着不同的初始用途(primary illocution),同时它们彼此在功能上还存在着复杂的渗透关系,详见第四章。

现代汉语的言语行为语气则包括直陈语气和祈使语气,它们的对立表现在句子的主语人称、谓语动词的语义特征和句子的时体特征上:

祈使语气

句法规定:主语[第一人称(复数)、第二人称];VP[＋自主][＋可控];时体[＋未来执行]

情态意义:说话人要求某行为发生

即,使用祈使语气的句子在句法上必须同时满足两个要求:一是句子的主语必须是第二人称(你/你们)或第一人称复数(我们),二是句中谓语动词要具备三个特征:自主动词、可控动词,不带表已然的时体成分[①]。从情态意义上来说,祈使语气表达的是说话人作为道义源,要求语句所描述的行为被执行。

祈使语气除了可以用于祈使句(例3、例4),还可以用于施为疑问句(例5)以及施为陈述句(例6)的宾语小句。如:

---

①　"别打了杯子!"等用法中,"了"更接近结果补语,与典型的时体标记不同。

（3）舰长对我说："嗨，你去帮帮她。"我跑到堤上，一边冲入水里，一边大声喊："紧跟我！"（祈使句）

（4）咱们也向美美学习，干点活儿吧！（祈使句）

（5）你去帮帮她，好吗？（施为疑问句）

（6）我命令你去帮帮她。（施为陈述句）

而现代汉语直陈语气是无标记的，使用直陈语气的句子在句子主语以及谓语动词上几乎没有任何限制，即句子主语没有人称的限制，句中谓语动词可以带时体标记，在语义特征上也无具体的限定。直陈语气所表达的情态意义是：说话人对命题作出断言。最典型的直陈语气存在于描述现实世界的陈述句。如：

（7）我认识王眉的时候，她十三岁，我二十岁。

（8）那年夏初，我们载着海军指挥学校的学员沿漫长海岸线进行了一次远航。

（9）叔叔，昨天我看见过这条军舰。

疑问句中也使用直陈语气，因为它们在句子的主语、句中谓语动词的语义选择限制及句子的时体特征上，与陈述句没有本质不同，而且在情态表达上没有自己独立的地位。如：

（10）你是说找个没人的地方，安静的地方？［语调是非问］

（11）还记得那年到过咱们舰的那个女孩吗？［是非问］

（12）那么我是变丑，还是变美了？［选择问］

（13）干吗老看着我？［特指问］

感叹句在情态表达上也不具有独立地位，因为说话人的情感表达总是附着在命题陈述之上的，如"戴上红领章红帽徽多好看呀"，说话人在表达惊叹之情的同时，也完全承诺命题为真，从情态的角度看，属于认识情态。

言语行为语气的区别是通过句子主语、谓语动词的语义和时体限制间的共同作用来表达的，其中任何一个因素发生变化，都可能会影响到句类的变化。如

他去。（陈述句）→我去。（意向陈述句）→你去。（祈使句）

你去。（祈使句）→你去了。（陈述句）

句子主语的人称不同，或句中动词的时体特征发生变化，句子也就属于不同的句类。

本章先简要说明现代汉语的句类与言语行为语气系统，为的是给出一个现代汉语情态表达体系的总框架，详细的论述将在第四章展开。本节涉及的一些术语，

如施为疑问句、施为陈述句等,也请参看第四章。

第二节　传态语气系统

早在一百年前,《马氏文通》说:"泰西文字……,凡一切动字之尾音,则随语气而为之变。……助字者,华文所独,所以济夫动字不变之穷。"也就是说,马建忠将汉语语气助词看作是相当于印欧语之语气的语法载体,并认为语气助词"所传之语气有二:曰信,曰疑。故助字有传信者,有传疑者。二者固不足以概助字之用,而大较则然矣。传信助字,为'也''矣''耳''已'等字,决辞也。传疑助字,为'乎''哉''耶''与'等字,诘辞也"(马建忠,1983:323)。吕叔湘(1993)继续沿用了这一思路。

表面上看来,"传信"与"传疑"的分立,大抵是根据用于陈述句还是疑问句来决定的,即传信语气助词用于陈述句,传疑语气助词用于疑问句。不过,语气助词的语义中其实本就含有肯定/否定、确信/疑惑等意义因素,不会因为用于陈述句就传信,用于疑问句就传疑。比如说,"啊"用于陈述句时传达了说话人的"信",用于疑问句时,它还是一个靠近传信一端的助词,而不会变成一个传疑助词。"吧"则总是处于信疑之间,但是更靠近"信"的一端①。因而现代汉语中语气助词与句类间的对应关系更为错综复杂。

正如《马氏文通》所言,"传信、传疑""二者固不足以概助字之用"。语气助词除了用于标注说话人的"信疑"态度之外,它们在情态体系中的主要作用其实是表达传态语气,也就是展示说话人如何处置自己与听话人的关系,并如何基于这种关系将一个语句带到语篇中来。比如,语气助词"啊"是一个"强传信式告知求应"语气标记,它以整个语句所描写的事态作为自己的辖域(详见第五章第三节):

(1) 老这么下去对你妈影响也不好【啊】。

(2) 旧的传统观念是多么束缚人【啊】!

(3) 我动手拉她,背对着她姨妈什么的,瞪眼小声道:"别来劲【啊】!"

(4) 上【啊】,怎么不上【啊】?

"啊"的使用一方面表明说话人对语句内容持有确信态度,另一方面也表明他是以"告知求应"的口吻在向听话人传递语句内容:在陈述句(例1)和感叹句(例2)

---

① 说话人对命题的信疑态度,不仅仅通过语气助词表达,还与其他因素有密切的关系,郭锐(2000)研究认为,语气助词"吗"所在的命题,说话人的确信度是不同的,与焦点、否定、标记性、语境、知识、推测标志词等都有关系。

中，它表明说话人是以"知情一方"的姿态，告知听话人某个信息，并希望听话人倾听认同；在祈使句中(例3)，"啊"的使用表明说话人有意凸显自己在发出一个指令，并要求听话人执行，因此，带有"啊"的祈使句大都带有催促、敦促的语义，含有请听话人听好并遵从的意味；在疑问句中(例4)，"啊"则表明说话人明确将自己的"言说目的"告知听话人，敦促听话人作出回答。

语气助词与句类间的这种关系，在疑问句的研究中最为充分。马建忠已经将传疑助字区分为"有疑而用以设问者、不疑而用以咏叹者、无疑而用以拟议者"。也就是说，虽然都用于疑问句，但语气助词自身的意义中还存在着信疑程度上的不同。此外，王力(1984)将语气助词所表达的"语气(口气)"翻译为"emotional moods"，并依据"了、的、呢、罢了、吗、不成、罢(吧)、啊、也罢"等，分为"决定、表明、夸张、疑问、反诘、假设、揣测、祈使、催促、忍受、不平、论理"等十二类，自成一个系统。遗憾的是，在现当代的语法研究中，学者们多将汉语的语气简单地对应为陈述、疑问、祈使和感叹，而忽略了语气助词作为语气所具有的系统性及其特点。

总之，现代汉语中，语气助词的主要作用在于标注句类的不同传态语气。传态语气标记与句类的关系比较错综，同一个传态语气可以用于不同的句类，同一个句类也可以出现不同的传态语气。下面展现现代汉语的传态语气系统，并将传态语气与句类间的关系一并描写清楚。至于语气助词的具体情态含义，请参看第五章。

一、现代汉语的传态语气系统

现代汉语的传态语气系统可以描写如下：

陈述句语气系统：

推量语气陈述句：吧　　　　例：这大概就是幸福【吧】。

点明语气陈述句：呢　　　　例：别开玩笑，跟你说正经的【呢】。

求应语气陈述句：啊　　　　例：我妈也比她强【啊】，起码不像她不懂装懂。

论理语气陈述句：嘛　　　　例：我说过【嘛】，她是个热情洋溢的姑娘。

弃责语气陈述句：呗　　　　例：无非是要把小闺女打扮像个兵【呗】。

轻说语气陈述句：罢了　　　例：只是找不到合意的爱人【罢了】。

疑问句语气系统：

询问语气疑问句：吗　　　　例：你今天会来【吗】？

探究语气疑问句:呢   例:他会不会感到某种失落【呢】?

推量语气疑问句:吧   例:你看过气功表演【吧】,司马灵?

促答语气疑问句:啊   例:你就是为这事苦恼【啊】?

                             哟,你们喝的什么酒【啊】?

反诘语气疑问句:不成   例:难道再重新开始【不成】?

提忆语气疑问句:来着   例:你叫什么【来着】?

祈使句语气系统:

商量语气祈使句:吧   例:你请我到哪儿吃一顿【吧】。

劝求语气祈使句:嘛   例:再去找一个【嘛】。

催促语气祈使句:啊   例:你别没完【啊】。

弃责语气祈使句:呗   例:那您就想想办法【呗】。

感叹句语气系统:

求应语气感叹句:啊   例:多漂亮【啊】!

沈力(2003)研究认为,汉语中存在一个零形式的直陈语态标记。事实上,无论是陈述句、疑问句还是祈使句,不带有传态语气标记的语句,与带有传态语气的语句相比,在情态意义上都是不同的,比如例(5)(6)(7)组的例句,彼此之间,皆有语气意义上的不同:

   (5) a 快走!   (6) a 你从哪儿来?   (7) a 你是美国人?

       b 快走吧。   b 你从哪儿来呢?   b 你是美国人吗?

       c 快走啊。   c 你从哪儿来啊?   c 你是美国人啊?

       d 快走嘛。   d 你是美国人吧?

       e 快走呗!

因此,不带有传态语气标记的语句(例 5a、6a、7a)都可以看作是带有零形式的语气标记。这样一来,现代汉语中——特别是口语中——传态语气就是句类的必备特征。

第二章谈到,在有形态变化的语言中还没有发现哪一种语言用动词的屈折形式来表达疑问,Palmer(1986:30)也指出疑问的表达方式在不同语言中差别很大,而且在很多语言中,疑问的表达方式与情态往往不属于同一个形式系统(formal sy-sytem)。比如英语的疑问句是通过变换主语和助动词的语序来表达的,因此,

Palmer 认为英语的疑问句不是情态形式系统(modal system)的一部分。但因为情态助动词属于助动词的一类,因而疑问句与情态形式系统之间还是有交叉(interact)的。

而在汉语中,疑问的某些表达形式则完全属于情态系统的一部分。因为汉语疑问句与陈述句在语序上完全相同,主要借助语调、疑问代词与语气助词等表达疑问,有两个专用语气助词"吗、不成"。与其他传态语气助词"啊、呢、吧、嘛、呗"等相比,"吗、不成"的有无将会改变句类。不过,"吗、不成"也并非构成疑问句的必需要素,另外,它们的有无也会带来传态语气上的差异,因而它们与"啊、呢、吧、嘛、呗"等被编码为同一个语法类。此外,现代汉语评价情态的表达形式——情态副词中也有一部分专门用于疑问句,如"难道、莫非、何必、何苦"等。因此,讨论汉语的情态系统,有必要将疑问句纳入框架之中。事实上,前人关于疑问句的讨论,大都涉及了情态,如黎锦熙(1955)所区分的"表然否的疑问、无疑而反语语气、助抉择或寻求的疑问"。吕叔湘(1993)所区分的询问、"传疑而不发问"的测度与"不疑而故问"的反诘,都与说话人的认识状态有关。

二、传态语气与其他情态形式间的互动

传态语气具备[＋言者交际态度]和[＋当下性]两个特征,表达的是交互主观性话语情态;它与言语行为语气在性质和情态意义上是不同的。本节以道义情态的表达为例,对传态语气的本质特性展开论述,并且讨论传态语气如何与其他情态表达形式互动。

在当时当地(here & now)的交际中,说话人如果要表达对听话人的一个道义诉求,他需要根据自己对交际语境的判断,选用一些得体的语言表达形式。其中,最直接的一个选择是使用祈使语气的祈使句,我们假定他选用了祈使句句类。然后,说话人需要在道义情态的梯度标记("可以、不妨、必须"等)中进行选择,以表达自己道义态度强制程度的高低:是强烈要求某行为被执行,还是可执行也可不执行。最后,他还需要考虑自己在向听话人发出道义诉求时,应该怎样处置自己与听话人的关系,应该以何种方式将道义事件带到交际语境中来,这样,传态语气标记"啊、吧、嘛"等就进入了选择视野。

大致说来,"吧、嘛、啊"在与道义情态的其他表达形式进行选择搭配时,需要遵照语义兼容的原则,即"吧"倾向于与低值形式的道义情态标记"不妨、姑且、还是"等共现,"啊"则倾向于与高值形式的道义情态标记"千万、必须、务必、要、得"等共

现，而"嘛"则相对更为自由一些。如：

表 3.2　语气助词"吧、嘛、啊"与道义情态表达形式的组配

吧	嘛	啊
你不妨也去凑凑热闹吧。 我们姑且算两亿元吧。 索性请大夫来瞧瞧吧。 你还是留着吧。 ? 我们必须找个借口吧。	那也不妨请别人代你走一趟嘛。 还是应该表扬嘛。 我们必须找个借口嘛。	得先想办法搞点油啊。 你千万小心啊。 你务必要给我精心加工啊。 你找到了她也必须杀她啊。

以"我们必须找个借口嘛"为例，说话人使用了三种语言手段来表达道义诉求：祈使句、道义情态副词"必须"和语气助词"嘛"，它们共同作用，细致地刻画了说话人对这个道义事件的主观态度：祈使句意图让听话人有所作为——"找借口"，"必须"则明确地表明了说话人认为该行为有必要被执行，而"嘛"则照顾到了听话人的面子，告诉他之所以需要执行"找借口"这个行为，是有事实或情理根据的，而非说话人自己个人的主观意志。

如果说话人认为自己有必要明确地向听话人宣告自己的意图，他可以使用"啊"；但他必须考虑到与听话人的关系是否可以让他使用这样的语气形式。如果他觉得自己在听话人面前没有足够的权威来发出一个指令，他就需要使用"吧"来委婉地将自己的意图表达出来。关于"吧""嘛""啊"用于祈使句时，它们在情态意义上的差别以及与礼貌原则的关系之详细论述，请参看第五章。

总之，交互主观性是语气助词所表达的情态的本质特征，传态语气是交互主观性最抽象的表达。第五章将选取五个常用语气助词"啊、呢、嘛、吧、呗"，逐一分析它们如何与句类互相作用，表达交互主观性话语情态。

第三节　情态的梯度与维向

说话人在表达自己对命题真值的承诺态度时，除了完全承诺命题为真，还可以承诺命题可能为真，或必定为真等。在完全承诺命题为真和不承诺命题为真之间存在着一个连续统，它们就是情态的梯度（degree）：必然（certain）—很可能（probable）—可能（possible）。

很多语言中都存在着对情态梯度的细致区分，以表达说话人在多大程度上承诺命题为真，或者在多大程度上强制某行为被听话人执行，它们分别是认识情态和

道义情态的梯度。现代汉语中,情态的梯度主要通过情态助动词和核心情态副词来实现,如:

(1) 他现在【可能】在家。　（低——可能性）

(2) 他现在【应该】在家。　（中——应然性）

(3) 他现在【一定】在家。　（高——必然性）

(4) 你【可以】去。　（低强制度——许可）

(5) 你【应该】去。　（中强制度——义务）

(6) 你【必须】去。　（高强制度——命令）

和英语等其他语言一样,现代汉语中,同一个情态助动词也可以既标记认识情态的梯度,又标记道义情态的梯度,如:

(7) 嘿,除了说明她仍在爱你,还【能】是什么呢?（认识情态——低）

(8) 在今后的工作中一定【不能】掺杂个人感情,【不能】凭个人的喜好对待顾客。（道义情态——高）

(9) 考虑到刀劈事件是发生在秋初,这个中秋节【应该】是上一年。（认识情态——中）

(10) 也许你们【应该】再谈一次。（道义情态——中）

也就是说,情态助动词的情态意义存在着不确定性。不过,语句中会有一些句法特征,帮助我们判断情态助动词究竟表达的是认识情态还是道义情态,这些句法特征就是情态助动词的解释成分(参看第六章第三节)。总之,情态助动词在情态梯度的标注上,在认识情态和道义情态之间形成了一个相当整齐的系统,见表3.3。

表 3.3　情态助动词与情态梯度

梯度 ＼ 情态类	认识情态		道义情态	
低	可能性	可能、能4	许可与禁止	能3、可以、许、准
中	应然性	应该2、该2	义务	应该1、该1、得2
高	必然性①		命令	
	将然性②(prediction)	会2、要5、得3	祈愿	要4

① 必然性和命令两个梯度,在现代汉语中是通过情态副词"一定""必须"来表达的,请看第七章。
② "将然性"主要是认识情态表达的一个不同的维向,同时,从说话人的承诺程度上讲,它也是相当高的。请参看第六章。

另外,现代汉语还有一部分情态副词①,分别专门用于认识情态和道义情态梯度的表达,我们称这些情态副词为核心情态副词。它们是:

认识情态副词:一定、肯定、必定、势必、必然、未必、准是、没准、不免、未免、难免、不至于、大半、大多、多半、大约、大概、也许、或许、恐怕……

道义情态副词:必须、不必、务必、千万、还是、最好、姑且、不妨……

情态副词和情态助动词往往组合在一起,共同表达情态梯度,以"势必"为例:

(11)一旦名声败坏,要想补救就【势必要】付出巨大的代价。

(12)这些镜头一旦播出,【势必会】在上海引起一场场家庭风波……

(13)就算他们没有这个意图,也【势必可以】获得行动上的自由。

(14)她烦躁地抱胸踱步,这下他们【势必得】多留一阵子了,真是一团混乱。

(15)你们那位太师祖和那位伪掌门,【势必不能】做出赶尽杀绝的事,以免引起武林人士的公愤。

(16)青衣少妇听得邱三波几句后,心中又惊又喜,惊的是邱三波误把陆慧当作了自己的女儿,【势必不肯】放过,害人家无端受过;喜的是自己的女儿竟然逃得性命,未落在群魔手中。

在这些例子中,两个情态成分组合起来使得说话人对语句内容的态度得到非常明确的表达,甚至使得情态成为表达的重点。下面以道义助动词和道义情态副词为例,具体展示一下道义情态中情态副词与情态助动词组合起来表达梯度的情况。关于情态副词如何与助动词一起组合表达认识情态的梯度,请参看第七章第三节。

大致来说,道义情态助动词与道义情态副词组合使用时,遵循一条基本规则:低值形式倾向于与低值形式搭配,高值形式倾向于与高值形式搭配。简单图示如下:

可以	应该/该	不能 不许/准
低	[要、不要/得]	高
不必	还是	必须
不妨	最好	务必
姑且		千万
索性		可

---

① 情态副词内部小类的划分依据,以及情态副词在情态表达上的特点等,将在第七章作专门讨论。

如：

(17) 你【必须要】有耐性。

(18) 你【必须得】先考上……

(19) 你【务必要】在五点以前离开家。

(20) 你【千万要】撑住！

(21) 你【千万不能】这样！

(22) 你【千万不要】拿来！

(23) 你【可不能】乱吃，有的东西不是妇女吃的。

(24) 你【可得】正儿八经的，不能玩弄人家的感情，这可是我们同学的妈。

(25) 你【最好不要】去剖析。

(26) 你【还是应该】到人事部解释一下！

(27) 你【还是不要】敬酒不吃吃罚酒。

(28) 你【还是不能】说！

(29) 过去的事【不妨不要】再提。

(30) 你【不必非得】告诉他。

(31) 赵兄【索性不要】走，和我共进晚餐如何？

(32) 心瑶，娘也偷偷见过这位傅老爷，【姑且不要】管他的年纪。

(33)【姑且可以】这么说：……

　　"要、得"两个情态助动词比较特别，可以和所有的道义情态副词搭配，不妨以它们作为观察视角来看一下情态副词与助动词的组配。从情态值来看，"要、得"是高值形式，因此它们通常以否定式与低值情态副词搭配(例29—33)，以肯定形式与高值情态副词搭配(例17—24)，而与"还是、最好"的搭配肯否皆可(例25—28)。

　　另外，"必须"除了可以和"要、得"搭配外，不能与其他情态助动词搭配使用。从情态梯度看，它其实与"可以、应该"构成三个梯度，彼此之间自然不能搭配使用。因此，"必须"到底应该划归情态副词还是情态助动词，在汉语语法学界是有争议的。本书将它看作情态副词，请参看第七章。

　　情态助动词和情态副词除了标注情态的梯度外，也还存在着情态维向的对立。所谓情态的维向，指的是说话人对命题可能性进行推测或发出道义诉求时所采取的不同角度。比如"可能"是基于逻辑推理的,而"应该"则是基于情理规范的。汉语助动词的语义中更强调情态维向的对立,因此,它们彼此可以连用,如"可能会、可能得、可能要"等。但如果含有了梯度对立的因素,则一般不能连用。具体分析请看第六章与第七章。

总之,情态助动词和核心情态副词在情态表达体系中,一来标记认识情态和道义情态的梯度,二来标注情态的不同维向。但情态助动词和情态副词本身并未将认识情态和道义情态的对立化为自己内在的语义,而是要通过与句中其他句法现象的共同作用来区分情态,表达说话人的认识承诺或道义强制度。

第四节　评　价　情　态

上文谈到过的两类情态副词,可用于认识情态和道义情态的表达,它们是核心情态副词。还有一些情态副词,如"毕竟、反正、幸好、却、简直"等,或者是表达说话人对语句内容的评价态度,或者是加强说话人的某种态度。如:

表 3.4　评价情态系统

	关系类	当然　的确　诚然　反正　横竖　好歹 毕竟　终究　到底　偏偏	反倒　倒　却　明明
评价情态 副词	评价类	幸好　好在　幸而　幸亏　多亏　恰好 恰恰　恰巧　正巧　凑巧　刚好　刚巧	竟然　居然　竟
	证实类	果然　难怪　其实　不料　敢情　原来	果真　真的　委实
加强情态副词		偏　就　高低　绝对　决　万万　并　并非　根本　丝毫　又	
		究竟　到底 简直　几乎　总算　分明　就　才　也　还　都　可	

这些情态副词的主观性很强,在交际中还常常参与情感表达,但与认识情态和道义情态并不直接相关,本书将这些副词叫作边缘情态副词。

英语中也存在着类似的一类价值判断类副词,如 fortunately、happily、luckily、pleasingly、regrettably、amazingly、naturally、wisely 等。但与汉语相比,这些副词在主观性上要弱得多。王力(1984:230)说过:中国语气副词在西洋语里找不着相当的词的;语气副词的空灵不让于语气词,"我又不是鬼"的"又",非但不能译为 again,即使译为 at all,在性质上也不像。"他偏送这个来了"的"偏",既不能译为 unexpectedly,也不能译为 unfortunately,因为它们的意义都太实了,而它们所带的情绪又远不如"偏"字所带的强烈。因而,边缘情态副词也是汉语主观性表达的重要手段,详细分析请参看第七章。

<h2 style="text-align:center">第五节　总　　结</h2>

总的来说,现代汉语主要是在四个不同的层面上刻画情态的。

第一,现代汉语有两个语气系统:一是言语行为语气系统,二是传态语气系统。言语行为语气的对立主要体现为陈述句和祈使句句类的对立,它们不是现代汉语情态系统所强调的;而传态语气系统则有一个相当完整的体系,由语气助词作为标记。传态语气标记(语气助词)与句类之间没有一一对应的关系,同一个句类中可以有不同的语气助词,同一个语气助词也可以用于不同的句类。语气是语法化程度最高的情态表现形式。另外,现代汉语的传态语气标记——语气助词,所关注的不仅仅是说话人对语句内容的态度,它还关注说话人如何处置自己与听话人的关系,因此,现代汉语的传态语气是一种交互主观性的语法化情态表达。

第二,情态助动词和核心情态副词可以用来标注认识情态和道义情态的梯度和维向,情态助动词本身不能体现认识情态和道义情态的对立,同一个情态助动词可以用于标注不同的情态域。而情态副词中有两类核心成员,可以分别专门用于认识情态和道义情态的表达,细致刻画说话人的认识承诺或道义诉求程度。

第三,现代汉语中还有一个评价情态系统,主要由情态副词表达。它们与认识情态和道义情态没有直接关系,而用于表达说话人对语句内容所作出的价值评判。这个意义超出了狭义的情态范畴,但因为其表现手段与核心情态副词传统上都归属为同一副词小类(即语气副词),因而本书也将其纳入在话语情态这个大范畴之内。

本书与语气助词有关的概念出现了三个:交互主观性、意态和传态语气。这三个概念的外延是逐步缩小的:交互主观性指的是语言中所有表达说话人对听话人态度的语言形式所具有的意义;而意态则是那些语法化了的形式所表达的交互主观性;传态语气则仅仅指语气助词所表达的意义。当然,具体到现代汉语来说,意态和传态语气的表达形式主要都是语气助词,但它们仍然是从不同的角度来说的:意态是与情态相对的一个概念,它们共同组成了话语情态;而传态语气是与言语行为语气相对的,侧重表达它作为语法化程度最高的情态范畴这一特点。

它们的关系展示如下图,同时也把主观性与情态的关系一并加以表示:

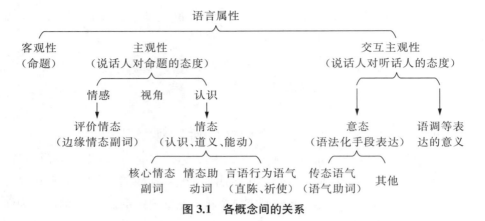

图 3.1　各概念间的关系

要注意的一点是，这一图表依据 Finegan（1995）对主观性意义范围的界定，将"情感"归属在"主观性"之下，但说话人在表达情感时，往往既要基于自己对命题的认识，也要基于自己对听话人的关注，因而边缘情态副词所表达的情态域严格说来应兼属主观性与交互主观性。但因为交互主观性也可以看作是主观性的一种，我们暂且使用这样的图来表示。同时，本书所使用的话语情态这一概念，则涵盖了评价情态、情态和意态这三个范畴。

以下第四、五、六、七各章将分别论述句类、语气助词、情态助动词和情态副词在情态表达上的整体面貌。其中，语气助词是重点详细分析的一种情态表达形式，而句类、助动词和情态副词三章，只给出它们在情态表达上的整体表现，而不对每一个具体表达形式进行细致描写，留待今后讨论研究。

第四章 现代汉语的句类系统

本章是对第三章第一节的具体补充分析,主要讨论现代汉语的句类系统在句法上的特征规定以及它们彼此在言语功能上互相渗透的现象及动因。

第一节 句类的确定原则

作为句子的一个语法分类,句类一方面具有自己的形式特征,另一方面也具有自己的言语功能。但句类与言语功能之间并不总是一一对应的,存在着表达形式与句子功能复杂对应的状况。如 Quirk 等(1985:803)所举的英文例子:

(1) Pauline gave Tom a digital WATCH?(形式:陈述;功能:疑问)

(2) What do I care? (形式:疑问;功能:陈述)

(3) I'd love a cup of TEA.(形式:陈述;功能:祈使)

(4) Isn't Christine CLEVER? (形式:疑问;功能:感叹)

人类语言中一般只设立陈述句、疑问句、祈使句和感叹句等几个有限的句类,实际上依据的是言语行为功能的核心类,舍弃了一些边缘类。Quirk 等(1985)将英语四个句类的原型形式特征作了如下描写:

表 4.1 英语四大句类的特征(Quirk 等,1985)

	陈述句	疑问句	祈使句	感叹句
形式特征	有主语,主语一般在动词前	Yes-no 问句:operator 在主语前 Wh-问句:wh-词置于句首	通常没有主语、动词是基本形式	由 what 或 how 引导的短语起头,遵照主语-动词语序

到底该如何判断一个句子属于什么句类,处理起来有一定难度。比如,英语的感叹句是不是一个独立的句类? 如果是,它有什么样的句法特征? 这些问题都是有争议的。

Halliday(1985)将感叹句作为陈述句的一个次类看待,依据是英语中感叹句在主语和限定动词的语序上与陈述句一致。但 Lyons(1995：194)却认为不能将感叹句看作是陈述句,因为它的非命题意义也语法化为一个特殊的韵律构型。感叹与作断言、询问、发出命令和请求是很不同的。Quirk 等(1985)的观点是:感叹句除了功能上要表达说话人的情感以外,还需要有比较严格的形式上的特征;英语感叹句应该限定为以 what 或 how 起头的感叹语句,句子的主语和谓语动词的语序与陈述句一致。如:

  (5) What a fool he was!

  (6) How nice!

而例(4)和下面三个句子,虽然也可以用来表达说话人的强烈情感,但从形式上看,它们和例(5)(6)不同,因为它们的句子主语和谓语动词的语序发生了改变,因而它们不是感叹句。Quirk 等(1985：825)将之称为感叹疑问句(exclamatory questions)。

  (7) What on earth is she doing?!

  (8) Hasn't she grown!

  (9) Wasn't it a marvelous concert!

以上学者们的争议其实有两个核心问题:一、是否凡是表达了说话人强烈情感的句子都是感叹句? 二、感叹句如果有资格成为一个独立的句类,判断的依据是什么? Halliday 完全根据形式特征来加以判断,而 Lyons、Quirk 等则兼顾形式和功能两个方面。

本书认同 Quirk 等(1985)的观点,即句类是句子的形式分类,每个句类都要有区别于其他句类的形式特征。要讨论感叹句是否有资格成为一个独立的句类,必须找到感叹句区别于其他句类的句法特征。同时,每个句类也要有自己区别于其他句类的初始用途或者说功能(primary illocution):陈述句用于作断言,祈使句用于使听话人执行某行为,疑问句则用于询问。因此,Lyons(1995)、Quirk 等(1985)认为英语中存在着感叹句句类,是可取的。

句类是句子的形式分类,而非仅仅是用途或功能分类——这一点在以往汉语的句类研究中没有得到足够重视。之所以要坚持这一点,是因为句类和句子的用途之间并不存在一一对应的关系:祈使功能不但可以由祈使句表达,也可以通过陈述句、疑问句或感叹句表达;疑问句除了用于发出询问,也可以用来作断言、发出指令或表达感叹。作断言可以用陈述句,也可以用疑问句,等等。如果单纯根据句子的用途来确定句类而忽视句类在形式上的特征规定,那么句类间的界限将会模糊

不清,句类系统的描写也将失去意义。如:

    (10) 狼!

    (11) 失火了!

    (12) 打倒帝国主义!

    (13) 为您的健康干杯!

以上例句在黄伯荣等(1984)以及其他论著里都被看作是感叹句。然而,除了在用途上表达了说话人比较强烈的情感之外,这些句子在形式特征上并没有内部统一的特点,没有区别于典型陈述句和祈使句的地方,将它们都看作是感叹句句类,显然缺乏形式依据。

何容(1985)曾经提出感叹句与其他句类不是同一个层次上的,不能独立构成一个句类,因为无论是作陈述,还是提出疑问,发出祈使,说话人都可以带有一定的,甚至强烈的情感。这一观察无疑是深刻的。不过,他在立论上还存在着一些概念冲突:一方面不要将感叹句理解为一个句类,另一方面却在判断感叹句是否有资格作句类时,仅从句子本身的功能入手,而没有探究汉语感叹句是否具有独特的句法特征。这个冲突的实质仍在于没有区分语用上表达感叹的句子与作为句类的感叹句。这个问题在李广明(1994)、王光和(2002)、郝雪飞(2003)中都存在。语用上的感叹句需要依赖语境才能表达感叹,而作为句类的感叹句在任何语境中都以表达感叹作为自己的言语功能。这是确定感叹句句类时需要加以区分的。

再以祈使功能的表达为例:

    (14) 说话人:屋里真热。

          听话人:我把窗打开吧。

    (15) 说话人:你不觉得热吗?

          听话人:我去把窗打开吧。

    (16) 说话人:屋里多热啊!

          听话人:我把窗打开吧。

以上三个例子中,说话人分别使用了"屋里真热。""你不觉得热吗?""屋里多热啊!",来实施使听话人开窗的行为,而且听话人也的确执行了开窗行为。但它们只是在特定语境中才可以实现祈使的功能;而在另外一些语境中,听话人可以故意忽视或曲解说话人的意图,只对语句内容加以肯否,比如,听话人可以回答"我觉得不热啊"。因此,祈使的意义是这些句子的语用意义,而非句子自身的意义。从句类的角度看,以上三个例句分别是陈述句、疑问句和感叹句。

总之,句类在功能上存在互相渗透的现象,是确定无疑的语言事实。要描写句类系统,必须明确句类实质上是句子的形式分类,必须有形式上的判断依据。只有确定好句类的形式判定标准,才能进一步探讨句类在功能上的交叉渗透现象,从而全面了解现代汉语的句类在情态表达上的综合表现。具体来说,本书确定现代汉语的句类系统所依据的形式和意义标准,主要是:句子的主语人称、句子的时体特征、谓语动词的语义限制、答句的类别、句子在语篇中的地位,以及句子的初始用途。

下面将首先对现代汉语的陈述句、祈使句、疑问句和感叹句四大句类的句法特征进行描写,并且探讨它们在功能上彼此渗透的现象。然后,从情态表达的角度出发,探讨句类在情态表达上的作用以及它们在功能渗透上的动因。

第二节　现代汉语的句类系统

一、疑问句与祈使句

现代汉语的句类系统在句法特征上的表现,以往学者们(邵敬敏,1996;袁毓林,1993;Viviane Alleton, 1992)已经有过一些研究,大致可以概括如下:

表 4.2　汉语学界对四大句类的描写

	陈述句 (declarative)	感叹句 (exclamative)	疑问句 (interrogative)	祈使句 (imperative)
初始用途	说话人说出某个命题(S says that P)		说话人向听话人询问一些事情(S asks H something)	说话人提议听话人实施某行为(S proposes to H that H do A)
韵律①	句号、降调	感叹号、降调	问号(句末音域下限较高)	感叹号、降调(句末音域下限较低)
主语人称	"他""我""你"		"他""你"("我")	"我们""你"
句法标记		多(么)、这么/那么、好、真、可、太等。	吗 疑问代词、疑问格式(VP不VP)等②	别、甭等,动词是自主动词/可控动词
时体标记				将来时、非进行体

---

① 参看沈炯(1985)。
② 陆俭明(1984)认为,现代汉语的疑问语气助词有两个,即"吗""呢","吧"算半个,但邵敬敏(1996:8)指出,"呢"并不承担疑问信息。此外,邵敬敏(2012)认为,"啊"也有表疑问的作用。不过,"呢、吧、啊"还可以用于其他句类,因而本表未列。

疑问句的句法特征是最为显明的:具有疑问标记词(语气助词"吗"和疑问代词)或疑问格式(V 不 V,……还是……),邵敬敏(1996)有专著讨论。典型祈使句的句法特征,袁毓林(1993)也作过专门研究,结论如下:

◎ 主语为第二人称或第一人称复数

◎ 句中动词具备[＋自主][＋可控]语义特征

◎ 动作行为具有[＋未来执行]

◎ 听话人在场

汉语祈使句的无标记形式可以分为肯定和否定两种①:

◎ 你＋VP[＋自主 ＋可控]! 如:你去!

◎ 别/甭/少＋VP(了)! 如:你别去!

另外,祈使句末尾还可以有"的好/为好/算了"等作为标记,如:呸呸呸! 还是别乱想好了!

已有研究对这两类句类的描写已经足够充分,不赘。

二、感叹句②与陈述句

现代汉语的感叹句,虽有几位学者讨论过,尤其是 Viviane Alleton(1992)的研究已经比较深入,但还存在可商榷之处。根据 Viviane Alleton(1992)的研究,只有符合下列规则的句子才是感叹句:

1. (名词性组合)—副词—性质动词/行为动词(名词性组合)

NP—adv.—verb(NP)

如:这孩子 多么 爱 劳动啊!
　　NP　 adv.　V　 NP

2. (名词性组合)—动词—得—副词—性质动词

如:院子 变 得 多么 荒凉、 多么 冷落 啊!
　　NP　 V 得 adv. adj. adv. adj.

3. 有条件的(非现实的)＋上述两种结构之一

如:他要是知道了 该 多 伤心 啊!
　　条件　　　　 adv. adj.

这些结构的共同特点是必须包含某些副词,如"多(么)、真、好、太、这么、那么"

---

① 我们不详细列举"verb＋着!""verb 得 adj 一点儿!""别 verb 得太早"等句式,统统用 VP 表示。这些句式的描写及使用规定,请参看袁毓林(1993)。

② 这部分内容在《语言学论丛(33 辑)》(2006)发表,题目是《也谈感叹句—基于句类的研究》。

等,而且句中谓语是形容词性成分或心理状态动词。"多(么)、真、好、太、这么、那么"等在李广明(1994)、王光和(2002)、郝雪飞(2003)的研究中,也都被看作是感叹标记词。那么是否含有这些词语的句子都是感叹句呢?

看一组例句:

(1) 我要谁送? 去的是有饭吃的地方,闹得这么哭哭啼啼的。

(2) 不错,真的不错。还说什么呢? 粮? 钱? 还要什么呢? 不错,真不错。你怎么样?

(3) 我得承认,开头那几个月,我做得太好了,好得过了头,简直可以说惯坏了她。

(4) 大概是小沈太好了——那个人真是特别好。

显然,这些句子并不以表达说话人的感叹作为主要交际目的,而是对一种状况所作的带有感情色彩的主观评价或描述,原文作者甚至没有使用感叹号。

可见,"真、好、太、这么、那么"与"多么"是不同的,凡是含有"多么"的上述结构,不需要依赖语境便可表达感叹;而含有"真、好、太、这么、那么"的上述结构却并非在所有语境中都表达说话人的强烈情感。它们所在的语句能否表达感叹,还得依赖于句子所在的语境来判断。因此,"真、好、太、这么、那么"还不够资格作为感叹标记词。事实上,它们与"多么"的确存在一些区别。比如,"真、好、太、这么、那么"所在的语句都可以变成相应的疑问句,而"多么"句不可以:

(5) 风好大吗?　　　　　(6) 他真坏吗?

(7) 太棒了吗?　　　　　(8) 他这么好吗?

(9) ＊他多么高吗? /＊他多么高呢?

这些词语所在的语句,可以用于答句,而"多么"不可以:

(10) 问:怎么样?　　　　(11) 问:怎么样?

　　答:真不错。/太好了。/好大。　　　答:＊多么大!

感叹句的初始用途是表达说话人的强烈情感,不是就句子命题内容的真假与听话人进行交互,而陈述句表达的是说话人对句子命题内容的传递。因此,陈述句可以用来回应提问,也可以成为被提问的客体,而感叹句不行。所以说,含有"真、好、太、这么、那么"这些词语的语句,性状描写功能还是其主要功能。

当然,"真、好、太、这么、那么"与其他表示高程度的副词"很、非常、十分、挺"等也是不同的,它们自身的语义中带有说话人对某性状程度之高的主观评价。如果陈述句中带有一些表示说话人主观评价的成分,则句子的用途就介乎陈述和感叹

之间了。因此,含有"真、太、好、这么、那么"这些词语的陈述句在句法属性上也便介于一般陈述句和感叹句之间。如下表所示:

表 4.3 含有"好、真、太、这么/那么"的句子之句法属性

句法属性＼句类	陈述句		感叹句(多么)
	一般陈述句	含有"好、真、太、这么/那么"的陈述句	
句末是否可加语气助词"的""了"	这孩子很爱劳动的/了。 院子变得很荒凉的/了。 他要是知道了该非常伤心的/了。	? 这孩子好爱劳动的/了。 ? 这孩子真爱劳动的/了。 ＊这孩子太爱劳动的。 这孩子太爱劳动了。 ＊院子变得这么荒凉的。 院子变得这么荒凉了。	＊这孩子多么爱劳动的/了。 ＊院子变得多么荒凉的/了。 ＊他要是知道了该多么伤心的/了。
是否可做定语	你得承认这孩子很爱劳动的事实。 院子变得很荒凉这个情况,你我知道。	? 你得承认这孩子好爱劳动的事实。 ? 你得承认孩子真爱劳动的事实。 ＊你得承认孩子太爱劳动的事实。 ? 院子变得这么荒凉的情况,你我都知道。	＊你得承认这孩子多么爱劳动的这个事实 ＊院子变得多么荒凉的情况,你我都知道。
是否可做真宾语小句	我相信这孩子很爱劳动。 我讨厌院子变得很荒凉。 我想他要是知道了该非常伤心。	? 我相信这孩子好爱劳动。 ? 我相信这孩子真爱劳动。 ＊我相信这孩子太爱劳动。 我相信这孩子这么爱劳动。	＊我相信这孩子多么爱劳动。 ＊我讨厌院子变得多么荒凉。
是否可后加疑问语气助词变成疑问句	这孩子很爱劳动吗? 院子变得很荒凉吗? 他要是知道了该非常伤心吗?	这孩子好爱劳动吗? 这孩子真爱劳动吗? 这孩子太爱劳动吗? 这孩子这么爱劳动吗?	＊这孩子多么爱劳动吗? ＊院子变得多么荒凉吗? ＊他要是知道了该多么伤心吗?
是否可以作为答句	问:这孩子爱劳动吗? 答:这孩子很爱劳动。 问:院子怎么样? 答:院子变得很荒凉。	问:这孩子爱劳动吗? 答:这孩子好/真/太爱劳动。 ＊这孩子这么爱劳动。 问:院子怎么样? 答:院子变得好/真/太荒凉。 ＊院子变得这么荒凉!	问:这孩子爱劳动吗? 答:＊这孩子多么爱劳动啊! 问:院子怎么样? 答:＊院子变得多么荒凉!

可以看出,含有"好、真、太、这么、那么"的结构在某些属性上与陈述句一致,而在某些属性上与感叹句一致。因此,本书将含有这些词语的上述结构称为感叹陈述句。

另外,还有一类独特的名词性独词句也可以看作是感叹句:

◎ 好一＋量词＋NP　　　　　如:好一个忠义的黑三郎!

◎ (你)这＋NP　　　　　　　如:你这无耻的文人!

◎ 这/那＋量词＋NP　　　　　如:这场雨! /那个人!

◎ 多么＋adj 的＋NP　　　　 如:多么好的学生(啊)!

这些句子虽然都由独立的 NP 构成,但都不具有指称作用,而是对 NP 属性的表述。"这场雨! /那个人!"则省略掉了属性形容词,因为语境可以提供给听话人足够的信息,让他明白说话人所感叹的属性是什么。它们与独词句的陈述句也具有不同的句法属性:都不能充当主谓句的主语或宾语,不能做定语,也不能用于答句。如:

表 4.4　具有感叹功能的 NP 独词句

句法属性 ＼ 句类	独词句的陈述句 忠义的黑三郎。	感叹句 好一个忠义的黑三郎。
是否可充当主谓句的主语或宾语	他是忠义的黑三郎。 忠义的黑三郎死了。	＊他是好一个忠义的黑三郎! ＊好一个忠义的黑三郎死了。
是否可做定语	忠义的黑三郎的话,你也不信吗?	＊好一个忠义的黑三郎的话,你也不信吗?
能否做答句	问:他是谁? 答:忠义的黑三郎。 问:他怎么样? 答:(是一个)忠义的黑三郎。	问:他是谁? 答:＊好一个忠义的黑三郎! 问:他怎么样? 答:＊好一个忠义的黑三郎。

独词句的陈述句是有指称的,可以独立充当答句,也可以取消独立性而充当句子主语、宾语或定语,而感叹句的用途在于表达说话人的感受而非对外界事物或现象的指称,因此,它没有上述这些转换。

有学者认为"啊、啦、呢"是感叹标记词,我们认为这也不太准确。因为如果"啊、啦、呢"是感叹标记词,那么所有含有这些词语的句子都应当是感叹句,可事实并非如此。如下面几个语句中语气助词的使用都没有使表达情感成为句子的主要用途:

（12）可是，老天，我根本不知道啊。

（13）这事你都知道啦，别再问了。

（14）书在那儿呢。

不过，语气助词"啊、啦"常常与副词"好、真、太"和代词"这么、那么"等共用，构成"真/好……啊""太……啦"等句式。语气助词的意义和句中其他副词的主观评述意义互相配合，使得这些句式的确只用于感叹表达。它们可以看作是现代汉语感叹句的框式标记（frame marker），其特点是不依赖语境就可预知到感叹功能。如：

◎ 真 adj 啊：他的家乡真漂亮啊！

◎ 好 adj 啊：他的家乡好漂亮啊！

◎ 太 adj 了/啦：他的家乡太漂亮了！

◎ 这么/那么 adj 啊：他的家乡这么漂亮啊！

语气助词"啊"可以自由用于各类感叹句：

（15）这小姑娘多漂亮啊！

（16）这小姑娘长得多漂亮啊！

（17）如果你也在，那该多好啊！

（18）好一片北国风光啊！

（19）你这无耻的文人啊！

（20）这场雨啊！

（21）多漂亮的小姑娘啊！

要特别说明的是，有两个句式"可……呢/啦"，往往也被当作是感叹句，因为它们表达了一种较为强烈的情感，不过，这两个句式其实只能用于回答提问，不能用于说话人在见到某个情景的当时当地直接发出感叹。如：

（22）甲：他的家乡怎么样啊？

乙 a：他的家乡可漂亮呢！

乙 b：他的家乡可漂亮啦！

这说明，在这两个句式中，说话人对命题信息的关注更为凸显，情感上只是略带夸张，而非惊叹。因此，它们还不够资格作为感叹框式标记。"太……啦"虽然也可以用于回答提问，但也可以用于当时当地直接发出感叹，且感叹功能凸显，暂且将之作为感叹框式标记。

综上所述，只有那些不依赖于感叹语调，在任何语境中都表达感叹，具有自己独特句法属性的句子，才是感叹句。现代汉语的感叹句有三类：一类是带有感叹标记词"多么"的独立小句；一类是具有独特句法结构的名词性独词句；一类是某些含有"好、真、太、这么/那么"等词和语气助词"啊（啦）"的句式。

除去疑问句、祈使句和感叹句之外的句子，就是陈述句了。陈述句是现代汉语中最没有标记的一个句类：主语的人称可以是任何人称，谓语动词在语义特征和时体特征上没有多少限制，初始用途是说话人用它来作出一个断言。

第三节 句类间功能上的渗透

一、陈述句、疑问句、祈使句与感叹功能

从上一节的论述可以看到，在典型陈述句和感叹句之间有一个过渡链条：

表 4.5　陈述句与感叹词

作断言 ↑ 感叹	典型陈述句	如：这小姑娘很漂亮。
	感叹陈述句	如：这小姑娘真漂亮。
	感叹句	如：这小姑娘多漂亮啊！

在疑问句和感叹句之间也存在着这样的一个过渡链。上文所谈到的语用上的感叹，其内部其实还存在着两个不同的小类：

第一组

（1）余：你这点儿萝卜得糟践多少肉啊？

刘：就是嘛，我这儿听着都心疼。

（2）说起这些，她是怀着多么真挚的深情！嘿，除了说明她仍在爱你，还能是什么呢？

（3）戈：你这人怎么这么无耻啊。

刘：诶诶诶，谁无耻啊？谁无耻啊？

（4）但我坚持怀疑，我们人的缺陷、毛病谁能学啊？那是我们独一无二的东西。

第二组

（5）我也是好久没熬夜了。这一熬夜啊，就老想着那小时候淘气那时候，你说，多少狐朋狗友啊。现在不知都蹿哪儿去了？

（6）可她跟我说的都是什么鬼话呦，整整讲了一天英语故事。

第一组含有疑问代词的句子,都是一些反问句,虽然也表达了说话人的情感,但听话人仍然可以将句子理解为一个询问(引文作者也多使用了问号),并且听话人也可以针对疑问词作出回答。而第二组句子中,说话人仅仅表达了一种强烈的情感,句子不含有疑问功能,听话人不能针对疑问词作出回答。我们将第二组句子称为感叹疑问句。

只有"多少"和"什么"可以用于感叹疑问句。疑问句和感叹句之间的连续统见表 4.6。

表 4.6　疑问句与感叹句

询问 ↑ ↓ 感叹	疑问句	如:你说是什么呢?
	反问句	如:除了说明她仍在爱你,还能是什么呢?
	感叹疑问句	如:可她跟我说的都是什么鬼话哟,整整讲了一天英语故事。
	感叹句	如:这多么奇怪啊!

在祈使句和感叹句之间也存在着功能渗透现象。祈使句的初始用途是让某人做某事,但也有的祈使句主要用于表达说话人的强烈情感,如:

（7）打倒帝国主义!

（8）中国共产党万岁!

我们将这些句子仍然看作是祈使句,因为从句法特征上看它们具备典型祈使句的特征,鉴于它们主要以表达说话人的情感为目的,可以将这些祈使句称为感叹祈使句。

表 4.7　祈使句与感叹句

发出指令 ↑ ↓ 感叹	祈使句	如:你去!
	感叹祈使句	如:中国万岁!
	感叹句	如:中国多么伟大啊!

二、陈述句、祈使句与祈使功能

下面看一看陈述句和祈使句在功能和形式上的逐渐渗透。

2.1　意愿陈述句

最典型的陈述句主语是第三人称。当主语是第一人称时,陈述句可能并不用来表达说话人的断言,而是陈述说话人的意愿,或将来要执行的一个行为,如:

(9) 过会儿我还要亲手端茶给你。

(10) 我要选择好一个终身职业，不再更换。

(11) 您起来，我不下棋了。

(12) 唉，下吧。可妈的话你得记着，不许玩儿疯了。功课要是拉下了，我不饶你。

(13) 小祖宗，我就指望你了！你若不好好儿念书，妈就死在这儿。

这些句子是对句子主语"我"的意愿或将来事件的陈述，因为意愿或将来事件都晚于说话时刻发生，而且意愿中的行为也应当是说话人可以控制的自主行为，所以这类陈述句与祈使句很接近：谓语动词是可控自主动词，一般都不能有"了₁、着、过"等时体标记词，行为将在说话时刻之后发生等。我们将它们称为意愿陈述句。

2.2 意向陈述句

以上的意愿陈述句或者带有意愿助动词"要"，或者有意愿否定词"不"，还有一类意愿陈述句不带有意愿标记，可称为意向陈述句，如：

(14) 我给你安顿个地方，然后……去找你。

(15) 好，我帮你拿。

意向陈述句与祈使句在句法属性上更为接近，而且在功能上表达的是说话人对听话人作出的承诺，也就是说话人将使自己执行某个行为。该类句子所表达的言语行为属于 Searle 所说的承诺类（commissives）。从情态表达的角度看，应当属于道义情态。但我们将它们看作是陈述句，因为它们与祈使句在句法属性上还存在着一系列的不同：

第一，祈使句的句子主语常常省略而不影响意义的自足，而这些句子主语省略后往往会影响到句子意义的理解。

第二，祈使句的否定式使用"别""甭"，而这些句子使用"不"。

第三，祈使句中，"不"必须与"要、能、可以"等情态助动词一起使用，而这些句子中不一定。

第四，这些句子可以插入"会……的"（如"我会给你安顿个地方的"），而祈使句不可以。

另外，从普遍语法的角度考虑，也最好将意向陈述句看作是陈述句的一类。在有形态变化的语言中，表达说话人自己承诺执行某行为的句子在句法特征上与祈使句并不一定相同。以英语和日语为例：

表 4.8 汉语、英语、日语的祈使句与陈述句

	汉　语	英　语	日　语
祈使	你去! 请进! 我们去!	Go! Come in, please! Let's go!	行け! 入ってください! 行こう/行きましょう。
意向	我去!	I will go.	私は行く。/私は行きたい。
陈述	他去。	He will go.	彼は行く。

英语"意向陈述句"无论是在句子的句法特征上,还是动词的形态上,都与陈述句更为接近,因此,英语"意向陈述句"都归为陈述句。日语中,意向陈述句在句法特征上也与祈使句不同:意向陈述句中不使用动词的命令形,而使用动词的推量形,或者加接续词たい。从动词的形态上看,日语陈述句、意向陈述句和祈使句分别使用终止形、推量形和命令形。如:

（16）子供が運動場で遊んでいる。（孩子在操场上玩儿。动词终止形,陈述句）

（17）水を飲みたい。（我想喝水。动词加接续词たい,意愿陈述句）

（18）今年こそ頑張ろう。（我今年一定努力。动词推量形,意向陈述句）

（19）一緒に食べましょう。（一起吃吧。动词推量形,劝诱句）

（20）こっちへこい!（到这儿来! 动词命令形,祈使句）

所谓劝诱句,就是指句子主语为第二人称复数的,说话人将使交际双方都执行某行为的句子。可以看出,在日语说话人的概念结构中,更看重的是说话人是否参与行为的执行,因此,意向陈述句和劝诱句中的动词形式一致,但是与祈使句不同。而在英语中,说话人可能更看重的是听话人是否参与行为的执行,因此,英语劝诱句和祈使句的句法特征是一致的。但是,在这两个语言中,意向陈述句都不同于祈使句,在这一点上却是相同的。汉语中,意向陈述句在句法属性上也与祈使句存在差别,因此,我们倾向于将意向陈述句看作是陈述句的一个小类。

2.3　施为陈述句

还有一类陈述句,只用于向听话人发出指令或要求,这类陈述句属于施为陈述句,如:

（21）不行! 决不能拖到明天! 我要求你现在就帮助我!

（22）我命令你们马上改变航向。

（23）我警告你,你以后少打电话给我们家楚峻。

该类陈述句的特点是句子的主语为第一人称，而被包孕的宾语小句的主语为第二人称，其功能是说话人对听话人发出指令。

总之，从典型陈述句到典型祈使句之间也有一个逐渐过渡的连续统：

表 4.9　陈述句与祈使句

		主　语	谓语动词	时体	例　句
作断言 ↑ ↓ 发出指令	典型陈述句	"他"（第三人称）	任何动词	任何	他帮助过我。
	意愿陈述句	我	自主可控	将来	我要帮助你。
	意向陈述句	我	自主可控	将来	我帮助你！
	施为陈述句	我 V（你/我们）	自主可控	将来	我要求你现在就帮助我！
	祈使句	你/我们	自主可控	将来	你帮助我！

可以看到，汉语句类的句法属性表现为各种因素的综合作用。从典型陈述句到典型祈使句之间，有几个陈述句的小类，这些陈述句小类在句法特征上与陈述句和祈使句都有一些"理还乱"的地方。本书之所以将意愿陈述句、意向陈述句和施为陈述句都看作是陈述句的小类，主要考虑的是它们在句法特征上与陈述句更为接近。这个连续统上所表达的言语行为，分别有一套相应的施为动词可以表达。

2.4　施为动词

Searle（1975）将言语行为分为五个大类：断言（assertives）、承诺（commisives）、指令（directives）、表达（expressives）、宣告（declarations）。这五个行为可以分别用一些相应的动词直接加以标明。如：

断言：说话人对命题的真值作出承诺，如：我【认为】他不错。

承诺：说话人承诺将做某事。如：我【答应】帮助你。

指令：说话人使听话人做某事。如：我【命令】你去。

表达：说话人表达自己针对命题内容的心理状态。如：【谢谢】你的帮助。

宣告：宣告行为的发生马上对客观世界产生影响。如：我【宣布】大会开始。

"认为、答应、命令、谢谢、宣布"等被称作言有所为动词或施为动词（illocutionary act verb，performative verb）。从情态的角度看，断言类表达的是认识情态，而指令类、承诺类表达的是道义情态。

道义施为动词，可以用在施为陈述句中明确标明言语行为的类别。现代汉语中可用于道义情态表达的施为动词有如下一些：

指令类:建议、劝、警告、命令等。如:

(24) 我【命令】,从现在起,谁也不许扯这些没用的数字!

(25) 我【命令】你,马上带人把她们搜出来!

(26) 我【警告】你! 别当真掉在迷魂阵里⋯⋯

(27) 我【警告】你,以后我们两个过招,你不准插手。

(28) 我【警告】你,今后再出这一类事,你给我滚蛋!

许可类:允许、批准、准许①、禁止等。如:

(29) 我不【准许】你再瞒着我,你必须吃饱。

(30) 我绝对不【容许】你们与他们同流!

期求类:请求、恳求、央求、恳请、敬请、拜托、麻烦、要求、请等。如:

(31) 我实在憋不下去了,我【要求】你坦白地告诉我,你是不是爱我?

(32) 我【要求】您把钱收起来,并请您出去!

(33) 首先,我【要求】你,也要用平等的态度来对待我。

(34) 我知道你不会答应我的呼唤。那么,我【央求】你,给我一点时间

吧,⋯⋯

(35) 我【拜托】你快点帮我师父疗伤,我求求你!

承诺类:保证②、发誓、决定等。如:

(36) 我【保证】,我从现在起就是哑巴。

---

① 在"准许"义场中,虽然"容许、准许、允许、批准"与助动词"许/准"所表达的意义很相近,但是,它们在主观性上却存在着对立,如:

(1) 他不准你去。→我不准你去。→你不准去。

(2) 他不允许你去。→我不允许你去。→你不允许去。

当句子主语为第二人称时,"准/许"有两个意思:一是对"你"的指令作陈述,一是说话人对听话人发出指令:你不被允许去;而且一般来说后一种理解是默认值。而"准许、容许、允许、批准"等则只能表达对"你"的指令加以陈述。根据 Langcker 的研究,"许/准"与"容许、允许"等动词比较起来,主观性更强。其他道义助动词(可以、能等)的主观性就更强一些,因为它们只能将说话人隐藏起来。因此,我们可以看到,在"准许"义的表达式之间存在着一个从客观到主观逐渐过渡的连续统:

容许、准许、允许>准/许> 可以、不能

越靠左边,语义越倾向于客观表述;越靠右边,越倾向于主观表达。情态助动词之所以可以被独立为一个功能类,成为情态的专职表达形式,概在于此。

② 如果后面所接的成分是一个主谓小句,则"我保证/我发誓"也可以是一个证据范畴标记,是对一个预测或已发生事件所作的肯定断言。如:

只要你报名您不必担心,我保证您在这里是绝对安全的。

没关系的,我保证你不会吃亏的。

还得请我爷爷来当管理员,我保证他能当得好。

到那时,我保证你还能东山再起⋯⋯

我发誓,这是我平生第一次听到柳忆安的名字,

我发誓,我真的一点都没有伤害她的意思。

(37) 我【保证】不射杀就是。

(38) 明天中午我【保证】推脱一切事情。

(39) 我【保证】一定遵守这里的秩序。

(40) 我这辈子也不离开你,我【保证】一生都不会做对不起你的事情。

(41) 我【发誓】不再搭理真了。

(42) 我【发誓】绝对不再把我的珍贵的同情心施与这样的骗子。

(43) 我【发誓】,出去后一定把北京的主要饭馆吃一遍。

(44) 我要让你因为有了我而幸福、快乐,我【发誓】要做到。

(45) 如果是那样,我【发誓】我将会百般地呵护你。

(46) 我【决定】明天再找你们好好谈谈。

(47) 我【决定】要用现实主义手法写这部规模庞大的作品。

当说话人通过施为动词、用施为陈述句来表达祈使功能的时候,他明确将自己的交际意图告诉给听话人。比如,"你以后少打电话给我们家楚峻"可以是一个警告,也可以是一个请求,也可以是一个威胁。而"我警告你,你以后少打电话给我们家楚峻"就明确表明了说话人的行为类型。因此,在语境不能提供足够信息表明说话人的主观态度,而说话人也觉得有必要将自己的意图明朗化时,施为动词就可以派上用场。施为动词的使用往往会使得指令行为变得更为严肃、庄重。另一方面,因为施为动词明确地表达了说话人的交际意图,标明说话人作为道义源的身份,因此,此类指令行为礼貌等级也较低。

2.5 认识情态与非认识情态(non-epistemic modality)的对立

上面对现代汉语中可用于道义情态表达的施为动词作了分类介绍,但某个施为动词具体表达哪种道义情态,其实并不那么容易区分。如:

(48) 海鹏,我请你跳一曲探戈。

(49) 我请你也将我的证件给我寄回来。

(50) 我请你不要用这两个字好不好?

(51) 我请你走开!

这几个句子都使用了"请",但它们所表达的言语行为,则是从期求(例48)逐渐过渡为指令(例51)。当说话人期求听话人执行某行为的意志比较强烈时,期求就变成了一种指令。所以,在期求类施为动词和指令类施为动词内部存在着一个连续统,越往左越倾向于表达期求行为,越往右越倾向于表达指令行为。

请求、恳求、央求、恳请、敬请、拜托、麻烦、要求、请、建议、劝、警告、命令

期求 ←——————————————————————————→ 指令

许可类施为动词所表达的道义情态,则直接建立起了期求与指令行为之间的联系,即当 VP 所表达的行为是听话人"你"的意愿或期求时,说话人的许可就是对听话人期求的许可。如:

（52）如果你们谁能够在他进入地狱之门以前,唤出他的求生意念,那我【允许】你们带他离开。

（53）我【批准】你回国休假,你和南希三年没见面了,你该回去看看她和你的三个孩子,替我问候南希。

而在承诺与指令之间,实际上也不存在截然分界。如例(54),"警告"是一个典型的指令类施为动词,但是在这里表达的却不是一个指令,而是说话人的一个承诺:

（54）我【警告】你,假如你对我做了什么,我是不会善罢甘休的。

另外,意愿行为与指令、承诺之间也有着密切的关联。意愿与指令往往是一个硬币的两个侧面:说话人可以将自己的意愿施加在听话人身上,使某行为得以实施。如,情态助动词"要"既可以用来表达说话人自己的意愿(如:我要去旅行。),也可以用于表达指令行为(如:你不要这样说。/独自在外,你要好好照顾自己。)。在印欧语中,祈使语气也常用来表示意愿、希望、意图等,如 Have a good time! /Get well soon! /Give us this day our daily bread(Lyons,1977:826)。

意愿也与承诺紧密相关,当说话人意愿中的行为与听话人有关时,这种意愿就有可能变为对听话人的一个承诺。如:

（55）我愿意去。［意愿］

（56）我愿意帮助你。［意愿＋承诺］

（57）我愿意娶你为妻,并终生照顾你。［承诺］

情态助动词"会"可用于意愿预测,同时也常常用于承诺行为。它在两类言语行为中的相同表现证明了意愿与承诺之间在情态意义上的联系。

指令、期求、许可类表达的是说话人让听话人执行某行为,承诺表达的是说话人自己将执行某行为。而意愿则两者兼可:它既可以表达说话人希望某人执行某行为,也可以表达说话人自己希望执行某行为。如:

（58）我【巴望】你快快长大。

(59) 我【巴不得】你能来。

(60) 我【希望】你能同样幸福。

(61) 我【巴不得】(我)把一切都告诉你。

(62) 我【希望】(我)能像真正的人一样活下去,而不是偷生。

在现代汉语中,意愿主要通过意愿助动词和意愿施为动词来表达。如:

意愿施为动词:巴望、巴不得、盼望、指望、希望……

意愿助动词:想、肯、要、愿意、情愿、乐意

综上所述,期求、指令、许可、承诺、意愿等言语行为是紧密联系在一起的①。它们的共同之处是,都与行为有关,而不表达说话人对命题真值的态度,因此,它们都可以看作是非认识情态(non-epistemic modality)。也就是说,在现代汉语中,非认识情态与认识情态的对立,可能要比道义情态和认识情态的对立更突出,这在情态助动词上也有表现(参看第六章)。这样,现代汉语中认识情态、道义情态和能动情态间的关系可以表述如下:

表 4.10 现代汉语中认识情态与非认识情态的对立

认识情态	非认识情态		
认识情态	能动情态	道义情态	
断 言	意 愿	承 诺	指 令
认为 相信 知道 猜测 怀疑 确定 肯定 假定 推测	希望 渴望 盼望 巴不得 巴望	决定 答应 保证 发誓	请求、恳求、央求、恳请 敬请、拜托、麻烦、要求、 请、建议、劝、警告、命令
典型陈述句	意愿陈述句	意向陈述句	施为陈述句

就句类来说,陈述句的初始用途有四种:典型的陈述句用于作出断言,意愿陈述句用于表达意愿行为(desiderative illocutionary acts)②,意向陈述句用于表达承诺

---

① 还有一些动词虽然看起来是施为动词,如"默许、哀求、期求、渴望、期待、期望、吩咐、嘱咐、号召、支使、指派、唆使、指派、鼓动、承诺、应承、应诺、立誓、应许"等,但它们一般都不能用于施为陈述句中,而只能用于对某施为行为加以陈述。因此,这些动词不属于施为动词。如:

(1) 他不再说什么,默许戴晓梦去收拾自己的东西。

(2) 我给我的属下们每人发了一只石英钟。瓜子虽小是人心。我嘱咐大家不要把这当成一回事,向别人显摆。

(3) 其实当年我一直在期待他留下,就像现在我期待他回来。

(4) 有时还指使他跑腿,为她买些她临时想起来要用要吃的东西。

(5) 因为揭露了她也就等于出卖了柏西。而我们必须承诺,必须保证季惠霞的既得利益不受一点损失。

② 该行为在塞尔的分类体系中没有被提及。在哲学家 Rescher 的情态体系中被称作 boulomaic modality(转引自 Perkins, 1983:10)。

行为,而施为陈述句用于表达指令行为。从情态的角度看,典型陈述句用于认识情态表达,意愿陈述句属于能动情态的表达形式,意向陈述句与施为陈述句则属于道义情态的表达形式。

三、陈述句、疑问句与作断言

有一类疑问句无疑而问,一般称为反问句。反问句满足疑问句在句法形式上的一般特征,但说话人所表达的重点其实并不是发出询问,一般也不需要听话人提供信息。如:

(63) 她还总要我说,第一眼我就看上了她。那可没有,我不能昧着良心,那时她还是个孩子,<u>我成什么人啦</u>。

(64) 空中的寂寥、清静则使人实在有几分凄凉。<u>我干吗总把什么都同海联系在一起呢</u>,真是吃饱了撑的! 我不是海军,<u>干吗总夸耀自己爱海</u>!

因此,反问句是介于陈述句和疑问句之间的一个边缘类:从句法形式上看,它是疑问句;从功能上看,它却介于陈述和疑问之间。反问句在书面上有的使用问号,有的使用感叹号或句号,这和说话人的表达倾向有关系:如果说话人用疑问句的形式表达陈述时,心里还希望能寻求到一些答案,他会使用问号;如果他完全不希望得到回答,则会使用句号或感叹号。另外,在交际语境中,虽然说话人的意图是作一个陈述,但听话人也可以故意忽视说话人的意图而将它们理解为一个问题,并给出答句。

真谓宾动词带疑问句形式的宾语时,有两种情况:一是要告诉听话人一件事,不表示疑问,如"讨论谁当主席、商量怎么办"等;一是询问,表示疑问,如"打算哪天去? 觉得怎么合适?"(朱德熙,1982)。这种情况温锁林(2004)有过研究,他发现当谓宾动词是考察、询问和引述类动词时,多为陈述句。而是心理活动动词、情态助动词和动作行为类动词(如承认、主张、答应、动员、要求、邀请、代替、争取等)时,则多为疑问句。温锁林还从语音停顿、重音、语境因素等方面对两种情况作了分析。李英哲、郑良伟等(1990)也详细列举了可带宾语小句的动词类。其实,从情态标记的角度很容易将两种句子区分开:如果述宾结构表陈述,那么可以后加语气助词"吗";如果表疑问,则只能后加"呢"。

总之,从典型陈述句到典型疑问句,也存在着一个连续统:

表 4.11　陈述句与疑问句

作断言	陈述句	如:我不是什么好人!
↕	反问句	如:我成什么人啦?!
询问	疑问句	如:他是什么人?

四、祈使句、疑问句与祈使功能

有一类句子,形式上看是疑问句,却并不用于询问,而总是用来表达道义情态,即请求或发出指令等。如:

(65) 你少说几句行不行?／行吗?／好吗?／好不好?／可以吗?／怎么样?

(66) 你是不是去一趟?

(67) 你去还是不去吧?

(68) 你还不把窗户打开?

(69) 你可以把窗户打开吗?

这些句子的道义情态意义是规约化(conventionalized)的,不同于"屋子里很热,是吧?"。后者虽然也可以用来表达请听话人打开窗户的功能,但这个意义只有在语境中才能推断出来,道义情态意义对它来说,只是一种临时的语用意义。而这些语句则不需要依赖语境便可理解为一种道义行为。那么,这些句子是疑问句还是祈使句呢?

袁毓林(1993)将它们称为边缘祈使句,我们倾向于将它们看作是疑问句的一个小类。这些句子,从形式特征上看,既有疑问句的特点,也有祈使句的特点:整体上它们具有典型疑问句的基本特点,句子的最外围部分或者带有疑问标记"吗"或谓语动词肯否连用。但句子的主干部分却使用了祈使语气。这些句子都可以拆分为两个部分:

(65b) 你少说几句　　＋行不行?／行吗?／好吗?／好不好?／可以吗?／怎么样?

(66b) 你去一趟　　　＋是不是?

(67b) 你去还是不去　＋吧?

(68b) 你把窗户打开　＋好不?

(69b) 你把窗户打开　＋可以吗?

要注意的是例(67),句子主干部分实际上是"你说",即"你说去还是不去吧"。

这些句子在任何语境中都只能用于让听话人执行某行为,同时,它们也通过对听话人的能力或意愿提出疑问,表达了一种缓和的口气。我们将它们称为施为疑问句(control question/ imperative question),它们是介于典型疑问句和祈使句之间的。汉语中施为疑问句的表达形式主要有如下一些:

表 4.12 施为疑问句

	是非问句	附加问句	选择问句	特殊疑问句	反问句
含有情态助动词	你/我能 verb 吗? 你/我可以 verb 吗?	你/我 verb,可以吗? /可以不可以?	你/我能不能 verb? 你/我可不可以 verb?		
含有其他专用祈使标记		你/我 verb,好吗? /好不好? 你/我 verb,行吗? /行不行?		你/我 verb,怎么样?	
含有"疑问代词/疑问格式"和"吧/嘛"				一共多少钱吧/嘛? 你去还是不去吧/嘛?	
你/我们是不是 verb?			你是不是去一趟?		
(你)还不 verb?					还不快说?

在疑问句中利用表示"能力/可能性"义的情态助动词进行道义情态表达,是人类语言的一个普遍现象。在餐桌上发出"你能把盐递给我吗?"这句话,显然不会被听话人理解为对自己递盐能力的质疑,只能是一种请求。这样的疑问句之所以会被理解为一种道义行为,其推理过程可以表述如下:

表 4.13 疑问句表达道义行为的推理过程(Keith Allan, 1986:215)

推理步骤	推理过程
说话人(S)在语境(C)中发出一个语句(U)	听见 S 在 C 中发出 U
语句是一个带有一定韵律特征的句子(φΣ),这个 φΣ 意味着"S问你能把盐递过来吗?"	根据会话合作原则(co-op①)以及关于汉语的知识

① co-operative principle。

(续　表)

推理步骤	推理过程
S说的"你"指的是"H","盐"指的是"桌子上的盐"	根据语境和指称理论(theory of reference)
S用 ϕΣ 意味着"S问H他是否能把盐递过来"	命题推断理论(denotation)和语境
S自身希望U被H当作是询问H是否能递一下盐	以言行事行为(illocutionary act)的定义
S问H他是否能递一下盐	疑问用意(interrogative illocution)的定义
如果够得着,任何正常的人都能递盐,H够得着,所以S可能知道H能递盐,所以他不是在询问H是否有递盐的能力,他一定是在要求H递盐,即S自身希望U被当作是H递盐的理由	语境,背景信息,会话合作原则,以及以言行事行为(illocutionary act)的定义
S在请求H递盐	请求(requestive)的定义
没有别的言外之力(illocution)可以推断出来了,所以S在请求H递盐	语境及背景信息

　　语气助词"吧/嘛"不能用于特殊疑问句和选择问句,当说话人在特殊疑问句和选择问句中使用了"吧/嘛",听话人就不会将这个语句看作是一个问句。而只能理解为说话人要求他作出回答。因此,这样的施为疑问句可以理解为省略了"你说"这样的祈使主句。

　　"是不是"主要用来对一个命题加以主观推测,如"他是不是不来了?"。当他对听话人将来可能的行为进行推测时,如"你是不是去一趟?",就会被听话人理解为一个建议或指令,而不仅仅是一个问题。

　　用疑问句表达道义情态,在言语行为理论中也被称作间接言语行为(indirect speech act),是人类语言的一种普遍现象。Brown & Levinson(1978,转引自 Levinson, 2001)认为这是一种普遍的礼貌策略(politeness strategies)。以"你少说几句行不行?"为例,"你少说几句"作为一个道义行为,是说话人对听话人施加道义诉求,而"行不行"的附加,就使得听话人成为相关信息的提供者。这样,听话人的面子就得到了维护,因此,施为疑问句的礼貌等级是比较高的。

五、小　结

　　综上,现代汉语的句类系统与言语功能之间的关系是错综复杂的。撇开语用当中的言语行为不谈,只看规约化的表达,陈述句、感叹句和疑问句都可以用于作断言,即表达认识情态。而祈使句、施为陈述句、施为疑问句则都可以用于发出指令,表达道义情态。

第四节 再谈句类、语气与情态

句类是对言语行为表达式的句法分类,情态研究的是说话人的主观看法和态度,而言语行为当中可能也包含着说话人的主观看法和态度,因此,言语行为类型可以成为情态研究的一个参照框架,但并非所有的言语行为都与情态有关。塞尔(Searle,1975)所区分的五个言语行为"断言、承诺、指令、表达、宣告"中,表达行为本身预设了命题为真,不具有非现实性(non-factive);而宣告行为则用于引起命题内容与世界之间的关联,不带有说话人的主观看法或态度,它们都不在情态的研究领域。断言、承诺和指令行为,则分别与认识情态和道义情态有关。人类语言究竟会采用什么句类形式来表达这些言语行为,每种语言可能有每种语言的特点。就承诺行为而言,英语和日语似乎都更加看重被承诺的行为将在将来发生这一时间特征,而不是某个行为将被执行这一道义特征。因此,在这两种语言中,承诺句中的动词形态都与祈使句中的不同,而与陈述句一致。但在有的语言中,却可能有一个专门的动词屈折形式用于承诺。因此,句类与情态之间不存在必然的关联。这就是为什么同一个句类中可以有不同语气的原因,因为语气所表达的意义是情态的一个分支。

第二、三两章谈到,"语气"在西方的研究历史上,有两种不同的使用:一是将它看作是由动词形态变化表示的语法范畴;一是把它看作是句子言语行为类型的分类。其实,不管是哪种处理,语气都是一种高层的情态。所谓高层,从意义上考虑它区分的是若干大类;从形式上考虑,它的表达形式语法化程度高。在汉语中符合这一标准的语法形式有句类和语气助词两种。由于这两者有交叉,如句类中的疑问句可以是带语气助词的,也可以是不带语气助词的,所以本书将句类中的陈述句和祈使句的区别算作是语气的区别,疑问句类和感叹句类所表达的语法意义只称疑问功能和感叹功能,疑问语气则只是由疑问语气助词表达的。研究句类系统的目的,正在于发现句类与语气、情态之间的关系,从而进一步看清情态在语言中的表达方式。

现代汉语直陈语气和祈使语气这两个言语行为语气与典型句类及边缘句类间

的关系可以描述如下：

表 4.14　现代汉语的直陈语气与祈使语气

语气	直陈语气	祈使语气
语气规定	主语人称不限 谓语动词不限 时体搭配不限 宾语承前省	主语人称为第二人称或第一人称复数 自主动词、可控动词 不能加"在、正在、呢、过、曾经"等时体标记词 宾语非承前省
句类	典型陈述句、意愿陈述句、意向陈述句、感叹陈述句、感叹句、疑问句	祈使句、施为陈述句之宾语小句、施为疑问句

第五章 语气助词表达的情态分系统

语气助词是汉语意态范畴的最高语法化表达形式,是汉语传态语气系统的载体,第三章已经论述过语气助词在汉语话语情态系统中的地位。本章拟选取几个常用语气助词,从交互主观性的角度逐一分析描写,以充分展示语气助词如何与句类共同作用表达话语情态。

第一节 语气助词的归类标准

作为一种后置虚词,语气助词总是黏附于词、词组或句子之后,从句法分布上较易判定。作为一个封闭类,语气助词的成员数目相对并不多,然而它究竟包括哪些成员,学界却尚未达成一致意见。据王珏(2012)统计,不同学者所罗列的语气助词合计多达 97 个。略取几家列举如下:

表 5.1　现代汉语中的基本语气助词

	基本语气助词成员
赵元任《汉语口语语法》	的、了、唰、吗、嚜/么、吶/呢、吶/哩、啊/呀、吧/罢、吧(＝不啊)、呕、e(欸)、煞、看、来、着吶、来着、罢了、就是了、得了、似的、的话、的时候、不是吗
朱德熙《语法讲义》	时态语气助词:了、呢$_1$、来着 疑问/祈使语气助词:呢$_2$、吗、吧$_1$、吧$_2$ 表态度/情感的语气助词:啊、呕、欸、嚜、呢$_3$、罢了
北大版《现代汉语》	啊、了、吧、吗、呢、呕、欸、罢了
黄伯荣等《现代汉语》	的、了、呢、吧、吗、啊
《汉语水平词汇与汉字等级大纲》	啊、吧、嘛、啦、吗、呢

在这些研究中,赵元任(1979)所列举的语气助词成员最多,甚至把"似的、的话、的时候、不是吗"等都包括在内。朱德熙(1982:209)还特别指出了几个合音语气助词"啦(了＋啊)、吶(呢＋啊)、啵(吧＋呕)、喽(了＋呕)",以及复合语气助词"来

着、着呢、罢了"。除了赵元任(1979)将"看"当作助词外,陆俭明(1959)以及隋娜、胡建华(2019)等也明确将它当作语气助词。

"了₂"和"的"是不是语气助词,学界一直存在争议。朱德熙(1982)认为"了₂"是语气助词,而"的"不是。赵元任(1979)则认为"了₂"和"的"都是语气助词。"的"和"了₂"的归属问题实质上反映了人类语言的一个普遍现象,即情态表达与时体表达存在互相渗透,时间指示系统与情态指示系统间存在着演变关系(Lyons,1977),如将来时很少用于单纯表将来,而多用于表示推测、意愿等情态。过去时则可用于非事实(unreality),如虚拟语气。在美洲印第安语 Hopi 中,时间指示是由情态指示发展而来的。作为情态标记,现代汉语的语气助词也和时体标记间存在着关联,如"了₂、的"。此外,已经被认可为语气助词的"啦、呢、着呢、啊"也存在着与时体表达的交叉问题。如"呢",《现代汉语八百词》认为,它可以表示"持续的状态";朱德熙(1982:208)也认为存在一个表时态的"呢₁"。即便是"啊"也已经开始向时体领域渗透,可用于表达长久持续的意义,如:我吃啊吃啊,一碗猪肝汤吃了大半天,终于把全部的猪肝都吃完了(陈光,2003)。而通常认为是时体标记的"来着",也带有较为浓厚的情态表达意味(宋文辉,2004;饶宏泉,2019)①。

本书认为,语气助词的作用并不在于参与汉语句子的命题结构,作为情态标记,它应当具有三个区别性特征:一是在语法上,它附着于其他成分(句末或句中停顿处)之后,但不是语法结构的必需(obligotory)成分,有或没有不影响语法结构的合法与否②;二是在语义上,有或没有不影响语法表达式的命题内容;三是在情态上,它是必需成分,表示语句与语境的关联性以及满足听说双方关系的界定,因此语气助词的有或没有会直接影响到语句的效力(force)。

从这三个标准出发,本书将"啊、嘛、吗、吧、罢了、呢、着呢、不成、呗"确定为语气助词的典型成员。而"的、了₂"不能同时满足这些标准,尤其是在很多情况下,它们不能自由缺省。不过,它们的确已经开始向情态领域渗透。

"的"用于非过去事件时,已经具有语气助词的基本属性,可以去掉而不影响句子的合法性与命题内容:

---

① 关于语气助词和时体表达间渗透关系的详细论证,请看附录1。该部分内容在《汉语学习》第1期发表,人大报刊复印资料《语言文字学》2008年第6期全文转载。

② 在某些情况下,语气助词的有无会影响到句法,比如用"你呀"表示批评、抱怨、责怪时,"呀"不可缺省。"你呢?"这种问句中的"呢"也是必需成分。但这种特殊用法不影响到语气助词作为整体不参与句法构成的特点。

（1）他今天是不可能来【的】。→他今天不可能来【的】。→他今天不可能来。

（2）他是一定愿意去【的】。→他一定愿意去【的】。→他一定愿意去。

（3）我是不会开这种拖拉机【的】。→我不会开这种拖拉机【的】。→我不会开这种拖拉机。

（4）他的手艺是很高明【的】。→他的手艺很高明【的】。→他的手艺很高明。

（5）没我你们是赢不下来【的】。→没我你们赢不下来【的】。→没我你们赢不下来。

"了₂"在某些语句中也可以省略，不影响语句的合法性与命题内容。如：

（6）可能你们听到那里摔了一架飞机，上百人丧生，只是嗟叹一阵，或者骂两句民航人员太差劲，草菅人命，也就罢了。可我们就不同【了】，别说是我们自己的飞机摔了，死者里有我们最好的朋友，就是不相干的外国摔了一架飞机，我们也要难受好久。

（7）这是大家都早已知道的【了】，你别说了。

关于"啦"，有学者认为它是"了＋啊"的合音（朱德熙，1982：207），也有学者认为，"了₂"是"啦"的弱化形式（金立鑫，1998），郭小武（2000）则认为"啦"是"了₂"在强语气条件下的一种变韵形式。无论是哪种看法，"啦"似乎都与"了₂"有关联。事实上，"啦"与"了₂"在用法上的确有很多重叠，在相当多的情况下，"啦"可以替代"了₂"。虽然"啦"在很多语句中并不是可自由缺省的成分，但语法学界对它语气助词的地位似乎从未怀疑过。这是因为"啦"只能用在说话人直接对听话人的当时当地（here & now）的交际语境中，比"了₂"更具有引发交际场景（ground）的作用，表现出的主观性程度更高[①]。因此，它很少用在书面语篇中。即使在叙述性语篇中，"啦"与"了₂"的使用频率也相差很远。

因此，既然情态标记（本章中即语气助词）和时体标记之间存在着互相演变的关系，在判断某个词语是否是语气助词时，就得坚持用发展的眼光，从语言系统性的整体特点出发加以考虑。"了₂、的、啦、来着、着呢、呢、啊"等在情态语法化的程度上是不同的。"了₂"刚刚开始向情态表达演变；"的"虽然已向情态表达渗透，但只限

---

① 根据引发交际场景的能力来判断主观性强弱的理论，请参看 Langacker（1991）、沈家煊（2001）。

于未然情状,需要其他情态成分配合,而且与"是"之间的纠缠尚未了断。"啦"虽然与时体表达关系密切,且隐现与否对语句的句法合法性影响较大,但情态表达特点明显;"来着"正处在发展的过程中,时体用法和情态用法不分上下(宋玉柱,1981;张谊生,2000;宋文辉,2004);"着呢"已经完成了从时体向情态的演变过程,成为一个独立的语气助词。"呢""啊"则已开始向时体表达渗透。因此,如果把语气助词作为一个原型范畴来看,它也有典型成员和非典型成员的区分:

典型成员:啊、嘛、吧、呢、吗、呗、不成、着呢、罢了

非典型成员:啦、来着、了₂、的

要注意的是,上面没有罗列合音语气助词"呐(呢+啊)、啵(吧+呕)、喽(了+呕)"等,因为这类语气助词的实际数量究竟有多少还有待确定;而赵元任(1979)所收录的"就是了、得了、的话、不是吗"一类词语是否是语气助词还有待学界继续讨论。本书的重点不在于探讨语气助词的判定标准及具体数目,因此,暂且以上述最常用且被学界普遍接受的语气助词作为研究对象,对它们所表达的意态范畴进行分析。具体来说,本章对语气助词的个体研究将只包括典型成员,其中"罢了、吗、不成"的用法比较简单,而且以往对它们情态意义的揭示也比较清楚,也略而不谈。

第二节 语气助词的研究方法

有语气助词这样一个虚词词类,是汉语的一个重要特点。因为语气助词意义比较空灵,难于描写,所以对其意义的归纳,一直是汉语语言学的难题之一。本书在对语气助词的意义进行研究时,遵循如下几点:

第一,语气助词出现与否不影响句子命题的内容及其句法合法性,它们不参与句子的命题表达,属于情态标记。从系统—功能语言学的角度看,语气助词不用来表达语言的概念功能,而表达的是人际功能[1]。因此,语气助词的研究应当从情态表达或人际功能的角度入手。

第二,语气助词参与人际功能表达,在交流中不可避免地直接参与人际关系的建构,应当联系礼貌原则、面子理论等语用理论来观察语气助词的意义及其

---

[1] 语气助词也具有语篇功能,Shie(1991)、屈承熹等学者都有过研究。

用法。

第三,从句法分布上看,语气助词总是黏附于其他成分之后,不能独立使用,因此,我们赞同胡明扬(1981、1988)、储诚志(1994)的观点,在归纳语气助词的意义时,一定要注意区分语气助词自身的意义和它所在语句的意义。比如"去吧,时间不够;不去吧,又很想念他"中,"吧"并不表达犹豫不决之意,这一意义是语句自身的意义。

第四,在语气助词的意义研究中,存在两种主张。一是认为语气助词的意义不是单一的,它们在不同的语言环境下表示不同的意义,如吕叔湘(1980)、赵元任(1979)等。二是认为,不同句法位置上的语气助词有一个一以贯之的原型意义,如胡明扬(1981)、屈承熹(2006)等。本书赞同第二种观点,即力图发现每个语气助词的原型意义,该意义能够给语气助词所有用法统一的合理解释。

第五,语气助词表达的是"说话人选择以何种方式将语句内容带入交际语境"的传态语气,它的原型意义中包括两个方面:一是说话人对语句内容的信疑态度;二是说话人对听话人交际身份的主观处置,即对双方交际关系的建构。

第六,语气助词作为一个语法类,共同服务于一个意义或功能域,它们的意义归纳应该互相参照,通盘考虑它们是如何分割意态这一意义范畴的。

第七,语气助词并非汉语的独特语法现象,可结合其他语言(如日语、韩语)进行对比研究,将语气助词的研究纳入语言类型学的研究中,以发现语气助词所体现的汉语在语言类型上的特点[①]。

以下将首先依次描写语气助词"啊、呢、嘛、吧、呗"的情态意义,指出它们在不同的句类和句法位置上的分布及其原型情态意义的语用变体。然后,从意态系统的角度出发,对语气助词的情态意义进行总结,对比可以出现在同一个句类同一个句法位置上的语气助词在情态意义上的差异。最后对比英语、日语和汉语在意态表达上所体现出的语言类型特点。

赵春利(2019)指出,对语气助词意义的概括应当坚持语义语法的研究范式,尽量对其意义进行分布验证,除了观察其所出现的句类、共现词语等,也要观察语气助词不可以出现在哪些词汇—句法环境之中。这一研究方法,也是很有必要的。本书要探讨的是,作为传态语气的载体,语气助词如何与句类互相作用,即主要从

---

① 语气助词所参与的领域,在其他没有语气助词语法类的语言(如英语)中,可能由其他的语言手段表达,如何对它们进行对比研究,也是一个重要课题。

句类的角度对语气助词的意义进行分析，而情态副词等其他同现词语如何与语气助词意义互相作用，则不作系统分析，第七章第四节将会对情态副词与语气助词的共现情况进行探讨。

第三节　语气助词"啊"的情态解释

一、以往代表性研究回顾

关于"啊"的意义，以往研究比较有代表性的看法有如下一些。

吕叔湘（1980）将意义与句法分布联系起来加以描写：

表 5.2　吕叔湘（1980）对"啊"的描写

句法分布	意　　　义
陈述句末尾	表示解释或提醒对方，有时带有不耐烦的语气
祈使句末尾	表示请求、催促、命令、警告等
感叹句末尾	
打招呼的话里	
非是非问句和反问句	语气和缓一些
是非问句	要得到证实
句中停顿处	表示说话人的犹豫，或为引起对方的注意
	表示列举
假设小句或条件小句末尾	
重复动词后	表示过程长

赵元任（1979）列举了"啊"的十个不同功能：开始问话、要求证实的问话、呼而告之、命令、感叹、不耐烦的陈述、提醒、警告、给听话人时间的停顿、列举。

胡明扬（1981）则将"啊"分为两个：一为表情语气助词，表示说话人的感情，具体色彩随说话内容和语言环境而定；一为表意语气助词，用在祈使句中，表示催促、劝听。

Li & Thompson（1981）认为"啊"用于和缓语气（reduced forcefulness）。

屈承熹（2002）将"啊"看作话语标记（discourse marker），表达说话人的参与（speaker involvement），其主要观点如表 5.3 所示：

表 5.3　屈承熹(2002)对"啊"的描写

核心意义	篇章功能	典型语境
个人参与(我参与在当前事态中)	A　说话人指向(speaker orientation),低语调 B　听话人指向(addressee orientation),高语调	A　赞同、回声问、感叹、认同…… B　警告、挑战、询问信息、捍卫……

Shie(1991)分析了"啊"在语篇中的作用,认为"啊"是一个典型的回应标记(marker of response),总是用于对某个命题作出回应。具体分布请见表 5.4：

表 5.4　Shie(1991)对"啊"的描写

啊1 (语调较高,用于陈述句和祈使句)		啊2 (轻微降调,用于疑问句和感叹句)		
交换对儿 (exchange pairs)	概念结构 (idea structure)	行为结构 (action structure)	参与框架 (participation framework)	概念结构 (idea structure)
问—答	总结	问句:挑战	回声问	感叹
疑惑—澄清	抽象化	问句:批评		
批评—辩护	插话	问句:询问信息		
断言—认同		问句:要求确认		
断言—挑战				
请求—顺从				
请求—不顺从				

　　这些研究从不同层面展现了"啊"的面貌,但也还存在着可以进一步探讨之处。吕叔湘、赵元任的观察非常细致,可惜失于零散,而且没有区分句子的语用意义和"啊"自身的意义。胡明扬将"啊"分为两个,并试图对每个"啊"都作出一个统一解释,这个原则也是本书所赞同的,但他对"啊"意义的概括过于空泛,而且是否有必要分成两个还值得商榷。屈承熹和 Shie 从语篇或话语功能的角度研究"啊",可以说是一个重大突破,抓住了语气助词的本质特点,即语气助词作用于交际语境(说话人、听话人)而不是命题内容。但是,将"啊"看作是个人参与标记或回应标记都失于简单,因为这样的功能是所有语气助词共同具备的;而"啊"自身的意义是什么,并没有说清楚。另外,他们根据语调将"啊"分成两个,可以更好地研究"啊"所在语句在语篇中的话语功能,但这两个"啊"自身的情态意义实际上并无本质区别。

我们在前人研究的基础之上,通过对大规模真实语料的分析,采取上一节所讲的研究方法,将"啊"的情态意义概括为"强传信式告知求应"。

二、"啊"的原型意义——强传信式告知求应

"啊"的原型意义"强传信式告知求应",包含两个方面:一方面,说话人以"知情一方"的姿态,明确将语句内容告知听话人。也就是说,说话人对命题信息是确信的,有足够的把握;另一方面,说话人对听话人是有要求的,要求对方作出回应——对陈述或感叹的倾听认同,对询问的回答,对祈使的执行。下面以"啊"的句法分布为纲,逐一解释"啊"在不同句法环境中如何体现这一意义。

2.1 "啊"用在陈述句句末

(1)我这人一向是实事求是的,您就是活脱一神仙【啊】!

(2)老这么下去对你妈影响也不好【啊】。

(3)"没有【啊】,"我把目光从台上舞姿婆娑的晶晶身上收回,"没有,没有,你看我像谈恋爱的人吗?"

(4)你是主妇【啊】,在这位置上你要不干,每天好吃懒做,走东家串西家,横草不拿竖草不拈油瓶子倒了都不扶——你不能把应该做的算成恩德,你这得算丑表功吧?

(5)没到日子,您就熬不住自个先跑回去,也不得其门而入【啊】。

(6)再说也不孝【啊】,我有这挨人管的义务,我得把这义务尽到年龄,忍到十八。

一般陈述句的句类意义是"作断言"(make statement),在交际语境中,说话人使用陈述句也是在告知听话人一个信息,但是,说话人在一般陈述句中并不凸显自己对听话人的态度。而如果说话人在陈述句句末使用了语气助词"啊",他就明确表明了自己对命题信息的确信不疑,同时他也主观设定了交际中双方的交际身份,即自己是"知情一方",要求听话人能够倾听认同自己的话。因此,带有"啊"的陈述句具有三个特点:一是凸显了说话人对命题的确信态度;二是明确标注了信息的流向是从说话人到听话人;三是要求听话人倾听认同。

在具体语境中,带"啊"的句子会与语境互相作用而产生会话隐含义(implicature)。比如说,带"啊"的陈述句在语境中往往带有"表示解释或提醒对方"的意思(吕叔湘,1980;赵元任,1979)。这是因为在作出"解释或提醒对方"的语境中,说话人有必要凸显自己对所说话的绝对把握,并表达出希望听话人认同的态度,因此,

"啊"常常用在该语境中。如：

（7）"王眉。"我也气哼哼地说，"你在你们乘务队都给我造了什么坏影响？"

"没有【啊】。"

"你瞧你们屋这主儿，对我多凶，好像我怎么虐待过你似的。"

"没有没有。我在她们面前一直都是说你好。"她笑着对我说。

在这个语境中，王眉先用"没有啊"对说话人"我"的质疑作出回应，"啊"的启用使得她对自己的断言表现出一种很有把握的态度，同时她也传达给听话人一种意向，希望说话人能接受自己的话。在这个语境中，即使王眉不用"啊"，也同样是在给自己作辩解。但是，"啊"的"强传信式告知求应"的意义使得辩解的意味得到了凸显。当王眉了解到"我"发出质疑的原因之后，她使用的是"没有没有"，而没再启用"啊"。因为在这个语境中她没有必要继续向听话人明确传达自己的确信并希望听话人接受的态度，而以一种一般陈述的方式告诉他便可。

在某些具体语境中，用"啊"的陈述句可能还带有"不耐烦"等语义色彩（吕叔湘，1980；赵元任，1979）。如：

（8）不是我不肯管，我是管不了【啊】。

（9）我也没说你全错了【啊】。（取自吕叔湘，1980）

在这两个句子中，说话人使用"啊"是要明确告知听话人"我管不了""我并没有说你全错了"，并希望听话人能够倾听接受。但因为是用在辩解的语境下，说话人在明确告知听话人自己的处境或解释自己的意思时，他可能会因为听话人不明白而使得自己不得不再作明确的解释而感到"不耐烦"。

已有研究将"解释或提醒对方""不耐烦"这些意义当作是"啊"的意义，实际上是混淆了语用语义与"啊"的固有义。"解释或提醒对方""不耐烦"是"啊"的原型意义与语境结合后而产生的会话隐含义，是"啊"在具体语境中的表现，并非"啊"的本来意义。

2.2　"啊"用于感叹句句末

（10）是啊，我发觉人真是大有可为，我们过去多不了解自己【啊】！

（11）旧的传统观念是多么束缚人【啊】！

（12）做个诚实的人真难【啊】！

（13）嗬，真好看【啊】！

感叹句的基本用途是抒发说话人对命题所描述情景的强烈情感，说话人使用感叹句正是为了将自己的情感宣告出来，"啊"的基本意义为此提供了很好的语言手段:当说话人使用"啊"来抒发自己的强烈情感时,他一方面表明了自己确信针对感叹的情景所作的断言,另一方面也希望听话人能够与自己产生共鸣,分享自己的情感。如:

（14）我屁股纹丝不动,只是上身摇摆:"不滚,就不滚,干吗要滚?"我若无其事地东张西望,"哭完回家。"

"回屁家!"

"屁家也得回,哪怕回去接着哭呢。家里哭多舒服【啊】,哭累了还能躺着,饿了能吃渴了能喝,毛巾现成,嫌自己哭单调还可找音乐伴奏……"

说话人在劝说听话人回家时,使用了一个感叹句"家里哭多舒服啊",一方面表明了自己对所作断言的确信态度,另一方面也希望听话人能够接受自己所说的话。

在自言自语的感叹句中,说话人是把自己当作听话人的。"啊"的求应性就得不到充分的体现了,但强传信性和告知功能仍然存在。

2.3 "啊"用于祈使句句末

（15）上【啊】,怎么不上?

（16）我走了几步又掉头回来,对贾玲说:"保密【啊】。"

（17）我不在,你好好的【啊】。

（18）我动手拉她,背对着她姨妈什么的,瞪眼小声道:"别来劲【啊】!"

祈使句的初始用途是说话人要求听话人做某事(S proposes to H that H do A),信息流向本身就是从说话人到听话人,所以"啊"的原型意义可以满足这一要求。因为"啊"凸显了说话人对语句内容的确信态度,突出了要求听话人作出回应,所以说话人发出祈使时使用"啊",就凸显了自己对"祈使"的确定不疑,而且要求听话人能够执行自己所要求的行为。因此,带"啊"的祈使句大都带有催促、敦促、请听话人听好并遵从的意味。如:

（19）"打你白打,我恨死你了。"尽管我又挨了小嘴巴,局面是缓和了下来。

"别照了,没打出印儿。"阿眉这话已是带笑说了。

"下不为例【啊】。"我正色对她说。

在这个例子中,说话人希望王眉以后不要再动手打他,他使用了"下不为例啊"这个句子。"啊"的使用凸显了说话人对听话人的态度:请你听从,并执行。叙述文"我正色对她说"正是对"啊"的一个注解。

从礼貌程度上讲,用"啊"的祈使句因为一方面标注了说话人对祈使的确定态度,另一方面又凸显了希望听话人听从,对听话人来说,便直接构成了面子威胁。

所以,"啊"用在祈使句中的比例比较低,且一般用于关系亲密的人之间。

2.4　"啊"用在呼语后

(20)"林生【啊】,"老太太叹口气,"我看你这日子过得也挺难。"

(21)马林生在枕头上呜呜咽咽哭起来,顺耳流下来的眼泪洇湿了一片,"我也真是不敢再抱幻想了,什么心机也费了……命运【啊】,你怎么这么残酷!"

(22)"天啊!"

"啊"用在呼语后,说话人对"啊"所管辖的命题的确信态度这一意义不再凸显,而只保留了让听话人倾听这一意义,这也是语境作用的结果。可以用在句中的语气助词不仅仅只有"啊"一个,但是只有"啊"才能用在呼语后,原因就在于其他语气助词都没有"告知求应"的意义。说话人使用呼语,是在呼叫某人,目的是让听话人听见,因此可以用"啊"来凸显这种需要。例(22)"天啊!"是典型的呼语用法,只是省略了后面的语句。

2.5　"啊"用于话题停顿处

(23)苗条端庄的姑娘【啊】,是小伙子的好配偶。

(24)不能说老师没做到仁至义尽,这会儿不能谈的道理也讲了,但年轻人【啊】就是不知深浅,得理不让人,马锐这时开始变得无礼,……

(25)"您说这齐大妈【啊】,"冯小刚走过来,"每回见她每回我就纳闷,身子骨怎么就这么硬朗?"

"啊"用于话题停顿处,它的情态意义仍在发生作用:说话人一方面是告知听话人请他倾听自己将要说的话;另一方面也告知听话人,他对自己将要讲的话是有足够自信的。

2.6　"啊"用于列举

(26)夏经平懊恼地说,"咱们还是拿牲口打比方吧,你可以把牛【啊】马【啊】那些大牲口放出去不管,你能把鸡也轰山上去任其发展?"

(27)串点晚会词儿【啊】写点骂人的小品文【啊】给报纸纠正点错字连带不署名地在广告末尾斩钉截铁来上一句。

用于列举时,"啊"也带有明确将例子抽取出来告知听话人的口气,这一点赵元任(1979:361)已经有所提及,认为"啊""对一个个项目更感兴趣"。

2.7　"啊"用于疑问句

带"啊"的疑问句可以用于无疑而问的反问句,即问句中隐含着说话人的肯定看法。如:

(28)"我觉得不是玩笑,你心里就那么想的。"

"你这人怎么那么小心眼【啊】?"(说话人认为你小心眼)

"你才发现【啊】? 对,我就是小心眼儿,我毛病多了,瞧不上我早打主意。"

(你早该发现)

(29)不行,我还开一辈子车【啊】?(我不能开一辈子车)

(30)你是不是又想跟我吵【啊】?(你不该跟我吵)

这些疑问句都是反问句,反问句的基本功能是说话人以疑问句的形式表达自己的肯定断言,而且说话人使用反问句作断言时,一般含有对听话人的挑战。因此,"啊"的"强传信式告知"功能正好可以表明说话人自己对所作断言的确信态度。

"啊"也可以用于有疑而问的一般疑问句,包括是非问(例31、32)、特指问(例33)、选择问/反复问(例34)等。如:

(31)你想当兵【啊】?

(32)噢,你说的是人【啊】? 我还当你跟我探讨骡马经呢。

(33)那好那好,住楼好,用水方便,几居室【啊】?

(34)您倒是给没给【呀】? 张老师,您说啊。

例(31)和例(32)属于"陈述句形式的问句"(吕叔湘,1980),即语调是非问句。"啊"之所以可以在这种疑问句中被启用,是因为交际中的邀入语用推理(invited inferencing)机制在起作用。根据 Traugott & Dasher(2002),交际中,听话人会尽自己最大的努力来推测说话人想表达的意思,说话人也知道听话人会作这种努力。用"啊"的是非问句,一般是在说话人刚刚得知一个新信息的情况下使用的。以"你想当兵啊?"为例:在语境中,"你想当兵"是说话人刚刚得知的一个新信息,如果他将这个信息用陈述语调表达出来的同时使用了"啊",就会使得陈述带有了说话人更有知情权的意味。可是,事实上说话人并没有把握,因此,在具体交际场景中,说话人使用了"啊"并加上疑问的语调[①],就可以向听话人表明他对自己是否享有更高的知情权心存怀疑;同时听话人也会尽自己最大的努力来推测出说话人的意图,并给他一个证实。因此,一般来说,用于"陈述句形式的问句"含有"要求证实"的意思。也就是说,用于是非问句的"啊",都是求证虚问,说话人其实已经有了预设,只是要求对方证实。

例(33)和例(34)"啊"用于非是非问句。这种语境下,"啊"的作用在于明确告

---

① 确切地说,用"啊"的是非问句,在语调上既不同于陈述句,也不同于单纯的语调是非问,可以看作是现代汉语中的一类疑问语调(贺阳、劲松,1992;彭小川,2006;贺阳、刘芳,2016)。

知听话人他在提问,并希望听话人倾听给以答复。再如:

　　(35) 甲:你们喝的什么酒?

　　　　(无人回答)

　　　　甲:你们喝的什么酒【啊】? 快说啊。

　　第一个问句说话人只是提出了一个问题,至于为何发问,是否要求听话人回答等,则没有任何标记。第二个问句则是在无人回答的前提下,说话人再次发问,这次含有明确告知听话人"我在问你问题,请回答"的意味,因而在具体语境下可能会产生埋怨、不满等含义。"啊"在这里是向听话人明确传达说话人的言说目的(utterance intention),要求听话人作出回答。这一用法与"啊"的原型意义密切相关。

三、"啊"与礼貌原则

　　以往研究者大多认为"啊"用于和缓语气(口气),这没有抓住问题的实质。比如:

　　(36) 你小子以后给我注意着点儿【啊】。

　　(37) 你给我听好了【啊】,下次再这样有你好看的。

　　在这样的语句中,"啊"不但没有使语气(口气)和缓,反而使得威胁语气(口气)更加强烈。在吵架的场景下,交际双方都会高频使用"啊",显然也不是为了和缓语气(口气),而是传达说话人的"强确信"以及"要求听话人执行"的交际态度。

　　那我们为什么会觉得"啊"具有和缓语气(口气)的作用呢?

　　这可以从礼貌原则的角度作出解释。根据利奇(Leech,1983:82,144),在权威和社会量表上,低值(low value)的语言形式是和礼貌量表上的低值相对应的,即关系越亲密,礼貌越不重要,"缺乏礼貌"本身可以成为亲密的标记。如家庭成员之间如果使用"麻烦你,请帮我把那本书递过来,好吗?"虽然语言形式上礼貌等级很高,但实际上却是"不礼貌"的;而"把那本书递给我"虽然是一种命令式的表达,在家庭成员或关系亲密的人之间却是一种得体的"礼貌"形式。所以,过分的礼貌(overpoliteness)可能产生一种距离感,或者是优越感性质的或者是讽刺性的,而低礼貌(underpoliteness)却可能有利于保持或建立一种熟悉的纽带关系。

　　"啊"一方面标记着说话人对命题信息确信不疑的态度,另一方面又要求听话人倾听接受,从本质上说,它在礼貌量表上是一个低值形式,所以它一般用在关系比较亲密的人之间,如朋友、同学、母子等,作用就在于帮助交际参与者保持或建立一种亲密关系。在日常的交际中,"啊"的这种因为用于关系比较亲密的人之间而产生的礼貌作用,日益成为"啊"的一个重要语用功能,关系比较疏远的人之间如果要建立起一种亲密感时,在不伤及面子的言语行为中,也可以借用"啊"来试图达到目的,因此,我们会觉得它具有和缓"语气(口气)"的作用。但是,不能将这种语用意义看作是"啊"的原型意义。

四、对 Shie(1991)的解释

Shie(1991)归纳出了"啊"适用的七种基本功能语境(交换对儿)。这些分布都是由"啊"的原型意义决定的。下面用表格形式对这七种语境分布加以解释。

表 5.5 "啊"的功能语境与其原型意义的关系

"啊"分布的功能语境	解 释
1. 问—答 s 怎么会一颗也不剩? c 因为剩下一定会被你没收【啊】!	答话并非单纯的回答,而是带有说话人的明显印记:我来明确告知这个原因,我对自己所说的话是确信的,希望你能接受。
2. 疑惑—澄清 w 你干吗啊? 改行跑单帮啦? s 不是,换季大拍卖【啊】! 你不知道啊?	澄清、辩护、挑战、不顺从都需要说话人以一种很有把握的态度明确将信息告知听话人,并希望他倾听接受,使用"啊"可以达到该目的。
3. 批评—辩护 s 教育办得这个样子,简直痛心疾首。 a 那也要家长配合,改善社会风气才行【啊】!	
4. 断言—挑战 a 男人婚后不变啊,那才叫奇迹呢! w 可是,你们罗祖良就不会【啊】!	
5. 请求—不顺从 z 那领带帮忙一下,hhh…… y 你结婚了没有? 你结婚了没有? 你要先告诉我【啊】! 让我看看有没有安全感。	
6. 断言—认同 y 心情不好,不想回家。 c 我也是【啊】!	说话人使用"啊"以一种肯定的态度明确向听话人表明自己的状况与他一样,从而达到安慰听话人的目的。
7. 请求—顺从 w 哟,你变得这么大方啊? 吃饭,要换钱的 ye! 好啊! 那我要吃西餐。 j 没问题【啊】! 老婆的话,一言九鼎。	丈夫使用"啊"也带有明确告知妻子"没问题"的意思,从而使"顺从"变得更加明确,加强了夫妻之间的亲密感。

总之,"啊"的功能语境分布与它的原型意义是密切相关的。无论是在始发话

轮,还是在回应话轮,说话人使用"啊"都是为了凸显自己对命题的确信态度,并凸显自己对听话人交际身份的处置——倾听并作出回应。

Wu Ruey-Jiuan(2004)对日常会话的分析表明,"啊"带有一种"激活对立"(contrast-invoking)的属性,即在话轮序列中用来表明说话人与前一说话人在知识、期待或视角上存在不一致性。Shie(1991)所发现的2、3、4、5语境中的"啊"句以及前面所举的例子(1)—(9)(14)等,均带有这种冲突性。"激活对立"这一观察很好地印证了"啊"的情态意义中存在着"强传信式告知求应"的成分:正因为说话人对于某个事态的立场、观点与对方存在对立,才有必要凸显自己对命题的确信态度,并明确告知听话人。

五、"啊"情态功能的发展趋向

在实际使用中"啊"有进一步独立出来成为句末叹词的发展倾向。如:

(38) 你看【啊】,你和阮琳都是为他好,但你们俩的做法却截然不同。

(39) 假如说你爱上了我,假如【啊】——

(40) "是你不对【啊】,"贾玲批评我,"你得检讨。……"

(41) 她仍不搭腔,我叼着一支烟站起来:"我走了【啊】,饭在桌上。……"

这些语句中的"啊"虽然都黏附在前面的词或句子之后,但都可以独立占据一个语调单位,带有非常浓重的向听话人传达信息的意味:请听好,我告诉你我说的是什么或者我将要说的是什么。有研究者所报道的北京服务行业中的"啊",如"买票了,啊!"(唐嘉荣,1997),其实正是"啊"基本意义的进一步发展。因为售票员或服务员在叫卖时,对自己的话具有绝对的把握,同时"啊"的使用也凸显了他们在向听话人传达信息并要求听话人回应的态度。

杨晓安(2005)的研究发现,"啊"在重读和轻读时,会有不同的意义。如:

(42) 不要那样说【啊】!("啊"重读)

(43) 不要那样说【啊】!("啊"轻读)

例(42)中,"啊"重读,表达依赖;而例(43)中,"啊"轻读,表达异议。这两个不同意义的解读,仍是"啊"与语境互相作用的结果,而"啊"自身的情态意义其实没有本质的不同。

但是,这些重读的"啊"都可以独立占据一个语调单位,这一现象却是值得进一步观察的,"啊"的"独立"倾向与它情态意义中的"求应"性应该是有关的。徐晶凝(2020)认为这也可以解释普通话口语中"啊"的某些不合音变规律的读音现象。

六、小　　结

综上所述,"啊"是一个典型的言者标记,是汉语交互主观性表达的手段之一,它将说话人的主观印记带到语句中:一方面表明了说话人对自己所说话的断然无疑的态度(assertive attitude),指示出"知情一方"的姿态,即说话人对命题信息的拥有权高于听话人;另一方面,也对听话人在交际中的交际身份作了明确的处置,要求听话人作出相应的回应:用于陈述句时,说话人希望听话人倾听并认同;用于疑问句和祈使句时,这一意义就表现为敦促听话人回答或执行。它多用于关系比较亲密的人之间,具有保持或建立亲密关系的作用。

要注意的一点是,本书强调语气助词所表达的是"说话人选取以何种方式将语句内容带入交际语境",也就是说,它传达的是说话人主观选择的、呈现给听话人的态度或立场(epistemic stance,即 what one actually declares to know)。所以,"啊"的意义中所表达的说话人对语句内容的确信态度,并不总是与说话人对命题的真实认识状态(epistemic status,即说话人对命题信息的知晓状态,what one actually knows)一致。如:

(44)志新:这电脑啊是一万块钱一台,我呢在这公司有个熟人,人家优惠我一半,我再出二分之一,你们大伙再凑就是两千五百块钱的事。

志国:啊? 两千五? 你看我值两千五么?

和平:咱家目前恐怕买不起【啊】。

志国:就是。

(45)安迪:Hi,Sorry。我想我迷路了。

奇点:你在什么地方,跟我形容一下,或许我可以给你指路【啊】。

安迪:上海真的有太多长得一样的巷子了,我刚才路过的是⋯⋯上海十二中,我现在在⋯⋯绿杨新路。

在这两个交际场景中,说话人同时使用了语气助词"啊"与情态副词"恐怕、或许"。"恐怕、或许"显然表明说话人对于"买不起"和"给你指路"是一种不确定的推测,但说话人选择使用"啊"将这种不确定的推测呈现给听话人,他所展现出的认识立场是"我对于所做的这个推测"是确信的,你要相信我。这一点是理解传态语气的关键,请一定注意。其他的语气助词,如"吧"的用法中也有较为明显的认识状态与认识立场不一致的情况,本章第六节以及第七章第四节还会进行分析。关于认识状态与认识立场,可参看 Heritage(2012)。

下面用表格形式将"啊"的原型意义及其在句类或句法分布中的意义总结一下。

表 5.6　"啊"的原型意义及其句类分布

"啊"原型意义 句类分布		强传信式告知求应	
		说话人对语句内容确信不疑	说话人主观上对听话人交际身份的明确处置
陈述句	句末	说话人对命题信息有把握	希望听话人倾听并认同
	呼语后		希望听话人倾听
	话题停顿处	说话人对即将讲的话有把握	希望听话人倾听并认同
	举例	明确指明一个一个列举的项目	关注一个个项目
感叹句		说话人对自己的感叹断言有把握	希望听话人产生共鸣
祈使句		说话人对自己发出的祈使确定不疑	敦促听话人执行
疑问句	反问句	说话人对命题信息有把握	希望听话人倾听并认同
	是非问句	说话人高强度预设命题为真	希望听话人给以证实
	非是非问句	说话人对疑问点不知情,渴求答案	敦促听话人作答

近年来,有学者发现,语气助词"啊"的变体形式"哪、呀"等可能已经在功能上与"啊"产生了一些差异,可能是因为它们的历史来源本就不同。但从现有研究发现来看,这些差异主要还是在交际语境分布上的不同,尚未见到原型情态意义的不同(方梅,2016;徐晶凝,2018、2020),因此本书暂不对它们分开讨论。

第四节　语气助词"呢"与"着呢"的情态解释

一、以往代表性研究回顾

对语气助词"呢"的研究,也存在两种取向:多义解释与核心义解释。前者以《现代汉语八百词》和赵元任为代表。《现代汉语八百词》对"呢"的描写如下:

表 5.7　《汉代汉语八百词》对"呢"的描写

表示疑问	特指问句	你问谁呢?
	选择问句	明天是你去呢,还是我去?
	反问	没有平地,哪里会有高山呢?

(续　表)

指明事实而略带夸张	可+形+呢/才+动+呢/还+动+呢	今天可冷呢。/老师,北京才好呢。/亏你还是个大学生呢,连这个都不懂。
表示持续的状态	叙述句末尾	他睡觉呢。
句中停顿	主语后(列举、对举)	如今呢,可不比往常了。
	假设小句末尾	你要是非走不可呢,我也不留你。
	其他成分后	其实呢,他不来也好。

赵元任(1979)将“呢”的功能概括为七项:有上下文的问话、有特指点的问话、有意停顿、温和的警告、继续着的状态、肯定到达什么程度、对进一步的信息的兴趣。

屈承熹(1984、1985)则在关联理论的框架下讨论“呢”,认为它有四个主要功能:表达疑惑,预设标记,联系当前话语和先前话语,并且具有一定的礼貌作用。屈承熹(1998)对“呢”的关联作用作了进一步的阐述。

也有一些学者试着给“呢”各种用法一个统一的意义解释,且多是从交际双方互动的角度着眼,表述不同,但并无实质性差异。

胡明扬(1981)认为“呢”表示“提请对方特别注意自己说话内容中的某一点”,并特别指出“呢”不表持续状态。“他们正在吃饭”与“他们正在吃饭呢”区别在于:用“呢”是提醒对方“这种情况你可能不知道,我现在提请你注意!”

Alleton(1981)认为,作为一个情态小词,“呢”的基本作用是在对话中争取听者的参与:促使听者思考以回答说话者所提问题,或促使听者同意说话者的陈述,或引起听者的注意。

Li & Thompson(1981)认为“呢”的语义功能是“向听话人指出句子传达的信息是说话人对听话人的宣言、期待或信仰所做出的反应”(pointing out to the hearer that the information conveyed by the sentence is the speaker's response to some claim, expectation, or belief on the part of the hearer)。

King(1986)首先区分了叙述世界(narrative world)和说—听世界(speaker/hearer world),认为“呢”属于语言的评价装置(evaluative device),用于在说话人/听话人或者当时当地的交际场景中,从说话人自己的角度,对叙述中的描写性背景信息进行元语言评价(making a metalinguistic comment on the descriptive background information in the narrative world from his vantage point in the speaker/hearer world or here-and-now world),即它强调说话人在话语中的角色,被说话人用来兆显或评价话语中背景信息的某部分,并使它们引起听话人的注意。

Shie(1991)认为"呢"是一个对比标记(marker of contrast)。将说话人的观点和前面的观点进行对比,从而最大限度地引起对说话人立场的关注。

试图对"呢"作出统一解释的这些研究,都清楚地揭示出了"呢"作为一个话语标记或者情态标记的身份,对"呢"的功能语境作了比较全面的分析。但正如屈承熹(1998)所言,Li & Thompson,King 和 Alleton 所归纳的"呢"的意义,不能解释很多语言现象。如:"我跟你说话呢,你听见没有?"并不是对听话人的宣言、期待或信仰所作出的反应。"她们那都是毁你呢,唯恐你不难看"中,"呢"的作用并不是引起听话人的参与。然而,屈承熹的分析则存在混淆不同层面的问题,比如表达礼貌,是"呢"句在具体交际语境中所实现的交际目的,并非"呢"自身的语义;同时,所有语气助词都参与礼貌策略的表达,这种功能概括,就如同将其当作关联小词(particle of relevance)一样,不能够将"呢"与其他语气助词区别开来。Shie 的分析最为细致,但将"呢"看作对比标记,主要是从语篇分布角度所作的分析,尚没有清楚揭示出"呢"的情态意义。

本书将在已有研究的基础上,从情态表达的角度,对"呢"的句法分布进行描写和意义解释。也就说,对"呢"意义的分析,除了要能够解释它在语境中的功能,还得能够解释它为什么具有这样的句法分布。

二、"呢"的情态意义

我们将"呢"的意义概括为"说话人在双方共享预设的基础上点明某一点,提请听话人注意"。所谓"说话人在双方共享预设的基础上点明某一点",就是指在双方共享预设中激活新信息,而该信息听话人并不知晓,或者说话人认为听话人不知晓或没在意。下面将按照"呢"的句法分布,逐一对这个意义作出解释。

2.1 "呢"用于陈述句末

(1) 我跟你说话【呢】,你听见没有?

(2) 她们那都是毁你【呢】,唯恐你不难看。

(3) 跟你没关系,骂我【呢】!

(4) "噢,"司徒聪笑说着,"我跟你说着玩【呢】,你当真了。"

在第一个例句中,说话人预设听话人已知他在与之互动,特别点明"跟你说话"这一点;例(2)说话人预设对方已知"她们对你有所为",点明"毁你";例(3)说话人预设对方已知"他在骂人",点明骂的是"我";例(4)说话人预设对方已知"说话",点明说话目的在于"说着玩"。这些被点明的"信息点",都会重读。

从这些陈述中可以看到两方面的内容:一是说话人事先知道或者预设听话人有某个行为或想法;二是说话人所讲的话是与听话人的观点或见识不同的,因此,他要点明这一点并提请听话人注意。因此,在陈述句中,"呢"往往用于向听话人点明事实真相。看一个有上下文语境的例子:

(5)"为什么我觉得你好像是另一个人呢?"

"这么说,还有一个长得和我很像的人喽。"

"别开玩笑,跟你说正经的【呢】。你跟过去大不一样。"

"过去我什么样?"我茫然地问,"三只眼?"

在这个用例中,如果不用"呢",说话人仅仅是客观地描述一个事实,但使用了"呢",说话人就明确地把事实向听话人进行了点明:说话人认为听话人觉得自己在开玩笑,因此,他要将事实真相"跟你说正经的"点明,并请听话人注意。"呢"将该事实与语境的关联性(特别是听话人先前的表现、话语)凸显出来。以上的例句中,"呢"都具有同样的功能。

"呢"的情态意义在以下三个固定格式中,体现得最为充分。

2.1.1　才……呢

常常用于辩驳,是对事实真相的说明。如:

(6)我才没有写过什么诗【呢】。

(7)我才没急【呢】,我也没输——10∶7!

(8)我才不想认识你们那些小坏孩儿【呢】。

(9)你没见过平时她的样儿,那才飘【呢】——否则我哪会拍她!

2.1.2　还……呢

用于不满,根据一般情理,NP当具有某种特征,可是事实上当事者却不具备NP的这种特征(例10—11)。"还 VP/AP"(例11—12)则属于引述回应,说话人引述听话人或他者所言以示否定。

(10)还大学生【呢】,连这点事儿都不懂。

(11)还他妈丈夫【呢】,还他妈爱我【呢】,连狗都不如。

(12)你别骂我了,还高雅【呢】,穷对付吧。

沈家煊(2003b)从"量级模型"(scalar model)的角度对"还……呢"这种用法进行过分析,认为"还"字句是对陈述的命题表明说话人的主观态度,即说话人认为语境命题(如:连这点事儿都不懂)提供的信息量不足,主表命题("还大学生呢")才提供足量的信息。而且指出"呢"只能加在主表小句上。沈先生没有对"呢"为什么常常用于主表小句作出解释。我们认为"呢"之所以常常与"还"的元语增量用法共现,正是由它的基本情态意义决定的。既然"还"的使用表明说话人是在对一个语境命题加以信息量的增补,那么,说话人就有必要提请听话人注意这个信息。

2.1.3　可 adj 呢

(13a) 这鱼可新鲜呢! 你就买一条吧。

"可"是一个预设触发语(presupposition trigger),它的使用表明说话人预设听话人"无知"或者"判断有误",暗示了说话人对听话人知识状态的挑战,说话人要明确向听话人点明一个事实,因此"呢"的"点明事实"功能正好与之契合,故二者的共现频率比较高,已经成为一个固定搭配。这种句式虽然带有了一定程度上的夸张情感,但仍然是一个陈述句,而非感叹句,因为它可以用来问答提问,而且只能用于应答句。如:

(13b) 甲:这鱼怎么样? 新鲜吗?

乙:这鱼可新鲜呢! 你就买一条吧。

这说明,在"呢"的意义中,对命题信息的关注更为凸显一些,"点明某一点"这一特点,与感叹句将整个命题作为依托表达情感的功能相矛盾。

上述这些固定格式,其基本功能都是挑战某个预设话语——或者是听话人的论断,或者是根据一般情理得出的论断,或者是说话人假定听话人可能持有的论断——在挑战的同时,说话人也就向听话人点明了事实真相。因此,在这三个固定格式中,"呢"的情态意义是非常显著的。

《现代汉语八百词》认为"呢"用于"才……呢""还……呢""可……呢"三个固定格式中时"略带夸张",其实,当"呢"所在的语句中含有一些表示"大量"的词语时,语句往往都具有夸张的色彩。如:

(14) 我一点都不激动,一点都不震惊,相反,我现在很冷静,很理智,我还从来没这么理智过【呢】。

(15) 恐怕那形象真有点叫人终生难忘【呢】……

(16) 都以为徐达非不定多享受【呢】,其实……其实我还是个普通人。

(17) 您,一个苦孩子,早早学他后半生,什么都没见着【呢】就是悬崖撒手……也忒不值了。

(18) 我收到你的信,哭了好几天【呢】。

夸张色彩是"这么""终生""多""好几""才"这些表示"大量"的词语，与"呢"的点明功能互相作用的结果。"呢"点明"大量"，突出"大量"，就会产生被点明的事实被夸大的语境隐含意义。

另外，"呢"还常常与"说不定"一起使用。如：

（19）要是有人进来，说不定还会给我加油【呢】！

（20）那就不一定，说不定她就是最适合总经理的人【呢】。

"说不定"表达的是说话人的一个推断，这个推断往往隐含着对常规可能性的反动，比如说根据一般的情理来说，"她不太可能是最适合总经理的人"，但是，说话人却觉得她可能是。因此，"说不定"常常与"呢"一起使用，"呢"可以突出说话人是在对常规可能性有所了解的基础上作出不同推断，同时也提请听话人注意这个可能的情况。

还有一个口语中常用的习语"还说呢"，以往研究中没有被提及过。"还说呢"主要用于对听话人提出委婉埋怨，表达不一致的立场。如：

（21）"为这件事早吃小队长一顿批评了！"

"还说【呢】！要不是你，他十个哈叭狗也逃不出俺们这两条枪！"

（22）"等着打我！"

"为啥打你？"

"尿了裤子。"

"还说【呢】……还有脸？七八岁的姑娘……尿裤子……滚下来？"

这一用法中，"呢"的基本意义体现得也是比较充分的。在语境中，说话人用"呢"来向听话人点明"他"还在说一些不该说或无须说的事情。

2.2　"呢"用于疑问句末

2.2.1　"呢"用于特指问句、选择问句或反问句

"呢"用于问句中时，只能用于特指问句和选择问句，表达的是在听说双方共享预设的基础上，探究疑问点。如：

（23）你们说什么【呢】，这么乐？

（24）这一切耀眼的光芒投射到许立宇昏暗寂寞的心中，会使他产生什么样的感受【呢】？

（25）许立宇的顾客中容貌姣好的少男少女到底能占几成【呢】？

（26）要论西餐，美国人怎么能和法国人比【呢】？

（27）何苦让你再为他担忧【呢】？

（28）抖落出来让大家看看，究竟是宝贝【呢】，还是破烂？

（29）她会不会喜欢【呢】？

先看一下具体语境中的用例：

（30）"我不说，你也知道我心里想什么吗？"

"还不是想我出人头地，封妻荫子。"

"错了，这是你自己的想法。不过能这么想我也很高兴。"

她反问我，"你想我什么【呢】？"

"我想你做个温柔、可爱、听话的好姑娘，不多嘴多舌。"

（31）"你说你觉得阿眉最后有话要对你说。那我先问你，你现在对阿眉究竟是，是什么态度【呢】？"

"我——"我不是羞于启齿，而是不知道我现在还有没有这个权利，还配不配说这个话。我还是对张欣说了："我爱她。"

在例（30）中，说话人知道听话人对自己有想法，所以，她在这个听说双方共同享有的背景知识下，询问听话人到底对自己有什么想法，"呢"明确把疑问点点明给了听话人，并提醒听话人针对该疑问点进行回答。在例（31）中，说话人也知道听话人对阿眉是持有一个态度的，所以，她用"呢"向听话人询问他的态度到底是怎么样的。因此，在疑问句中，说话人是在和听话人分享同一个背景知识的前提下，使用"呢"点明自己的疑问点，提请听话人针对该疑问点进行回答，"呢"带有探究的意味。

"呢"并不是特指问句和选择问句中的必需成分，只有在说话人觉得有必要向听话人点明疑问点并希望得到答案的情况下，才会被使用。所以，在真实交际中，"呢"常常用在询问无答后的继续追问中。如：

（32）甲：这是谁的书？是你的吗？

乙：不是？

甲：是他的吗？

乙：也不是。

甲：是她的吗？

乙：不是。

甲：那这是谁的书【呢】？

说话人在问了几次仍然得不到确切答案后，使用了"呢"，传达出自己希望能够得到关于"谁"的答案的探究心理。

"呢"常常用于自问句(deliberative question，Lyons，1977：756)，即说话人将自己作为听话人进行询问的自言自语，带有自我探究的语气（口气）。如：

(33) 天哪！她会不会也有点厌恶我【呢】？

(34) 那么现在，我几乎可以肯定，她是的的确确有话要对我讲，还是句对我生死攸关的话。是什么话【呢】？我想来想去想不出头绪，看来只有问她本人才能清楚。

在下面的用法中，说话人使用"呢"向听话人点明了一个问题，但因为这个问题询问的信息是关于说话人自己的，因此，说话人紧接着给出了一个问题的答案：

(35)"我为什么要给你讲这么多小沈的事【呢】？因为我要告诉你，阿眉曾失去的东西，又重新得到了，而且更多，更真挚。我认为她最后应该含笑瞑目。如果临死前，还来得及，还允许她说什么话，她也会说，她爱小沈。"

说话人在与听话人进行交际的时候自问自答，使用语气助词"呢"，就可以帮助他引起听话人的注意，使得听话人关注他即将给出的答案。

而在是非问句中，说话人所要得到的答案是关于"是"与"不是"的，他完全可以不对听话人的知识状况进行了解或预设，因此，是非问句与"呢"的情态意义中"说话人在双方共享预设的基础上点明某一点"相左，"呢"不用于是非问。如：

(36)"老关，我陷进去了。"

"天哪！是什么犯罪组织？"

"换换脑子。是情网。"

"谁布的【呢】？"他顿时兴致高起来。

"还记得那年到过咱们舰的那个女孩吗？就是她。她长大了，我和她搞上了。我是说谈上了。"

在这个对话中，老关和"我"都共享一个背景知识，即"我陷入了某个人布下的情网"，因此老关进一步向听话人点明自己的疑问点：布网的人是谁，在这里，"呢"可以被启用。但是，在下一个问句中，说话人突然话锋一转问起了当年的事情，在这个问题里，他对老关目前是否记得当年的事没有任何的预设，"呢"不能被启用。

2.2.2 "呢"用于主位问

"呢"还可以用于单个的词或短语之后，构成问句。如：

(37)"你去吗？"

"我去。"

"他【呢】？他去不去？"

　　"他也去。"

　　（38）"你去好不好?"

　　　　"我去恐怕不合适。"

　　　　"他去【呢】? 他去好不好?"

　　　　"他去也不合适。还是你去吧。"

　　陆俭明(1982)认为,这种问句是特指问或选择问的简略句式。武果(2006)则认为,"呢"用于单个词或短语之后,不是某种疑问句的省略,而是一种独立的"主位问"形式。其中"呢"提示听话人参照上文或语境补出述位。

　　"呢"之所以可以用于这样的疑问句中,是因为"呢"的情态意义可以让听话人明白,说话人是在与他共享某个语境知识的前提下作出的询问,因此,听话人可以自觉地利用语境知识猜测听话人真正询问的信息是什么。从说话人的角度看,他使用"呢",就告诉了听话人自己与他已经共享了某些语境知识,由于询问的陈述部分是预设中的,所以,可以被省略,而陈述的主体才是说话人要激活的信息,用"呢"加以点明。因此,用"呢"的句子之后,都可以继续将带有询问的陈述谓语部分补齐,如例(37)(38)。

　　2.2.3 "我说呢"与"管他呢"

　　"我说呢"与"管他呢"是口语中的固定表达式,它们的用法也与"呢"用于疑问句中的用法有关。

　　2.2.3.1 "我说呢"

　　"说"本来是一个言说动词,"我说"最先用于引进说话人所说的内容(例39),然后,发展成为一个认知动词(cognitive verb),用于表达说话人的看法(例40),这是人类语言中一个普遍的隐喻方向。如:

　　（39）"很相配呀!"他忍不住这样说。

　　　　"什么相配?"

　　　　"哦——【我说】,这间客厅的富丽堂皇……嗯,和你的雍容华贵很相配。"

　　（40）终于他抬起脸来:"不过——不过——【我说】,十爷你也不用这么个急法子。据我看,我看——"

　　最后,"我说"发展成为一个话语标记,用于唤起听话人的注意。如:

　　（41）她请了一帮老同学在家吃饭,让我帮忙招待呢! ——【我说】大哥,你要不来,我们可要先玩了!

　　（42）"嗨——【我说】同学们,这些食品柜上并没有写着只看不动的告示呀——干吗不动手?"

"我说"唤起听话人注意的这个功能,与"呢"的"激活新信息,提醒对方注意"的情态意义互相吸引,从而两者结合在一起成为一个固定表达式,表达对事实真相的恍然大悟。如:

(43)甲:"今天是礼拜六。"

乙:"是啊。"妈妈也恍然大悟,"【我说呢】,都给你气糊涂了!"

(44)甲:当然啦,人家是清朝重臣李鸿章的曾外孙女嘛。

乙:【我说呢】,没有后台还能走红?

这一用法中,"我说呢"其实都隐含着一个问句,如"我说你怎么不上班呢""我说她怎么那么红呢"等。因此,这一用法也可能与"呢"用于问句的用法有关。

2.2.3.2 "管……呢"/"你管呢"/"管他呢"

"管……呢"意思是"不管"或"管不着",这一用法是"呢"用于反问句的一个特例。在语境中可以将"管"的内容补出来,而且一定是非是非问句的形式。如:

(45)我反问科长,"只要两人乐意,你管<u>人家采取什么形式</u>【呢】。"

(46)"管<u>说什么</u>【呢】,"马青小声对他说,"捧于观一道不就完了?"

(47)管<u>他是谁</u>【呢】,走吧。

在上下文语境可以提供足够的理解线索时,"管"后的内容可以被省略,或使用虚指代词"他"指代,从而产生了"管他呢""你管呢!"等固定表达式。如:

(48)你管【呢】,我乐意,怎么着?

(49)管他【呢】,就这样吧。

2.3 "呢"用于句中停顿

"呢"常常用于句中停顿,如:

(50)你表现得像个无赖,而阿眉【呢】,也做得不好,像个资产阶级小姐。

(51)情况就是这样儿,你们孩子用这把螺丝刀把人扎了,自己【呢】,也被人打得够呛。

(52)嘿,你不信,听说以后国宴上【呢】,都是这个座。

(53)你【呢】,老马,看着挺混的,可对孩子也是个痴心的——跟我过去一样。

(54)实际上【呢】,您欢乐,那也是与民同乐;忧愁【呢】,更是先天下之忧而忧。

(55)要说【呢】,你这要求也合情理,只是我这掌勺子的,为难,不好这就答应。

这些用法中的"呢",实际上可以分为三种情况:第一种是用于话题后,如例(50)—(53),这些话题往往都是前后对举的话题,即使没有明确将对举话题点明,语境中也隐含着一个对举话题,如例(53),其实是在拿"你"和"我"作对比。第二种情况是用于情态成分后,如"实际上呢,其实呢"等。第三种情况是用于假设小句末,如例(54)(55)。例(54)中,"您欢乐,那也是与民同乐;忧愁呢,更是先天下之忧而忧"是省略了假设连词的假设句,即"如果您欢乐……,如果您忧愁……"。

这些用法中,带"呢"的部分和其后小句之间含有一问一答的关系,"呢"的这个用法与用于主位问的用法其实是一致的,只不过说话人是自问自答的。在科学报告、课堂讲授等语境中,"呢"这种用法的使用频率比较高,因为说话人可以借助"呢",一方面告诉听话人他即将讲述的东西与听话人已经知道的某些东西是有关系的,同时,也唤起听话人的注意,引起他们对即将讲述的话题进行探索的兴趣。

三、"呢"与礼貌原则

在"呢"的情态意义中,说话人是在对听话人的知识状态有所知或预设的前提下向听话人点明某一点的,不对信息的流向加以标注,也不显示自己对信息享有更高的知情权,而只是提请听话人注意,对听话人认同与否、回应与否并不强求。因此,在交际当中不会构成对听话人的面子威胁,它的使用不太受社会因素,如交际双方的地位高低、距离远近等的限制,使用范围比较广泛。

带"呢"的疑问句是在交际双方共同享有某些背景知识的前提下进行的,说话人的进一步询问不但不会构成对听话人的面子威胁,而且可以表达说话人浓厚的探究兴趣。当"呢"所在的问句与听话人有关时,它的这种探究功能就能表达说话人对听话人感兴趣,乐意听到有关听话人的信息,因而带"呢"的问句往往具有拉近交际双方关系的作用,它的使用也是一种礼貌策略,如:

(56)"我也看见了你,在望远镜里。"女孩兴奋得眼睛闪着异彩,满脸红晕。她向我透露了她的心头秘密:她做梦都想当一名解放军战士。

"为什么【呢】?"

"戴上红领章红帽徽多好看呀。"女孩纯朴的理想深深感动了我。

这个语境中,"为什么呢?"充分表达了"我"对小女孩梦想的关注,对于拉近双方的交际距离具有很好的建构作用。

四、"着呢"

语气助词"着呢"仅限于用在形容词后，表达的是说话人基于对听话人知识状态的预设而向听话人点明某个性状，强调性状程度高。它很可能是由持续标记"着"与"呢"凝固而成的，其意义与"着""呢"都密切相关。在现代汉语的共时语料中，仍然可以清楚地看到"着＋呢"到"着呢"的发展历程：

4.1 "持续态＋呢"

（57）这些规定都在票后面印着【呢】，你应该知道。

（58）马林生骂了一句，不屑地说，"没戏，谁都没戏，皮带环在我手里攥着【呢】——让他们来吧！"

4.2 "持续态＋呢"或"性状＋着呢"

（59）王眉说，"我心里矛盾着【呢】。"

（60）烦着【呢】烦着【呢】，别理我。

（61）人家心里难受着【呢】，你还说笑话，真不称职，你应该安慰我。

4.3 "性状＋着呢"

（62）我睁开眼："困【着呢】。"

（63）"我当然是，"胡亦白我一眼，"我兴趣广【着呢】！"

（64）我不像他们，没架子，爱教【着呢】。

在第一组用法中，"着"与"呢"还没有捆绑为一个语言单位，"着"表持续；而在第二组例句中，"着＋呢"却可以有两种解释的可能性，既可以将"矛盾着呢"理解为"正在矛盾"，也可以理解为"非常矛盾"，这是"着＋呢"凝固为"着呢"的桥梁；第三组例句中，"着呢"已经完全凝固为一个词。当"着呢"凝固为一个语气助词后，它就只表达情态意义，而与持续无关了。但它的意义仍然与"呢"有密切关系，只是它只能点明性状，以提请听话人注意了。再如：

（65）李：牛大姐，我可不记得你说过不能办。她说过吗？

戈：没有。我觉得当时她答应得挺痛快的。

余：就是。刚才改稿儿的时候儿劲头儿大【着呢】。

牛：哎呀，你们怎么......

（66）你以为我们净骗谁呀，啊？就是骗你们这样儿的，自以为聪明，没人敢碰。那老实疙瘩，我们才不碰呢。人家啊，活得在意【着呢】，啊，说什么人家都不信。是不是？

在例(65)中,"着呢"的使用是向听话人牛大姐明确地点明"刚才改稿儿的时候儿劲头儿很大"这个事实,而该事实刚才是被牛大姐忽略过的。例(66)中,"着呢"明确向听话人传达一个新的信息,该信息在说话人看来,听话人有可能不知道或者持有相反的看法,因此有必要加以点明。

五、总　　结

以上结合句法分布对"呢"的情态意义进行了分析,并且指出"呢"的句类分布比较受限,只能用于陈述句和非是非问句,不能用于是非问和感叹句。另外,"呢"也不能用于祈使句。因为祈使句表达的是说话人主观上对听话人发出道义的祈使,要求听话人有所行动,但"呢"只是"点明某一点,提请听话人注意",而没有明确表明说话人要求听话人作出反应的主观强制;另外,发出祈使时,说话人一般也不需要在对听话人的背景知识状态进行预设的前提下进行,因此"呢"不能用于祈使句中。

胡明扬(1981)曾论述过"呢"不是一个持续态标记。他据以作出推论的典型例句是"他们正在吃饭呢"。即这个语句不用"呢"也表示持续/进行情状。不过,"呢"其实也可以单独表达"现在进行",如"我吃饭呢",若略去"呢",句子就会失去"现在进行"的体意义。无论是哪种情况,表正在进行的带"呢"的句子,总带有解释或提请对方注意其他相关事情的作用。如"外面下着雨呢",往往隐含着"你现在不要走吧"等话外之音,即说话人注意到听话人要走或者预测听话人要走,从而点明"下雨"这个情况请对方注意。也就是说,"呢"作为一个情态标记的意义还是最为重要的。

下面将"呢"的句类分布与情态意义总结如下:

表 5.8　"呢"的原型意义及其句类分布

原型意义 句类分布		说话人在共享预设的基础上点明某一点,并提请听话人注意	
		预设基础上的断言或询问	希冀但不要求听话人作出相应回应
陈述句	句末	点明事实	提请听话人注意
	话题停顿处	点明某话题	引起听话人注意下文的兴趣
疑问句	非是非问	点明疑问点	提请听话人针对疑问点回答
	主位问	点明与语境中已知某疑问点相关的话题	提请听话人联系语境作答

第五节　语气助词"嘛"的情态解释

一、以往研究回顾

书面上，"嘛"还可以写作"么、嚜、末"等，本书统一写作"嘛"。学界对"嘛"的讨论不太多。《现代汉语八百词》的描写比较详尽：

表5.9　《现代汉语八百词》对"嘛"的描写

表示事情本应如此或理由显而易见	陈述句句末	人多力量大嘛。
	前或后有反问句	有意见就提嘛，你怎么不提呀？
	前或后有表示原因或其他说明情况的小句	你去问他嘛，他一定知道的。
表示期望、劝阻		老姜，汽车开慢一点嘛！
唤起听话人对下文的注意	用在主语后	一个革命战士嘛，就得对革命负责。
	用在假设小句的末尾	有意见嘛，大家好好商量。
	用在某些副词、连词和应对语之后	其实嘛，这种方法也不科学。

吕叔湘（1993）还对"么"（嘛）的特点进行了剖析，认为它含有"态度反问性、感情含蓄性和功能释因性"。这一特点，赵元任（1926）将其浅显地表述为"你应当知道、记得或懂，但我想或我怕你实在不知道，不记得或不懂"。屈承熹（1998）则将其理论抽象为"预设"[①]。

吕叔湘等前辈学者对"嘛"意义的这种概括，也得到后来很多学者的认同，如胡明扬（1981）、刘月华等（2001）等。本书也认同，因为"嘛""表示事实显而易见、理当如此"，所以它常常和"当然、应该、本来"等词呼应使用。如以下语句中，说话人之所以使用"嘛"，目的正在于强调自己所说的话是有事实根据或合乎情理的。

（1）她对我<u>当然</u>很友好，我是高晋的小哥们儿【嘛】。

（2）<u>当然</u>，他们都快成一家子了【嘛】。

（3）别火【嘛】，我<u>当然</u>要用人之常情看问题。

---

① 近年来，强星娜（2008、2010），赵春利、杨才英（2016），崔希亮（2019）等对"嘛"也进行了更细致的分析，不过，基本上是对赵元任、吕叔湘等前辈学者观点的进一步细化重述，故本次修订未加补述。

（4）我觉得女同志要长就<u>应该</u>长出点自己的特点来，物以稀为贵【嘛】。

（5）有理<u>应该</u>理直气壮【嘛】。

（6）<u>本来就是</u>【嘛】，我不想留下话把儿，好像我逼着你结婚似的。

（7）不是正义感不正义感，<u>本来</u>【嘛】。

不过，前辈们在论述中尚没有揭示说话人使用"嘛"时，他是如何对听话人进行处置的，即没有对"嘛"的交互主观性特征进行充分分析。屈承熹（1998）指出，"嘛"表达坚持（insistence function），即说话人坚持认为听话人应该相信并接受其所说信息的真实性。不过，这一表述难以与"啊"区别开来。因此，本书将在通盘分析现代汉语核心语气助词语义的前提下，重新对"嘛"的情态意义进行论述。

二、"嘛"的情态意义

我们将"嘛"的情态意义概括为"强传信式论理劝求，并暗示听话人应当接受"。也就是说，"嘛"一方面表达了说话人对所说之言持有确信态度，另一方面，说话人给自己的话语披上了一件"合乎情理"的外衣，并暗示听话人按理应当接受。这种"据理高确信"与"暗示"双重性，也会使得带"嘛"的语句常"表示有固执味道的肯定"（赵元任，1979）。下面根据"嘛"的句法分布，分析其交互主观性特点。

2.1　"嘛"用于陈述句末

看一个实例：

（8）"哎，奇怪了。"他强作镇定地笑，退了一步看着地面说，"这不是你们家，这是公共的地方，我走走怎么啦？"

"就不许你走，没什么道理。"

"哎，哎，奇怪了。"他<u>干笑着看大家</u>，"莫名其妙【嘛】！"

"少废话，不让你走你就别走，该到哪儿呆着哪儿呆着去，办公室里又不是没你椅子。"

"你这就没道理了【嘛】……"

"对，我今天就是不讲理了——你再走一步试试。"

在这个用例中，说话人"他"两次使用了"嘛"。从叙述文"他强作镇定地笑，退了一步看着地面说""他干笑着看大家"，我们可以知道，在这个语境中，"他"是心虚的，对环境是没有掌控力的，他自己也意识到在这样的语境中，自己不具有明确要求听话人接受自己所说话的威权，但他需要作这种努力，因此，他最好的选择是告诉听话人他所说的话是有客观情理依据的,这样,"嘛"的使用就帮助他完成了这样的交际意图:一方面加强了自己所说话成立的可能性,另一方面也暗示了听话人"按理你应当接受"。

"嘛"用于陈述句句末的时候,它主要分布在如下几种语境中。

一是为论断提供理由。如:

　　(9) 譬如说胖子吧,一般爱买大手绢,胖子鼻涕多【嘛】,瘦子就买小一点的。

　　(10) 我和她对视一会儿,承认:"那倒也是,炎黄子孙【嘛】。"

二是作反驳性的辩解。如:

　　(11) 我说不会一样【嘛】,我们明水历来都是慷慨大方的。

　　(12) 本来就是【嘛】,我不想留下话把儿,好像我逼着你结婚似的。

　　(13) 本来【嘛】,我这是实事求是,你也含糊了吧?

　　(14) 我不过就是说你几句【嘛】,你爱听不听可你偏要跟我顶嘴。

三是意料中,事实确凿。如:

　　(15) 冯小刚跨进屋里,笑迎向于观:"哦,人来得很齐【嘛】。"

在这三种语境中说话人使用"嘛",一方面可以表明他自己的断言是有事实根据、合乎情理的,并非他自己的主观看法,这样他就加强了自己断言成立的可能性;另一方面,也可以暗示听话人既然是依据客观情理所作的断言,听话人按理应当接受。

王力(1984)指出,"～么"(嘛)表达不平语气,常带有"不平、怨望、感慨、不耐烦"等情绪①。这一观察是相当深入的。特别是在反驳性辩解语境中,"嘛"的这种不平语气尤为明显,但不平语气只是"嘛"在语境中的隐含意义,并不能概括为它的原型情态意义。比如在为论断提供理由的例(9)(10)以及例(15)中,说话人并没有这样的情绪。

2.2　"嘛"用于句中停顿处

用于句中停顿时,"嘛"主要用于话题后,也可用于连接词后。如:

　　(16) 家教【嘛】,那就是指自己的榜样的作用,他自问自己还是一个小节有疏大节无亏的人。

　　(17) ……事情是这样,再有两个月就到六一儿童节了。孩子【嘛】,祖国的

---

　　①　赵春利(2019)对"嘛"在语境中所带有的情绪义进行了更为系统的分析,将其概括为气愤不满意型、急躁不耐烦型、撒娇不遵从型、无谓不在乎型。

花朵,民族的希望,一年呢,就这么一个节,咱们当大人的,平时可以不管,到节了,总得为孩子们办点儿实事儿,诶,你说对吧?

(18) 钱【嘛】,谁花不是花?

(19) 学校【嘛】,不就是培养人的地方?

(20) "这个【嘛】……"马锐回避着爸爸热忱的注视,"当爸爸的不都这样儿么?"

(21) 牛:难道非得打官司吗? 我们之间为什么不能调解解决呢? 就是到了法院,我想法院也会先进行调解的。

何:当然可以调解。但是首先你们必须要承认你们侵权。其次,再公开赔礼道歉。然后【嘛】,要赔偿我们的名誉损失和经济损失。

例(16)—(18)中,"嘛"用于话题停顿,例(21)"嘛"用于连词之后。例(20)"这个嘛"既可理解为话题停顿,也可理解为连接前后两个语句的过渡语。这些用法中的"嘛",都带有比较强烈的理当如此的意味。说话人使用"嘛"引出某个话题后,就含有其后的论述是有依据的,因此,一般是不容置疑的。所以,带"嘛"的话题停顿后,常常后接反问句,如例(18)—(20)。

2.3 "嘛"用在祈使句末

"嘛"主要用于劝求性祈使句,大都有后续语句以说明理由或陈述情况。如:

(22) 别那么傲慢【嘛】,他看上你也不是什么坏事。

(23) 好了,老何同志,别发火,别发火【嘛】。我们可以按你的要求立即责令他们停止这台晚会的举办,把最后的通知……

(24) 你不要自卑感、虚荣心那么强【嘛】,她很明显对你有好感,你只要乘胜追击……她看得出是个很不错的姑娘。

(25) 不要这样【嘛】,有什么意见可以提。

(26) 有理应该理直气壮【嘛】。

(27) 待知道原委后又和蔼地批评美萍:"应该让于观同志睡觉【嘛】,于观同志睡觉时我都不去打搅他。"

(28) 可以喝一点【嘛】。

(29) 吃完饭再走【嘛】,省得回去还得抓阄。

"嘛"的原型意义含有说话人对自己所说话的确信态度,同时也暗示听话人应当接受。因此,它用于祈使句时,就含有说话人认为听话人本来就应当那样做的意思,这样就使得祈使的语气比较强烈。但是,因为"嘛"是暗示听话人按理应当那样做，所以，用"嘛"的祈使句往往有后续语句作出进一步的解释，以加强祈使的力量，促使听话人听从自己的话。但要注意的是，"嘛"并没有明确要求听话人执行的功能，而只是"以理促为"。所以，用"嘛"的祈使句往往是劝求式祈使句。

2.4 "嘛"与疑问句

"嘛"的基本语义决定了它不能用于疑问句，因为疑问句本身是表达说话人的疑或问的，不提供任何断言，也就无所谓有没有情理依据。但在实际语料中可以发现"嘛"用于形式上的疑问句的例子。如：

（30）那就换个说法，我们不是也娶过这些外国女人【嘛】，还把她们选进各个委员会。

（31）"没关系，"我站远端详，"挺好，现在伤残人不也有个奥运会【嘛】。"

（32）何况仔细费心一思量，那些令他感触不已的事还真有些不好出口，都是些什么事【嘛】。

（33）对不对【嘛】，我说的？

"嘛"与"吗"虽然语音形式相同，且历史来源有关联，但在现代汉语中，它们语法上有明确分工：疑问句中应当写成"吗"。因此，似乎可以把这些例子看作是书写不规范的。不过，我们恐怕不能简单地对待这些语料。因为这些语句虽然从形式上看是疑问句，但并没有询问的功能，它们或者以反问的形式表达说话人的一个很有把握的断言（例30—32），或者用于催促听话人作出回答（例33）。用于反问句时，"嘛"可以换成"吗"，如例（31）。但是，在情态意义上二者却并不等同："不是……吗"仅仅以反问的形式提供了一个事实，表达说话人肯定的态度；而"不是……嘛"却含有这个事实是确凿的，据此事实应当可以得出某结论或采取某行动的情态意义。这大概也是作者使用"嘛"的动因所在。而例（33）这样非反问的用法中，"嘛"是根本不能换用为"吗"的，因为它们其实表达的是一种祈使意义，隐含着"你说"，即"你说对不对嘛"。

三、"嘛"与礼貌原则

"嘛"的基本语义是以理所当然的道理暗示听话人接受或执行，其"高确信"的特点决定了它在礼貌量表上属于一个低值形式，归属不礼貌的一端。然而其不强求的"暗示"性也决定了"嘛"对交际双方权势关系的要求不像"啊"那么敏感。在不同权势关系中，"嘛"会产生不同的口气变体。

在关系比较亲密的人之间使用,有利于拉近他们之间的关系。当说话人处于弱势,而要向听话人发出请求等行为时,他使用"嘛"来加强祈使语力的话,"嘛"表明说话人是从合乎情理的角度发出的祈使,且"暗示听话人应当接受",就会使得"弱势者"带有了撒娇的意思。如孩子对妈妈发出的请求:

(34) 让我摇,让我摇【嘛】。

(35) 我要去,我要去【嘛】。

而地位高的人对比自己地位低的人讲话时,如领导者对下属,使用"嘛",就会拉开他和听话人之间的距离,使他的权威地位得到强化,但又不会过于冒犯听话人。因为一方面,"嘛"凸显了命题信息的事实确凿性,强调了事实的理所当然;另一方面,它又是从客观角度作出的断言,而且又没有明确表达要求听话人听从的态度,因此,领导者使用"嘛"既可以表示自己的话是有事实根据、不可否定的,同时又隐含有"我所说的话只是一些事实,虽然客观上这些事实是不可否定的,但我只是暗示你应当接受"。所以,在拿腔作调的领导者那里"嘛"是一个受欢迎的语气助词。影视剧作品中也常见通过"嘛"来塑造打官腔的领导形象。如:

(36) 李:老陈,您处分我吧。这事儿我没办利落。给组织抹黑了。

陈:抹什么黑呀? 我看这很好【嘛】。接受一次教训。不吃一堑,上哪儿去长一智啊,嗯? 啊,我、我看大家别这么如丧考妣的,好不好? 啊。说句那个什么话,咱们给《大众生活》这样儿的大刊物道一次歉,这也并不丢分呢。啊,说不定就会扩大影响,增加订户。那比做广告还管用呢。

(37) 刘:通过这件事情啊,我看这个事儿真是迫在眉睫了。

牛:老刘说得对。诶,我还补充个建议。咱们首期法制天地,就登咱们自个儿的案例,警戒世人【嘛】。

戈:诶,这样一来不得让人笑话呀?

陈:我看可以。咱们就是要大家看看咱们改正错误,敢于亮丑的决心【嘛】。

陈是编辑部主编,牛是编辑部资格最老的编辑,他们使用"嘛"表明自己的观点,一方面使得论断理所当然,不容置疑,另一方面又因为"嘛"对听话人的面子不造成明显的威胁,听起来官腔十足。

四、小　结

"嘛"的原型意义及其在句类中的分布见表5.10:

表 5.10 "嘛"的原型意义及其句类分布

原型意义 / 句类分布		强传信式论理劝求,并暗示听话人应当接受	
		说话人对命题的确信态度	说话人暗示听话人回应
陈述句	句末	根据情理作出的断言	暗示听话人应当认同
	话题停顿处	其后的论述是有据的	暗示听话人应当认同后面的论述
祈使句		理当如此	劝求听话人执行

第六节 语气助词"吧"的情态解释[①]

一、以往研究回顾

"吧"是口语中高频使用的一个语气助词,学界对其意义进行过诸多探讨。早期研究以吕叔湘、赵元任先生为代表,采取描写法,分别揭示"吧"在不同语境条件下所表现出的意义(黎锦熙,1955;吕叔湘,1980;赵元任,1979,等等)。吕叔湘《现代汉语八百词》对"吧"的描写如下:

表 5.11 《现代汉语八百词》对"吧"的描写

句法分布			意义
祈使句			表示命令、催促、建议等
问句末尾			揣测
陈述句	"好、行、可以"等后面		应答语
	句中停顿处	举例	
		让步小句	
		交替的假设	
	"动+就+动"句子末尾		没关系、不要紧

也有学者力图寻找"吧"的单一意义。胡明扬(1981)认为"吧"是"表态语气助词,赋予说话内容以不肯定的口气"。Shie(1991)也认为"吧"是一个不确定标记(marker of uncertainty)。Li & Thompson(1981)则将"吧"的意义概括为"寻求同意(solicit agreement)"。此外,陆俭明(1984)和邵敬敏(1996)还讨论过"吧"是否疑问语气助词的问题。邵敬敏(1996)认为"吧"用于疑问句时,其语义可概括为"发问人

[①] 本小节是在徐晶凝(2003)的基础上修改而成的,此次再版又增补了不少内容,因而例句出处与其他语气助词不同。

对某事基本上已有倾向性认识，只是尚不能完全肯定，所以才发问要求对方证实或征求对方意见"。

这些研究都涉及了"吧"情态意义的某些基本特点，其中，邵敬敏（1996）的概括更为全面。但认为"吧"表"不肯定"容易引起误解；而且仅将之概括为疑问句中"吧"的意义，也不尽合理。先看一些具体用例：

（1）可馨追问，赚钱很上瘾【吧】，爱宛道，上瘾，空手套白狼最难，到了钱生钱的阶段就简单多了。

（2）我说，你昨天晚上来过？不可能【吧】，昨天晚上下那么大的雨，你怎么会来？

（3）兰紧接着说，你不是在演戏【吧】？说完，兰轻轻地笑了。

（4）菊花实在道："那看跟谁比了，反正我随身带的流动资金，总不能少于二十万【吧】。"

例（1）中，可馨根据爱宛的经营状况作出一个推测，使用"吧"以征求爱宛的认可。例（2）说话人根据天气状况作出推测"你不可能来过"，但是又有所保留。例（3）兰根据听话人的表现作出推测"你在演戏"，但是使用"吧"还想得到听话人的确认。例（4）菊花对自己随身所带流动资金的多少作出陈述，虽然实际上她对这一陈述内容比听话人有把握得多，但使用"吧"就把是否为真的判断交由对方决定。这些例句，尤其是后三句，说话人实际上不存在"对说话内容的不肯定"，只是希望听话人能对命题信息加以确认而已。也就是说，"吧"更关心的是听话人是否认可命题为真，而不是自己对命题的肯定与否。

二、"吧"的情态意义及其句法分布

我们将"吧"的情态语义表述为"说话人对语句内容作出弱传信式推量，并交由听话人确认"。"推量"指说话人认为"命题内容所表示的事态在想象、思考、推论中成立，但存在不确定的成分"（仁田义雄，2000：116）。这种不确定的成分，可以从两个角度考虑，一是说话人对命题内容本身不确定，如例（1）；二是说话人为了交际目的而选取以一种不确定的姿态呈现命题，从而主要实现为向听话人求确认的需求，如例（2）—（4）。在实际使用中，"吧"的情态义还常常得到其他表示推测的语言形式的加强。如"不可能、不会、该、也算是、总、大概"等词语常与"吧"共现。如：

（5）但她气不过，还是把这件事告诉了爱宛。爱宛道："不会【吧】。"

（6）毕竟这几年她是在兢兢业业地工作，而且无所求，该是有目共睹的【吧】。

（7）杜梅挽着我在农贸市场从头逛到尾,我看着阳光下熙攘的人群想:这大概就是幸福【吧】。

（8）可馨不想细说,便搪塞道:"也算是下海【吧】。"

（9）可馨说你总得有办公的地方【吧】,她说库房附近有闲置的房间。

"吧"的这一情态语义,还可以通过汉日对译情况得到佐证。在日汉对译作品中,译成"吧"的日语表达形式主要有以下几种:

◎ 动词推量形:よし俺が奉加賑の筆頭をやろ<u>う</u>ぜ

◎ 专用推量形式:かもしれない、かもしれません、だろう、だろうか、だろうな、でしょう

◎ 否定疑问形式:じゃないか

◎ 动词命令形:悪かったとあやまれ

◎ 祈使句式:ください/なさい

这几种形式,除了动词命令形和祈使句式外,其他三种形式都主要用于表示推量,特别是だろう疑问句是"一种预料听话者对询问内容能给以肯定性确认的问句"(仁田义雄,1997:78),它与"吧"的对译,正好证明"吧"在情态表达上其出发点是寻求听话人对命题真值的确认。

2.1 "吧"用于陈述句与疑问句末

"吧"用于陈述句句末时,陈述句是一种介乎陈述和疑问之间的推测性陈述,说话人一方面自己对命题作出推测,另一方面又主动将最终判断权交给听话人,即不要求听话人接受,而是将自己的推测交由听话人来确认。因此,用"吧"的句子是陈述句还是疑问句往往是难以区分的。如前引例(5)—(7)既可以理解为陈述句,也可以理解为疑问句。当说话人侧重于表述自己的推测时,语句可能更倾向于是一个陈述;当说话人侧重于得到听话人的确认时,它就更倾向于是一个询问。在这几个语句中,说话人更侧重于表述自己的推测,书面上句末标点符号也都写作了句号。而例(8)—(9)中,说话人也是直接说出了自己的推测,没有要求听话人确认的明确意图。而在下例中,说话人更关注于得到听话人的确认,语句就属于疑问句:

（10）你们第一次见面就在海上【吧】? 那时你是个舰炮瞄准手。她都告诉了我,你们第一次见面的情况种种。

（11）不会是阿眉在那架飞机上【吧】? 我昨天还收到她的一封信,要我回去在机场住两天,和我商量结婚的事。她有点等不及了。

2.2 "吧"用于祈使句与疑问句末

"吧"的用法中,用于祈使句末的比例是最高的。约占 56%,其次是疑问句。这与曹大峰利用"中日对译语料库"得出的统计结果大体一致。根据曹的统计,"吧"出现频率最高的用法集中在意志行为句,占 69%[①]。如:

(12) 没不让你睡,你去睡你的【吧】,瞧你困得那样儿。

(13) 你就先憋会儿【吧】。

与其他语气助词相比,"吧"也是祈使句中使用最多的。以"走"为例,在《蜗居》《北京爱情故事》《奋斗》《好想好想谈恋爱》《当婆婆遇上妈》《我爱我家》《编辑部的故事》《爱在苍茫大地间》等 8 部影视剧剧本中,可检索到"走吧"祈使句 155 例;而"走啊"仅 18 例,"别/不许/不能走啊"11 例,"走嘛"3 例。

用于祈使句的"吧"与用于陈述句、疑问句的"吧"是否具有共同来源,学界尚未达成共识。孙锡信(1999:136)认为,它们的来源都是"罢",而且"罢"在具有语气助词用法之时,就是用于祈使句的;而赵元任(1979:361)认为,用于陈述句、疑问句的"吧"与用于祈使句的来源不同,前者是"不啊"的合音形式。本书认为不管来源是否相同,至少在现代汉语共时平面上可以看到,用于祈使句与用于陈述句、疑问句中的"吧"存在着显著关联。看一组例句:

(14) 我一直以为他是在外经委……既然你知道他在那儿,干吗还要去?该不是有预谋的【吧】?

(15) 遂想到若有爱宛这样雄厚的实力,自己该不会这样惊慌【吧】。

(16) 毕竟这几年她是在兢兢业业地工作,而且无所求,该是有目共睹的【吧】。

(17) 婆婆忍不住板着脸对她说:"沈伟的头上都见了红,你也该闹够了【吧】?!"

(18) 这时杨校长检查完过来说,该散了【吧】,这样影响不好。

这一组例句中,"吧"都与情态助动词"该"共用,但在语义上存在一个明显的过渡链。在例(14)中,说话人在疑问句末使用"吧"作出推测并希望得到听话人确认;例(15)(16)虽然也是推测,但因为推测内容是关乎说话人自己的,要求听话人确认的成分有所减轻;例(17)虽然表面上是要求听话人确认命题真假,实际上却是在发出指令——别闹了;例(18)则是一个直接的祈使。

---

① 曹大峰, a. 论语气助词"吧"的基本语义与功能系统(未刊);b. 认识モダリテイの日中对照例——"だろう"と"吧"(第七回国立国语研究所研讨会论文,2000)。

这组例句大概可以反映出"吧"诸用法之间的内在联系：在陈述句和疑问句中，说话人使用"吧"，是希望听话人能够对自己所作推测是否成立进行确认；在祈使句中，说话人首先依据交际情境对执行某行为作出一个推测，然后将是否执行该行为的判断权交由听话人确认，他表达的意思是：虽然祈使是我发出的，但是执行不执行却听凭您决定。因此，带"吧"的祈使句便有了"和缓口气"，能够给听话人足够的面子。不过，"吧"的情态语义又决定了它主要用于商量句、要求句和请求句，不能用于命令句。因为说话人使用命令句的前提是"说话者相对于听话者具有并有必要显示出绝对权威性"（方霁，1999/2000），这与"吧"的情态义相悖。吕叔湘（1993）指出，含有"可以"的意思时多用"吧"，含有"应该"的意思时多用"啊"。

用疑问形式表达祈使功能是世界语言的一种普遍现象，据李宇明、唐志东（1991），儿童习得"吧"的顺序，大概是"低疑问句→'吧'问句表示委婉祈使→无疑问用法（祈使用法）"。就是说，在儿童习得"吧"的过程中，出现了用"吧"的疑问形式表祈使功能这一阶段。例如：

（19）（d 要求姐姐抱她撒尿）你可以抱我【吧】？

（20）（d 要爸爸为她换一张纸作画）爸爸，换换纸【吧】？

李宇明、唐志东（1991）认为这些"吧"问句，"如果说有疑问的话，只是对她的请求能否被顺利接受还有疑问"。也就是说，说话人使用"吧"其实是在对听话人的意愿进行推量，并且将听话人是否最终"抱我、换纸"的行动决定权交由听话人。在成人的交际世界中，也存在以征询口气表达祈使的情况，如例（17）。再如下例中，说话人对听话人是否有意愿执行某个行为表现出非常明确的"不确定、求确认"态度，使得指令语力大大减弱。

（21）罗妈妈：手续都办好了，出租车在外头等着呢！咱走吧？

值得注意的是，"吧"与祈使句的高频共现，导致"吧"似乎已经成为祈使语力标记。它甚至可以附加在疑问表达式后将其改变为祈使句，如"怎么着吧！""去不去吧！"（赵元任，1979；朱德熙，1982；高增霞，2009）。也出现了不少祈使式的语块（preformulated expression，chunk），如用于应答的"好吧、就这样吧、你看着办吧、随便你吧"以及"这么说吧、实话告诉你吧、我跟你说实话吧、（要不然）这样儿吧、（要不）这么着吧、简单说吧"等等。成为默认的祈使语力标记，可能会使得"吧"的原型意义不再凸显，母语者习焉不察，特别是用于不具和缓口气的威胁、恐吓等强面子威胁行为时（如"你去死吧！"），只能通过与其他语气助词的对比，才能看出"吧"原型意义的遗留。不过，语块式表达仍带有一些交际语境的特殊要求，比如"这样吧"

往往用于交际双方经过一些周折后,说话人提出一个建议,希望用自己的建议把事情了结(司红霞,2005;卢英顺,2012)。"好吧"则常常用于"妥协回应"(郑娟曼,2018)。交际语境的特殊要求,显然都是由"吧"的情态意义与词汇—句法共同作用的结果。比如说话人用"好"同意了听话人的建议或要求,但"吧"情态意义中的不确定成分却使得应允的语力被降低,从而产生一种不情愿的色彩。

2.3　"吧"与非是非问句和感叹句

"吧"不能用于非是非问句和感叹句,这也是由它的情态意义决定的。因为"吧"是"对语句内容作出推量,并交由听话人确认",这一情态语义决定了在用"吧"的句子中,说话人要提供给听话人一个明确的可以对之作出判断的信息。而选择问、特指问句中均没有需要取得听话人认可的信息项,所以不能用"吧"。

而感叹句本身表达的是说话人比较强烈的情感,是说话人个人的感受,说话人表达自己强烈情感的基础是自己对所作的断言有绝对把握,没有寻求听话人对命题真值进行确认的必要,因而感叹句中不用"吧"。

2.4　"吧"用于句中

"吧"用于句中主要有如下几种情况:

(一)用于话题停顿处。包括主语式话题(例22、23)、时地话题(例24)、小句话题(例25、26)等。如:

(22)于是冯小刚低了头,犯了多大错误似的嘟嘟哝哝往下讲:"这个捧人【吧】,起源于劳动。……"

(23)……所以我现在特别相信星座,你是什么星座的,适合什么星座的人,我已经研究过了,特别准。比如我【吧】,我是天蝎座的,和巨蟹座很般配……

(24)和平:哦……哎哟我全乱了。志国,说真的,我这几天,到底怎么回事儿呀?

志国:啊,没什么事儿。你吧,就是病了以后【吧】,有好多事儿一时想不起来了,我这不帮你慢慢回忆呢吗?

(25)俺不给他做【吧】,说俺不关心他,给他做【吧】,俺又怕他吃坏了,这个责任俺也担不起呀。

(26)我爸也是,你说你一问他这事儿【吧】,他跟你打岔,纯粹一老糊涂……

（二）用于连词、副词后。如：

（27）小凡：当然了，而且【吧】对我特好，对我特信任，一心等着我回来，我把他带在国内当人质，您还不放我出去啊？

（28）沈冰："这句对不起是我代小猛说的，这次的事儿是小猛不对，他太依赖你了……"疯子尴尬地说："不不不，其实【吧】……"

（29）……。我原来在医院做药剂师，和同医院的一个护士好上了，但她后来找了个市委的小官僚，把我瞪了，整个一个恶俗的爱情片。总之【吧】，我失恋了，我现在都可笑当时我怎么……，迷茫了半年时间。……

（三）用于述宾或述补结构之间。如：

（30）罗佳：你到底想说什么呀？

大可：没什么，我是说【吧】，你看咱俩现在也挺好的，你呢，虽然妊娠反应大点儿，可还没到生活不能自理的程度啊！我呢，也能照顾你。既然这样儿，你妈是不是——差不多她该——那什么——

罗佳：怎么，嫌我妈碍事儿了？想哄我妈走？

大可：不是不是！

（31）傅老：可以可以，不懂就问嘛，这一点你比他们别人都强。

和平：爸，关于这股份制吧，我有点看法我提出来跟您探讨探讨啊……我体会【吧】，就这股份制吧，就是把群众手里边这些个游资，集中在一块堆儿，投入到国家建设，您说是么？

（32）男警：说说，凶手什么样子？

志国：反正吧，他走大街上我一眼就能把他认出来。他长得【吧】，特别像一人儿……

"吧"用于句中时，"将确认权交由听话人"的交互意义减弱了一些，不过，说话人所呈现出的交互态度中，仍然带有相当程度上的"不确定"。在"吧"用于句中的大多数例子中，说话人都处于一种难以启齿、寻找措辞、胆怯发言、拿不定主意、不确定、说人坏话或批评他人、自我批评等交际情境中。正如例（22）的叙述文部分"冯小刚低了头，犯了多大错误似的"所显示的那样，这些用法中的"吧"主要表现为说话人对自己后面所要讲的话持犹疑态度。例（24）中，和平生病，记忆不甚清楚，丈夫志国安慰她，谨慎寻找措辞。例（28）中，疯子在尴尬状态下不知道说什么才好。余不一一分析。

值得注意的是例（25），"吧"用于假设小句时，常常用于两种对举出现的假设句，加强说话人"左右为难"的感觉,可能正是因为"吧"显示了说话人一定程度上的犹疑。

另外值得注意的是例(23)所示的例举话题用法,主要的表达式有"就说……吧/就拿……来说吧""譬如(说)……吧/比如(说)……吧"等。这些用例实质上属于祈使小句,如同上文所言,"吧"用于祈使句是一种无标记立场传递方式,所以,这些"吧"所在的语句基本上都不带有迟疑或不确定态度①。例(29)中的"总之吧"是最高频的一个"连词+吧"组合②,也是因为这个组合实质上属于祈使小句,相当于"总的来说吧"。

三、"吧"在交互中的策略性用法

与祈使句比较起来,"吧"用于疑问句和陈述句的比例相对要低得多。一般来说,只有在说话人需要对命题真值加以确认的情况下才能使用"吧",在说话人对命题真值有足够把握或者说交际情景要求确切信息的时候,"吧"的使用是受限制的。如老舍小说《老张的哲学》里的一段对话:

(33)"妈,老头这几天手里怎么样?"天真手插在裤袋里,挺着胸,眼看着天棚,脚尖往起欠,很像电影明星。

"又要钱?"妈妈不知是笑好,还是哭好。

"不是;得作一身衣服;我自己不要钱。有个朋友下礼拜结婚,请我做伴郎,得穿礼服。"

"也得二三十块【吧】?"

天真笑了,板着脸,肩头往上端,"别叫一百听见,这还是常礼服。"

"那——和爸爸说去【吧】。据我想,为别人的事不便……"

"不能就穿一回不是?!"

---

① 不过,与附着语气助词"嘛、啊"的例举话题相比,还是可以看出说话人态度的不同。如:

(1)李敖:你说的很正确呀。就是这样子,台湾现在越来越……,他们有自信是好的,可是他们的自信是建筑在愚昧上面,很愚蠢。所以搞本土化,台湾有甚么本土东西呢?台湾这个在文化上是边陲文化,它根本就没有什么文化。所以我们可以看到,譬如说用歌仔戏来取代京戏嘛,京戏本身都已经落伍了,你歌仔戏怎么能跟京戏相比呢?……

(2)搞接待工作的,或者到社交场合去,跳舞啊,或者宴请啊,不要吃带有过分刺激性气味的食物,这个我们上次曾经讲过,比如葱啊,那伙吃了之后,五六个小时之内你就是葱,那蒜呢?那味儿没葱厉害,但是它那后劲比较足,后劲最足的是韭菜,它可持续发挥。今晚你吃韭菜馅水饺,明天下午打一嗝还能把敌人放倒。你要有良好教养的人,你到公众场合去,你就不要让人家受折磨了。

这两个例子中的"嘛、啊"若换用为"吧"的话,说话人有意凸显所举之例,以此来明确地、毫无保留意见地论证自己观点的态度便不复存在。

② 杨德峰(2018)统计发现,能带"吧"的连词有12个,其中"总之吧"多达40例,而其他连词带"吧"的用例则一般不超过4例。

"你自己说去【吧】!"

妈妈不肯负责,儿子更不愿和爸爸去交涉。

"您和爸爸有交情,给我说说!"儿子忽然发现了妈和爸有交情,牙都露出来。

母亲听到儿子要做礼服,猜想礼服一定很贵,所以用"吧"来向儿子进行确认,然后用"吧"对儿子进行建议,让他自己去与父亲说,母亲在提出这个建议时,是有所犹豫顾虑的,怕儿子生气,因而口气比较委婉。而儿子对母亲说的话中,即使在祈使句中也未用一个"吧"字,口气颇为傲慢无礼,这既因为天真不孝顺、不懂礼貌,也因为他本身对自己的话不存疑问,没有什么顾虑。

当然,在真实交际中也存在说话人对语句内容有把握,但为了"面子工作",还是使用"吧"的情况。如例(2)(3)(4),再如:

(34)菊花道:"要不要先拿些钱去搞定他们?"可馨不觉矜持起来:"先不用【吧】,都是老关系。"

在这个语境中,在"搞书号"的问题上,可馨比菊花更有发言权,她自身对于"先不用拿钱搞定他们"的决定实际上是很肯定的,但她使用了"吧"以求菊花确认,从而给菊花留有一定的面子,同时,也给自己留有了回旋的余地。在这些用法中,说话人正是利用了"吧"的情态表达特点达到了交际中的礼貌要求。

汪敏锋(2018)发现,"吧"还可以用于以下两种语境中:一是提示交际双方共享知识(包括社会规约、百科知识等)作为自己立论的依据;二是提示合预期信息。如:

(35)……你为什么不能让自己变得让人容易理解一点儿? 雷锋同志好【吧】? 高风亮节【吧】? 可他要是不写日记,以后他的故事我们整理得出来? ……

(36)"你看,我出来了【吧】?"夏琳笑着说。"你说十分钟,可是我在这儿已经十七分钟了。"陆涛有点儿幽怨。

例(35)中说话人提供雷锋的例子来论证自己的观点。雷锋的故事属于百科全书式的双方共享知识。例(36)中,夏琳所说的"我出来了"是一个预期中的信息。汪敏锋认为这些用法中的"吧"没有求证性或揣测性,也不表达命题信息的"未定"状态。

对于这样的用法,分析时一定要区分清楚两个概念:认识状态(epistemic status)与认识立场(epistemic stance)(Heritage,2012)。例(35)(36)与例(2)(3)(4)(34)一样,说话人对自己所发出的命题信息的认识状态是肯定的,但说话人却主观表现出一种求确认的认识立场,目的是在交际互动中获得听话人的确认认同。这样的主观处置,在某些语境下是为了维护交际另一方的面子,如例(2)(3)(4)(34);

在某些语境下则是通过获得听话人的认同为自己的观点增加说服力度,如例(35)(36)。虽然在例(35)中说话人并未停下来等待听话人确认回复,但在他主观设定的交际空间中,他默认了听话人的确认认同。

我们不妨将这样的用法命名为"明知故问"。口语交际中有不少带有"吧"的明知故问式话语标记,如刘丽艳(2006)指出"(你)知道吧"用于把事实或双方共享信息带入交际语境。如:

(37)哎呀,妹子,你以为他真是爱你呀? 这个,你知道【吧】,他那是改不了性子的一个花花公子啊,当年,就因为勾引人家黄花姑娘,……妹子,他现在,这是骗你呢! 啊?

说话人这样使用"吧"时,一般都不会等待对方给以确认后再继续发话,而只是用它们来增强交互性,以寻求认同、确认信息的方式增强自己的断言语力。除了"(你)知道吧",说话人也可以使用"你(还)不知道吧、你不懂了吧、你(没)听说过吧、你没看出来吧、你看见了吧"等引出"言者依据"来。如:

(38)志国:我惹谁了我? 小芳,你看见了【吧】,好好的一家人,眼睁睁着就毁你手里了,你这样做…… 是要遭报应的!

"对吧、是吧、好吧、行(了)吧"等,则是凝固化程度更深的话语标记,它们在交际中的作用也是如此。如:

(39)老警察:"嘴皮子挺厉害啊? 可是我告诉你,就凭你今天的所作所为,我们是完全可以定你个扰乱社会秩序、影响社会治安罪的……"

林夏底气十足:"哎? 奇怪了,我在自己家天台上纳凉纳得好好的对【吧】,我一没偷二没抢三没杀人越货四没卖淫嫖娼的对【吧】,我正舒服着呢,就有人喊什么自杀,然后你们这一帮就不问青红皂白地冲上来就让我别往下跳对【吧】? 第一,我从来就没说我要跳楼! 第二,我纳凉兼给自己的情感专栏找感觉并没有妨碍任何人! 所以,有问题的不是我是你们!"

(40)宝财:说你傻你就是傻! (抢过纸)你还怕公安局不好破案是【吧】,你还要把你们两个人的名字都留下是【吧】,撕了! (撕)这是什么?

(41)袁建设:"闻一达,我服了你了,真的,我服了行【吧】? 要杀要剐我袁建设一个人扛着,只要你放了我老婆马玲就行。……"

在这些用例中,说话人的认识状态均是确定无疑的,但他选择了"不确定、求确认"的认识立场,策略化地要求受话人对自己表达认同,实现认知上的一致性(邵敬敏,1996;梁丹丹,2006;高华、张惟,2009;卢勇军,2020)。作为说话人主观选择的一种认识立场呈现方式,这些用法中的"吧"也使得说话人与受话人之间的互动性更为凸显。屈承熹、李彬（2004）基于这些用法指出"吧"具有语境联系功能、寻求注意功能。这一观察是精细的，这种功能正是"吧"的原型意义与说话人交际意图结合后所表现出来的。

正因为这些用法与"吧"的原型意义"不确定、求确认"有着密切关联，所以"吧"都不能换用为其他语气助词"啊、呢、嘛"等，即便是日常口语中发生了进一步虚化、只被用来充当填充语（filler）的"是吧、对吧"，也只能使用"吧"，如：

（42）现在北京的物价呀来说呀，因为一开放以后，是【吧】，个体户儿相当多。从个体户儿来说啊，他这个卖的价钱就是没边儿了，是【吧】，他随便卖，是【吧】。而像咱们集体这儿来说吧，尤其现在，对于物价掌握很严格。比如进货渠道，是【吧】，也不能随便进，是【吧】，得有正式发货票（转引自李咸菊，2009）

总之，"吧"的某些用法中所体现出的认识状态与认识立场的不一致性，正反映了语气助词的主观性特点。说话人要根据交际需要，主观决定选取以何种方式或态度将命题带入到语境中，可以以一种不确信的态度带入一个实际上很确信的命题（如"肯定……吧"），也可以以一种确信的态度带入一个实际上不很确信的命题（如"也许……啊"），语气助词就是用来实现这一交际目的的。当然，语气助词的情态语义特点会影响到它们的具体分布环境，汪敏锋所揭示的"言者依据"和"预期信息"正是"吧"的两种特有的语境分布。

四、小　结

"吧"可用于祈使句、是非问句、陈述句，不能用于感叹句、非是非问句，也可以用于句中。这些用法中"吧"情态意义之间的关系可以简单图示如下：

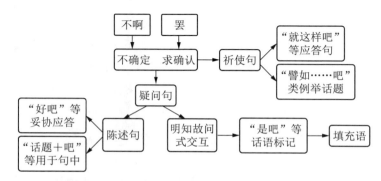

注意：本图示并非要理清"吧"各用法间的历时演变关系，而只是表明其语义上的内在联系。将陈述句与疑问句建立起关联，则主要是采纳了赵元任（1979）认为"吧"是"不啊"合音的观点。

"吧"的原型意义及其在各句类中的具体表现可总结如下：

表 5.12 "吧"的原型意义及其句类分布

原型意义 句类分布		说话人对语句内容作出弱传信式推量,并交由听话人确认	
		说话人对语句内容的推量	说话人主动将决定权交由听话人
陈述句	句末	说话人作出的推量	主动交由听话人确认
	句中	说话人对即将讲的话心存犹疑	
是非问句		说话人作出的推量	主动请听话人对命题进行确认
祈使句		说话人对听话人的行动意愿作出推量	主动将行动的决定权交由听话人

第七节 语气助词"呗"的情态解释①

一、以往研究回顾

语气助词"呗"的研究文献比较少。《现代汉语八百词》认为"呗"用于陈述句末尾,语气(口气)基本上同"吧",多一点感情色彩。又分了三种情况加以说明:一表示道理简单,无须多说,如"不懂就好好学呗";二是用在"动词+就+动词"的句子末尾,表示"没关系,不要紧",如"你愿意走就走呗,没人拦你";三是用在"就得了""就行了"等之后,如"人家改了就得了呗"。

胡明扬(1981)认为"呗"是"吧"和"唉"的和音,并将"呗"分为两个:一个用于缓和语气(口气),兼有提醒对方的意思,如"有困难就克服呗"。一个是表示勉强同意、无可奈何,如"反正冬底我就入社呗"。

其实,语气助词"呗"的意义与"吧"相差很远。如果"吧、呗"仅仅是感情色彩不同,那应当是可以互换使用的。但实际上在相当多的语句中,它们是不能互换的。如下例中的"呗"不能换成"吧":

(1)"上哪儿去呀,这么急。"

"还能上哪儿? 我朋友那儿【呗】。"

另外,《现代汉语八百词》和胡明扬(1981)的描写只是基本上揭示出了"呗"在具体语境中的一部分语用意义,尚不能解释所有的语言现象。如:

(2)"你怎么配有这种福气?"旁人听着太玄,不禁怀疑。

---

① 这部分内容以《语气助词"呗"的情态解释》为题,发表在《语言教学与研究》2007 年第 3 期。

我想了想,也没什么过硬理由,只得说:"前世修的【呗】。"

这个用例中,说话人是在"没什么过硬理由"的前提下说出"前世修的呗",这并不是"道理简单"或者"无须多说"能解释通的。再看一个例句:

(3)有老人问:"八圈回来了? 再唱唱那十八摸【呗】。"他鼻子哼一声,理都不理。

说话人是主动让听话人唱歌,显然他并不认为这是"无可奈何"或需要提醒的事情。

本书将重新给"呗"一个情态意义的解释,也会谈到它在具体语境中,原型意义与语境结合后产生的一些语用意义。

二、"呗"的原型情态意义

"呗"不是一个高频语气助词,只分布在陈述句和祈使句两种句类中。通过对语料的分析,我们将"呗"的原型情态意义概括为:述唯弃责。所谓述唯,是指说话人认为自己所说的话(所作断言或发出的祈使)是唯一的可能,而且说话人主观上认为那是听话人或大家都应当知晓的,他只是将这种可能性说出来了而已;所谓弃责,指的是说话人没有经过积极思考轻率发话,并放弃自己可以对听话人的交际身份作处置的责任。下面结合"呗"的句类分布,对这一原型情态意义作出解释。

2.1 "呗"用于陈述句末

"呗"用于陈述句末有两种情况。第一种情况是,说话人对听话人的询问作出回答。如:

(4)"你一个普通大学生,怎么住这么好的病房?"这口气又像是审犯人,肖童故意玩世不恭地回答:"花钱【呗】,现在住医院,有钱就行。"

(5)"为啥要给他们献花?"

"因为他们的歌唱得好【呗】。"我笑着说,"等你当了歌星就知道了。"

(6)"后来又咋样了?"郭健又急切地问。

"后来,我跟人家说了不少好话【呗】。"

(7)"人家给运吗? 那么一大堆,你民航有关系?"

"火线'套磁'【呗】。这不是主要问题,关键是飞机票。"

在这些例句中,听话人向说话人发出了询问,说话人给出了回答。"呗"的使用表明说话人认为自己的回答是唯一可能的答案,不可能有别的选择,而且这是听话人应当知道的。如例(4)，说话人使用"呗"，是要告诉听话人：我之所以住进这么好的病房是因为花了钱，不可能有别的原因，这应当是不用我讲你就能猜到的。事实上，说话人在使用"呗"的时候，还往往会加上诸如"还用说"等注解语；而那些没有注解语的也往往可以补上。如：

(8) 关山林说，你说谁？吴晋水说，<u>还有谁</u>，你老婆【呗】。

(9) "你绝对猜不出她是什么样子！""<u>女作家能是什么样子</u>，老太婆【呗】！"这不仅是倪巴的想法，而且是包括林森森在内的所有八百栋的人的想法，女作家和老太婆在人们的心中是同义词。

(10) 你这丫头装什么迷糊，<u>什么意思</u>，<u>还能有什么意思</u>，当然是看上你了【呗】！

(11) "为啥突然不想去了呢？"秀秀从地下站起来，使劲一跺脚，说："<u>啥也不为</u>，就是不想去了【呗】！"

(12) 妈接过话筒对我说："你猜我是谁？"我笑了，心想，<u>这还用得着猜</u>。"你是我妈【呗】！"

(13) "哪个丫头？""哪个？<u>能是哪个</u>？给同班男生做模特儿的那个【呗】。蓝眼圈，腰身肥肥的那个！"

(14) 我就知道他要和我谈什么了。<u>无非是</u>为了擅自离开课堂回电话的事【呗】。

前面的例(4)—(7)也都可以分别补上"还能有什么原因"或"还能怎么样""还能怎么办"等。

在交际语境中，既然说话人向听话人表明他认为自己所说的话是唯一可能的，而且听话人本来就应当知道，那么，在具体交际语境中就往往会产生"道理简单、无须多说"的语用意义。说话人在找不到别的答案而他却需要给出一个答案时，也可以使用"呗"。如：

(15) 我也问晶晶："<u>我什么地方</u>，嗯，吸引了你，<u>让你这么喜欢</u>？"

"我说过我喜欢你吗？"

"你说过不讨厌。"

"我也说不上来，"晶晶想了半天仍这样说，"<u>我说不上来</u>，就是喜欢【呗】。你很爱钱？"

"呗"用于陈述句末的第二种情况是，说话人为某个论断提供解释或理由。如：

(16) "你怎么没出去呀？我看你爸你妈一早就出去了，你妈打扮得跟花蝴蝶似的。"

"他们去逛大街买东西,叫我去我没去。我不爱跟他们一起上街,我妈买东西那挑那磨蹭还不够烦的呢。"

"女人【呗】,你长大了没准儿也那样。"

(17)"她被你们骂哭了。"吴迪看看我们说,"正在座位上哭呢。"

"你替我们跟她道个歉吧。"我说,"我们可不是成心想得罪她。她是你的好朋友吗?"

"还可以,同学【呗】,也不是什么特别好的朋友。"

在这样的用法中,"呗"的意义与第一种用法是一样的。例(16)中,说话人给听话人关于妈妈买东西的评论提供了一个解释,他用"呗"告诉听话人"你妈妈买东西之所以磨蹭烦人,是因为她是女人;女人买东西时的表现就是那样的,不可能有别的表现,这是大家的共识,你也应当知道的"。

在上述这些用例中,说话人使用"呗",还同时表达了自己的弃责态度。即一方面,说话人在发出语句的时候,无论是回答听话人的询问,还是给某论断提供解释或理由,他对待语句内容的态度都是不严肃的,并没有经过认真积极的思考,而只是以一种轻描淡写的、游戏的口吻在说话。语料中可以检索到很多带有"轻描淡写"等叙述文注解语的用例。如:

(18)"我哪有那艳福呀!""嘿嘿,这回可是你小子亲口对我讲的。"关少雄一脸的得意。 "那是逗你们不打瞌睡【呗】。"李奇轻描淡写地说。

(19)水泊大吃一惊,张着嘴,瞪大眼睛:"这——这,这……何必呢? 干嘛呢?""她问我,我就说了【呗】!"英夫装作满不在乎的模样,"没什么! 说了就说了。我想,夫妻间应该坦诚相待。"

另一方面,说话人的弃责态度还表现为,他对于听话人应当如何对自己所说的话作出回应,是认同还是拒绝,是给以确认还是给以关注,等等,是不加要求的。他只是自顾自地将自己的话说出来而已,至于听话人应当如何回应,他是不在乎的:"呗"既不像"啊"那样明确要求听话人倾听认同,也不像"呢"那样提醒听话人注意某一点,也不像"吧"那样主动将确认权交由听话人,也不像"嘛"那样暗示听话人认同,它是放任不管的。在上述的例句中,听话人是否应当认同自己所说的话,说话人都没有任何要求。

2.2 "呗"用于祈使句末

"呗"用于祈使句末,也同样表达了述唯弃责的意义,即一方面,说话人认为自己所发出的祈使是一种唯一可能选择的行为;另一方面,听话人是否应当听从,说话人并不管。在祈使句中也可以检索到带有"轻描淡写"等叙述文的用例。如:

(20)"到北京去了,怎么办呢?""不知道。去碰碰【呗】。"小西轻描淡写地说,一副很不在乎的样子。

(21)邱洁如说:"还是你亲自告诉他吧。"方怡问:"什么意思?"邱洁如轻描淡写地说:"吹了【呗】。"

(22)"不就是长尾巴么? 别人都长,咱们就也跟着长【呗】! 我不是并没慌么?"她说得轻描淡写!

(23)"人家能读,咱也读【呗】!"朱叶梅故意轻描淡写地说。

下面我们分三种情况来谈。一是说话人直接对听话人发出的祈使。如:

(24)赵国民问:"让我干什么去?"

黄小凤说:"这你还不明白,这事哪有坐家里等着的,过去活动活动【呗】。"

(25)"我问你,如果将这些钱分了,你打算怎么处理。"

小胡不假思索地说。"这还用说,把它卖了【呗】。"

(26)小姚对小齐说:"你跟你们单位的领导讲一讲吧!"

小齐呢,明知故问:"讲什么呀?"

小姚说:"讲讲咱们的实际困难【呗】!"

(27)父亲说:"可他正在屯头等我呢!"

母亲说:"那就招呼他一块儿吃【呗】! 你先进屋,我去招呼。"

在这些语境中,说话人主动给听话人提出一个建议或请求,"呗"的使用也表明说话人认为自己所提的建议是唯一应该采取的行为,听话人不可能有其他的行为。在例(24)(25)中也有注解语凸显说话人的态度。例(26)(27)也可以分别补上"还能讲什么""让他等着干什么"等注解语。同时,这些用例中,听话人是否应当执行某个行为,说话人是没有明确要求的。

二是说话人顺应听话人的主观意愿而发出的祈使。如:

(28)"阮琳你烦不烦? 你要想发精神病就无所顾忌地发【呗】,难道这还要步调一致吗?"

(29)我撂下书露出脸,"你想看演出你就去【呗】,非拉上我干吗?"

(30)"你喝啤酒吗?"何钦又问。

"想喝你就喝【呗】,还用我批准?"

(31) 她不忍心让妈妈为难,就大声说:"妈,您想说什么就说【呗】,干吗鬼鬼祟祟像个小偷似的……"

(32) "喂,我可以到别的屋子去看看吗?"WR 问。

"你看【呗】。哦对不起,我要去一下厕所,你自己去看吧。"小姑娘很有礼貌。

在这些例句中,说话人发出的祈使都是针对听话人的意愿所发的。"呗"的使用表明说话人认为听话人可以径直做他自己想做的事,而不必顾虑其他。也可以说,说话人认为听话人做他自己想做的事是他唯一的选择,没必要做其他的事情。因为说话人顺应了听话人的意愿,而且他并不关心听话人是否执行,因此,语境中就往往会产生"与我何干""无所谓"的意义。

"呗"用于祈使句的第三种情况是,说话人向听话人建议双方共同做某事。如:

(33) 佳莹,市里有不少大商场的衣服都要换季打折了。这个周日咱俩上街去看看【呗】。

(34) 我等几个知青笑着从我和冯焱焱身旁走下山坡时,我指着身后,我们到那边去说说话【呗】。

(35) 换了我的沙发,你坐着舒坦,我也能养家糊口,两下都图一个好。关山林想想也是,说,那就换【呗】。

在这样的用例中,说话人向听话人表明:在那样的一种情势下,我觉得我们所能做的也就是我所建议的行为了,那是一个最好的选择,做其他的事情不太好或者没什么意思。

用"呗"的句中还往往有"就行了""就得了""就可以"等字样以凸显唯一可能性。如:

(36) "学成,你怎么说这么难听的话呀?你要是不愿意,以后我不去跳就是了【呗】。"

(37) 生在你手上的时候,竭力发挥它的作用;死在不可避免的时候,求得死得得当,这就可以了【呗】!不必追求什么死得光荣伟大、死得永生等等。

"呗"用于祈使时,因为说话人表达的是一种唯一可能的选择,因此,也可能产生"无可奈何"的语境意义。再如:

(38) 我也让人家逮住过。逮住了就说没钱,他让前边站下来,你不会接着再扒下一辆车吗?再说了,真不行就买【呗】。你只要一买就没事儿了。

（39）没事就见一面【呗】，人家大老远的已经来了，别弄得事儿似的。

2.3 "呗"用于"A 就 A"句式

"A 就 A 呗"句式可以是说话人对某种已然情况发表看法，也可以是说话人对某将然情况发表看法。如：

（40）科长说："这些人就是小人味重呀。发就发了【呗】，何必到处炫耀？这下好，让那些穷狠了的人盯上了。昨晚上一家四口都让人给……"科长说着抹了一下脖子。

（41）这灰熊不是没命么？谁叫他把那一万多块钱交上去？交了就交了【呗】，自己又想不开，落了这身病。唉！老章，我总思谋不开，这人是怎么回事。啊，你说说，这人是怎么回事？

（42）程莹没有那份忧患意识。考就考了【呗】，再去苦想有什么意思！她觉得女伴们傻，从枕头下摸出在校门外买的袖珍收录机，随意塞一盘磁带进去。

（43）总之声音洪亮，仪表堂堂。但面部表情却一点儿也不和蔼可亲，老是皱着个眉头，喊"立正"就喊"立正"【呗】，干嘛跟谁有仇似的。

（44）行啦行啦，陈涛，你还是听听我的劝吧！跟一个女人犯不上生这么大的气，嘴长在她身上，她愿意咋说就咋说【呗】，她把你说成啥样你就是啥样了？

（45）"有什么大不了的？"李东宝不以为然，"不就是用了名字么？你们不让用我们就不用了【呗】，还用这么兴师问罪，上法院什么的？"

（46）他先笑了，情不自禁地叫道："妈，我回来了！"

"回来就回来【呗】，也不用我请你呀。"母亲没回头，漫不经心地说。德强一怔，不知道是怎么回事。

（47）"你还买菜，小家妇似的。"我见了她后笑着对她说。

"小家妇就小家妇【呗】，不买菜吃什么呢？"她把西红柿放到秤盘上，售货员又故意拿了几个坏的搁上去，翻着白眼说："这儿卖的西红柿不许挑。"

（48）"你不是就喜欢她这型的，圆圆的，脸红扑扑的，水蜜桃似的？"

"她腰长。"

"嗬，观察还挺细的，腰长都看出来了。别不好意思承认，喜欢就喜欢【呗】。"

在这样的用例中，说话人使用"呗"所表达的是他自己认为听话人或某人做 A

的行为就可以了,没有必要顾虑其他或作别的选择。以上这些语句中也都有相应的注解语明确表明说话人的潜台词。在这样的语境下,也往往含有说话人自己对A行为发生与否是不在乎的,不关心的。比如例(46)也有叙述文注解语"母亲没回头,漫不经心地说"。例(48)中说话人本来对于丈夫喜欢自己的女朋友这件事情是非常在乎的,但她故意使用"呗"以掩饰自己的真实想法,向丈夫表明自己并不在乎。在下面的例句中,说话人直接用话语"与我何干"表明了自己不关心的态度。如:

(49)"快来!朱丽叶要自杀。"

"自杀就自杀【呗】,与我何干!"

语气助词"吧"也可以用于"A 就 A"这样的句式中。如:

(50)他现在已经过了格外怕被人说酸的年龄,酸就酸点【吧】,能酸起来也说明自己不老。

(51)办不了就办不了【吧】。

(52)小姑娘说:"约就约【吧】,什么地方好我也不知道,干脆鹫峰怎么样?"

(53)是没什么了不起,吹就吹【吧】。

(54)你觉得怎么好就怎么过【吧】。

《现代汉语八百词》对"吧"这一用法的解释也是"没关系、不要紧"。其实,"没关系、不要紧"这一意义是句式"A 就 A"自身的意义,而并非语气助词"吧"或"呗"的意义。语气助词"嘛"用于同样的句式中时,"没关系、不要紧"的意义也仍然存在。"吧"与"呗"之所以与这个句式有着更紧密的联系,是因为"吧"与"呗"的情态意义与句式自身的意义比较契合:"呗"的意义中含有说话人无所谓的态度,它的意义与这种句式的意义很契合,用于该句式时,可以使句式的意义更加凸显;"吧"的意义当中也含有说话人主动将判断的权利交由听话人的一面,说话人在一定程度上也放弃了自己的主动权,因此,它与"A 就 A"句式的意义也可以契合。但是,"吧"用于该句式时,说话人的态度比"呗"要积极得多,它表达的是:虽然是没关系的,但是,说话人仍然希望听话人同意或接受自己的话。而"A 就 A 呗",则表明说话人完全放弃要求,听话人对自己的话接受与否,说话人不关心。

三、"呗"与礼貌原则

上文揭示了说话人使用"呗"时对语句内容所持有的主观态度,即说话人主观上认为自己所说的话——无论是作的断言还是发出的祈使——都是一种唯一的可能性,而且他自己觉得这也是听话人应当知晓的。同时,说话人在发出语句时,无论是回答听话人的询问,还是给某论断提供解释或理由,还是在发出一个祈使,说话人对待语句内容的态度都是不严肃的,并没有经过认真积极的思考,而只是以一种轻描淡写的、游戏的口吻在说话。另一方面,说话人对于听话人应当如何对自己所说的话作出回应,是认同还是拒绝,是给以确认还是给以关注,等等,是不加要求的。

这些特点决定了"呗"一般只用于关系比较亲密的人之间。当用于关系比较疏远的人之间时,无论是发出一个祈使,还是作出一个断言回答,说话人"不关心、无所谓"的态度,往往都会给人以冷漠感,不礼貌。如:

(55)郭健一有工作上的事要跟他商量,就总是那一句冷冰冰的话:"你看着办【呗】! 你不是总经理吗?"

在这个例句中,叙述文"冷冰冰的"很好地揭示了"呗"对听话人的忽视,说话人故意使用"呗"违反礼貌原则,态度是很不友好的。因此,"呗"多用于关系比较亲密的人之间。看一个例子:

(56)"我还没喝酒呢。还有酒吗?"

"没了。"

"你去买【吧】。"

"不知这么晚了有没有卖的。"

"你想办法【呗】。我想喝酒,我今天特有情绪!"

在这个语境中,说话人首先使用"吧"建议听话人去买酒,然后,当他听到听话人说"不知这么晚了有没有卖的"时,他使用"呗"建议听话人自己想办法。说话人用"呗"向听话人表明:虽然这么晚了可能没有卖酒的了,但是,现在的情势是我很想喝酒,你别无选择。在这个语境中,因为是关系比较亲密的朋友,说话人使用"呗"不违反交际的礼貌原则。

当说话人的建议在"收益—付出比"的原则下看对听话人有利的话,"呗"的使用也可以增加交际双方之间的亲密感。如:

(57)夏青好像被马锐说服了,同意他的观点,称赞了一句马锐,"你挺有主见的【嘛】。"接着听到女孩大声说:"太阳晒过来了,到我家去聊【吧】,我家没人。"

"不去你家。"男孩说,"你们家铺的地板革,进屋还得脱鞋。"

"你不爱脱别脱【呗】。"

"回头踩脏了,你妈又得说你。"

"不怕她说。"

这个语篇中,夏青的话"你不爱脱别脱呗",表面上看,是对听话人马锐脱鞋与否持有无所谓的态度,不够体贴听话人的心情,但是,因为不脱鞋对马锐是有利的,在这样的情况下,夏青一个"呗"的使用就可以减轻马锐的心理负担,从而有助于巩固他们之间那种熟悉的关系。

四、小　　结

"呗"的情态意义及句类分布,总结如下表:

表 5.13　"呗"的原型意义及其句类分布

原型意义 句类分布	述唯弃责	
	说话人轻率作出自己认为是唯一的可能的断言或祈使	说话人主观上放弃对听话人交际身份进行处置的责任
陈述句句末	所作断言是唯一可能的	听话人认同与否,说话人没有要求
祈使句句末	所发祈使是唯一可能的选择	听话人执行与否,说话人没有要求
A 就 A 呗	A 行为是唯一可能的,排除其他行为的可能性	听话人接受与否,说话人没有要求

第八节　语气助词所表达的意态范畴

第三节到第七节从交互主观性的角度,依次对语气助词"啊、呢、嘛、吧、呗"的原型情态意义以及它们与不同句类结合后所产生的各种意义进行了分析。语气助词的语义中都包含着两部分内容:一是说话人对语句内容的信疑态度,二是说话人主观上对听话人交际身份的处置。这两方面的内容是紧密结合在一起的。这五个语气助词的句类分布以及情态意义总结如下表①:

---

① "罢了""吗""不成""来着"等其他语气助词,暂未纳入这个系统中。它们的句类分布都比较单一,只能用于陈述句或者疑问句。它们是否与"啊、吧、呢"等语气助词形成不同的意态分支,还有待研究。

表 5.14　语气助词"啊、呢、嘛、吧、呗"的原型意义及其句类分布总表

语气助词	啊	呢/着呢	吧	嘛	呗
原型意义	强传信式告知求应	说话人在双方共享预设基础上点明某一点；提请听话人注意	弱传信式推量；交由听话人确认	强传信式论理劝求；暗示听话人按理应当接受	述唯弃责
说话人对语句内容的态度（命题权威性来源）	主观认定，对语句内容确信不疑	基于听说双方共同的预设或背景而点明某一点	对命题或说话人的意愿作出的推量	根据情理作出断言或发出祈使，确定不疑	客观情势决定下的唯一可能断言或提议
说话人主观上对听话人交际身份的处置	明确要求听话人作出回应：认同、作答或执行	提请听话人注意	明确将决定权主动交由听话人	暗示听话人按理应当接受或执行	放弃对听话人交际身份的处置
与礼貌原则的关系	对交际双方关系的亲疏敏感，用于关系亲密的人之间，可加强亲密关系；一般不用于关系疏远的人之间	对交际双方关系的亲疏不敏感，但用于询问听话人的个人信息时，也有利于建立亲密关系	对交际双方关系的亲疏不敏感，亲密与否都可以使用	对交际双方关系的亲疏比较敏感，用于关系远的人之间，可以拉开距离；用于关系近的人之间，可以增进亲密感	对交际双方关系的亲疏敏感，多用于关系亲密的人之间
句类分布	陈述句 感叹句 疑问句 祈使句	陈述句 （感叹句） 疑问句	陈述句 疑问句 祈使句	陈述句 祈使句	陈述句 祈使句

　　本节将对它们在情态表达上的差异进行综合比较，以进一步了解它们是如何分割意态这个范畴的。我们重点分析比较语气助词用于不同句类句末时的情态意义以及它们与礼貌原则的关系。

一、用于陈述句末

"啊、呢、吧、嘛、呗"五个语气助词都可以用于陈述句末。如：

（1）戈：还真是呀，妖魔鬼怪，天灾人祸，全齐了。

李：都说年轻人儿有想法儿、有追求，要说这，中年人以上的开动起脑筋的也不含糊【啊】。

(2) 何:看我的证件,我应该看你们的证件! 好大的胆,你们竟敢假冒我们名义到处招摇撞骗,你们这样做是要负法律责任的。

李:就算你是真何主任,也不必发那么大火,啊,慢慢儿说。我们真要是触犯了法律,还有公安机关【呢】。有理也不在声高。对吗?

(3)"她们就是干这个的。"

"所以我觉得不简单【嘛】。我想她们一定经过最严格的挑选。我坐一回飞机都有点提心吊胆,生怕那家伙摔下来。她们却要长年累月在上面干活,肯定得是最有勇气、最有胆量的女孩才能胜任。像过去口号里总说的那样:一不怕苦;二不怕死;三不怕脏;四不怕累。得有点……精神。"

(4) 孩子们盼了一年了,总得给他们献份儿厚礼【吧】。可你说,现在这孩子还缺什么? 都那么幸福,给吃的,玩儿的。

(5)"我觉得我和她好像是同性——"

"什么意思?"

薛苹柳眉倒竖。我没想到她会这么快打上门来。我和阿眉吹了,不是正合她心思吗? 干吗还像一只哺乳期的母狼那样恶狠狠地看着我。我正在收拾东西,不想和她费话。

"相斥【呗】。就是说总搞不到一起去,像裤兜子里放屁——两岔的。"

用于陈述句时,说话人使用"啊"表达的是说话人完全主观的一个态度,他自认为自己对命题享有更高的知情权,并且要求听话人倾听接受。而"呢"则是基于对听话人的知识状态所作出的断言,它只向听话人点明某一点,也提请听话人注意,但并不强求听话人接受。"嘛"则是说话人依据情理所作出的断言,它凸显的是说话人尽量作一种客观表述的努力,同时暗示听话人按理他应当接受。"吧"则表明说话人仅仅是在作一个推量,而这个推量是否成立,说话人是主动将决定权交给听话人的。"呗"则表达了说话人对所作断言之唯一性以及听话人之回应的无所谓的态度。

因此,尽管它们都可以用于陈述句末,而且在相当的情况下是可以互换的,但所表达的说话人对听话人的态度却是不同的。以例(5)来说:说话人在这里也可以使用"啊""吧""嘛""呢"来作出回答。如果用"啊",说话人是以一种"知情一方"的姿态,明确将自己的看法告诉薛苹;如果使用"吧",他就将确认权交给薛苹,希望薛苹能对自己的断言进行确认;如果使用"嘛",他就表明之所以这样说,是有根据的,或者事实显而易见的,暗示薛苹她应当接受自己的看法;如果使用的是"呢",他则表明自己是假定薛苹或其他人有些别的看法,自己有必要向薛苹点明自己的真实看法。但是,在这个实际语境中,说话人的心态是"不想和她费话",也就是说他不想作任何主观上的努力来让薛苹认同自己的看法,因此,"呗"的使用就传神地表达出了说话人的态度:我给你一个说法,你爱听不听。

二、用于疑问句末

用于疑问句末的语气助词是"吧""呢""啊"三个,"吧"只能用于是非问句,"呢"只能用于非是非问句,而"啊"则两者皆可。

(6)女:你们就是《人间指南》编辑部的【吧】?

李:对。

戈:啊。

女:我们就找你们。

(7)戈:走吧,走吧,把小脸儿洗洗,今天不排练了啊。歇着去吧。到那边儿歇着去,去吧。

江:干什么你们,干什么,啊? 上这儿闹事儿来了,啊? 你们可真敢啊。你们这儿,谁是导演【呢】?

李:坐下坐下,安静点儿。啊,你已经不是导演了,啊。

(8)江:你们找谁【啊】?

李:我是《人间指南》的小李子呀。

(9)牛:……越说越具体,越说越像真的,连我都快相信了。哎,老刘啊,你也是,你就不能给年轻人做个榜样【啊】? 就说真有这事儿吧,你就不能像无数先烈那样,面对死亡放声大笑吗?

刘:我知道应该笑,可是,可是我笑不出来啊。

如果说话人在疑问句中使用"吧",他首先作出一个推量,然后将自己的推量交由听话人来确认;如果他使用的是"呢",则他是在探究答案,提请听话人针对自己的疑问点作出回答,也可以自问自答;在是非问句中使用"啊",说话人是对自己是否更享有知情权进行的质疑,从而要求听话人给以证实;如果在非是非问句中使用"啊",说话人是在向听话人传达自己的"言说目的",促使听话人作出回答。在例(6)中,说话人"女"使用的是"吧",表示虽然自己判断这是《人间指南》编辑部,但是确认权是在听话人手里的。这里如果换用"啊"的话,则她表明的意思是:我已经根据情况判断出这是《人间指南》编辑部,请你们给我证实一下。在例(7)中,说话人

"江"使用"呢"请听话人针对"谁"这个疑问点给出答复。但是,如果他换用"啊"的话,他就明确地告诉听话人他在询问,促使听话人给出一个答复。

还要说明的是,哪些语气助词可用于哪种疑问句都是由其原型意义决定的。"吧"不用于非是非问句,是因为非是非问句不能提供一个被推量的命题;"呢"不能用于是非问句,是因为是非问句可以在完全无预设的情况下发话;"嘛"不用于疑问句,是因为疑问句不能给说话人提供一个从合乎情理的角度进行表述的机会;而"呗"是弃责性的,它既不主动探究什么,也不向对方要求什么,因而也不用于疑问句。

三、用于祈使句末

可以用于祈使句的语气助词有"啊""嘛""吧""呗"。如:

(10) 可馨警惕道:"你别拿我当傻子【啊】"。

(11) 可馨瞪大眼睛说:"你不要瞎扯【啊】。"

(12) 沈伟只是敷衍地说了一句:"你小心点【嘛】。"

(13) 大嫂,有事好说,不要打孩子【嘛】!

(14) 我突然说,竹,嫁给我【吧】。

(15) "你怎么这么烦呀?"我撂下书露出脸,"你想看演出你就去【呗】,非拉上我干吗?"

"啊"用于祈使句,说话人确定不疑地发出祈使,明确表示自己敦促听话人执行的意图。而"嘛"用于祈使句时,说话人是从客观情理的角度发出祈使,虽然没有明确要求听话人听从的意图,但暗示听话人按理应当执行,因此,有劝求义。而"吧"则将行动的决定权主动交给了听话人,是一种委婉的祈使。"呗"则表达了说话人轻率对待自己所发出的祈使,听话人应当如何作出回应,他没有任何要求。在上面的例(14)中,说话人是在向听话人求婚,答应与否决定权完全在听话人,因此,他只能使用语气助词"吧"。

因为"啊"与"嘛"都含有对听话人面子的威胁,"呗"又显得过于消极轻慢,因而在祈使句中"吧"就成为说话人的首选,这是交际中"礼貌原则"的要求。若要连续使用"吧""啊"或"嘛"发出同一个祈使,则一般要先使用"吧"。如:

甲:走【吧】。(乙未动)

甲:走【啊】! 听见了没有?

四、语气助词与感叹句

可以用于感叹句的语气助词只有"啊"。如：

    (16) 是啊,我发觉人真是大有可为,我们过去多不了解自己【啊】!

    (17) 多巧【啊】,又碰上了。

    (18) 旧的传统观念是多么束缚人【啊】!

    (19) 别走啊,这多不合适【啊】。

在感叹句中,说话人对于自己所发出感叹的语句内容,首先必须持有强确信的态度。语气助词"吧""呢""呗"在这一点上都与感叹句的要求不合:"吧"是弱传信式推量;"呢"的语义中强调的是基于预设点明一点,也不突出说话人的强确信态度;语气助词"呗"则表达的是说话人对自己所说话的轻率态度。语气助词"嘛"虽然表达说话人的强确信态度,但也不能用于感叹句。因为"嘛"是以一种理所应当的面貌出现的,它的客观性外衣与感叹的个体主观性之间是矛盾的。只有"啊"既表达了说话人的强确信,又表达了说话人完全主观的态度,同时,它的"告知"功能,也有利于满足说话人抒发情感以引起听话人共鸣的交际需要。

五、带有语气助词的预制语块

口语中语气助词还常常附着于其他一些话语标记之后,如"我说呢、我说吧、我说嘛",这些组合形式在口语中使用频率极高,且多用于表达说话人基于对交际语境的判断而作出回应。它们彼此之间存在着细微的意义差别,这些差别虽然可以溯因为语气助词原型情态意义的不同,但也并不能完全依据组合性原则推导出来,如:

    (20) 我说呢,他怎么没来,原来冻感冒了。

    (21) 我说吧,他最好不要去,你看,冻感冒了吧。

    (22) 我说嘛,他就是不该去,你看看,冻感冒了吧。

郑娟曼(2018)将"我说呢、我说吧、我说嘛"的意义分别概括为:"我说呢"关联所含预期,"我说吧"关联所言预期,"我说嘛"则可以关联两种预期。也就是说,它们已经成为口语中的预制语块(preformulated expression,chunk),意义上具有了规约性特征,因而语境分布也有差别。

口语中的预制语块还有"好啊、好吧、好的""这样啊、这样吧、这样呢""是啊、是呢、是吧""(你)知道吗、(你)知道吧""你呀",等等。表达类似功能的预制语块彼此之间在意义与用法上也都存在差异。现代汉语中含有语气助词的预制语块究竟有多少,它们彼此又是如何分割着某一功能范畴的,这些问题还值得进一步探讨。对它们的研究不仅有助于加深我们了解语气助词如何参与交互主观性表达,而且可以为汉语作为第二语言的教学提供参考。

六、语气助词与礼貌原则

语气助词与交际中的礼貌原则有着密切的关系。总的来说,"啊""嘛""呗"在礼貌量表上都属于低值形式,对交际双方关系的远近比较敏感。它们的使用将直接构成对听话人面子的威胁,因此,它们一般用于关系比较亲密的人之间,有利于保持或建立他们之间的熟悉关系。地位高的人对比自己地位低的人讲话时,如领导者对下属,使用"嘛",就会拉开他和听话人之间的距离,使他的权威地位得到强化,但又不会冒犯听话人。因为一方面,"嘛"凸显了命题信息的事实确凿性,强调了事实的理所当然;另一方面,它又不明确要求听话人听从,因此,领导者使用"嘛"既可以表示自己的话是有事实根据、不可否定的,同时又隐含有"我所说的话只是一些事实,虽然客观上这些事实是不可否定的,但是我只是暗示你接受"。与之相反,因为"啊"凸显了说话人对语句内容的确定不疑,而且明确标注说话人要求听话人接受的"求应"态度,因此,即便是架子十足的领导者也很少使用"啊",因为"啊"的使用将直接造成他和听话人之间的对立。但在关系亲密的人之间使用时,"啊"却可以增进他们之间的亲密感。"呗"则因为说话人的弃责态度而更多与不礼貌相关,也多用于关系亲密的人之间。

"呢"关注的是事实真相或疑问点,只是提请听话人注意,而不含有对听话人是否必须回答的强求,因此,不造成对听话人的面子威胁,对交际双方的关系远近也不敏感,使用范围比较广泛。用于关系比较亲密的人之间时,特别是在疑问句中可以表达出格外的关心态度,也有利于拉近交谈双方的关系。

而"吧"属于一个高值形式,对交际双方关系的远近不敏感。它的使用有利于维护听话人的面子,无论是关系远的人还是关系近的人,使用它都可以实现礼貌的目的。

因为语气助词所表达的情态意义不同,与礼貌原则的关系也是从不同侧面得到实现的,所以,通过说话人对语气助词的使用可以窥见其心理与性格特征。比如,不同的作家作品对语气助词就有不同的偏爱。老舍喜欢用"呢",柳青喜欢用"啊",这也构成他们作品的风格差异:一个慎思多虑,一个热情豪迈(吴振邦,1984)。

另外,在日语和汉语中,语气助词的使用都表现出明显的性别差异。日语语气助词不但男女使用频率上有很大差别,而且,男女也可能选用不同的语气助词表达相同的意义。如:

　　そうだな。(是这样的啊)

　　そうですね。(是这样的啊)

前者粗犷,多为男性用语;后者相对细腻一些,女性使用。

在汉语里,男性和女性在陈述句和感叹句中对语气助词的使用无明显差别,但在疑问句和祈使句中,女性对语气助词的使用明显高于男性(曹志耘,1987)。这个现象证明了 Tannen 的发现,即女性可能更为关注交际双方的和谐关系,对听话人面子的考虑更多(周虹、祝畹瑾,2001)。因为祈使句和疑问句都对听话人有所要求,对听话人的面子存在潜在威胁,语气助词的使用有利于降低面子威胁的程度。

总之,语气助词"啊、吧、嘛、呢、着呢、呗、吗、来着、不成、罢了"共同构成了汉语的传态语气系统,分割着汉语的意态范畴,它们都表达了说话人在交际中对听话人交际身份的主观处置态度,试图建立说话人和听话人之间的交际关系,可以满足汉语使用者不同的交际需要。因为语气助词语法化的是说话人对听话人的态度,所以属于交互主观性。

最后看一看在语境中说话人是如何综合利用不同的语气助词来实现交际意图的:

　　(23)戈:可这事儿也太好了。好得都悬了。这年头儿还有这种好事儿,我真是头一次遇见。

　　何:对生活失去信心了【吧】。不相信这世界上还有好人了。这也难怪。这几年【啊】,资产阶级自由化把人心都搞乱了。什么理想【啊】、信念【啊】、前途【啊】、高尚的情操【啊】,都没人信了。我不怪你们,年轻人【嘛】,容易摇摆,这么着【吧】,你们回去再好好儿想想,前后左右都想到了,要是觉得有问题就算了。要是觉得可以干,信得过我,就给我按名片上的号码儿打个电话。我给你们几天时间考虑,好好儿想想,看看到底会损失什么。啊?

说话人"何"首先根据听话人"戈"的话推知她"对生活失去了信心",但他将确认权交给了听话人。随之,当他要对社会风气发表一些议论,以给"戈"刚才的言行找理由时,他使用了"啊",以表示对所说的话是有把握的,听话人应当倾听并接受他的议论。随后,他话锋转过,要对听话人刚才的言行进行批评,这时候,他使用了"嘛",尽量将自己的话以一种客观的面貌展示出来,表明自己的批评是有客观依据的。批评过后,他提出了一个建议,使用的是"吧",由听话人自己决定是否要执行他的建议。

第九节　语气助词与话题标记[①]

作为话语情态标记,语气助词最常出现的位置是句末,但核心语气助词"啊、呢、吧、嘛"也常用于句中,特别是话题停顿处、假设小句末。因而,不少文献将语气助词当作是话题标记(曹逢甫,1995;徐烈炯、刘丹青,2007;方梅,1994)或主位标记(张伯江、方梅,1996)。强星娜(2011)也以此为前提探讨过汉语话题标记与日语、韩语话题标记的差异。

一、话题停顿处的语气助词仍有情态义

本书认为,句中语气助词常常出现在话题位置,并不能等同于话题标记。之所以这样说,是因为语气助词既可出现在话题位置,也可出现在非话题位置,包括定中短语(例1)、状中短语(例2)、述宾短语(例3)、述补短语(例4)之间,如:

(1) 这个总政啊,有一些个人哪,就选拔一些个【呀】,当讲解员的。

(2) 回家以后,他舒舒服服地【呢】洗了个热水澡。

(3) 我觉得【吧】,你特有才气哎。

(4) 我一天到晚忙得【啊】,根本就没时间打扮。

另外,语气助词用于句中时,虽然交互主观性意义有所减弱,但其情态意义并未完全丢失。在具体语篇中,话题停顿处究竟选择使用哪个语气助词并非完全是随意的。如:

(5) 我认识王眉的时候,她十三岁,我二十岁。那时,我正在海军服役,是一条扫雷舰上的三七炮手。她【呢】,是个来姥姥家度暑假的初中学生。

(6) 你表现得像个无赖,而阿眉【呢】,也做得不好,像个资产阶级小姐。

在这两个语境中,"呢"的使用都是最合适的。例(5)中,前文"我"和"王眉"是对举出现的,所给信息也是对称的。那么,在说明了"我"当时的工作之后,需要说明"王眉"的身份信息。说话人用"呢"激活作为对举项的"王眉",点明后面所要补充的信息是与"我"的信息相对称的。出现在对举项后面,补充与前文另一对举项

---

① 此次修订依据徐晶凝(2016)《语气助词是否话题标记》对本节的内容进行了较大调整。

相对称的信息，"呢"是最合适的选择。但在下面的语境中，"啊"则成为更好的选择。

（7）甲：那时候，你是海军，她是干什么的？

乙：她【啊】，是个来姥姥家度暑假的初中学生。

（8）老和：老局长给您添麻烦怪不落忍的，您看您又派车派人去接我，透着那么关心群众，体恤下情，我这心里头【啊】，像是打翻了五味瓶，酸甜苦辣咸一齐涌心间。

例（7）中，听话人想知道"她"的身份，说话人有义务明确告知，他利用了"啊"对询问作出回应并明确告知听话人的功能。而例（8）中老和要表达对老局长的感激之情，语气助词"啊"的使用也高调宣扬了她的明确告知态度。但在下面这段对话中，说话人志国、和平在作自我批评时，都在话题后使用了语气助词"吧"，显示了一定程度上的犹疑不定，若换用为其他语气助词也是不妥的。

（9）志国：……家有长子，国有大臣，问题发展到今天，我们深感自己负有不可推脱的责任，我们俩【吧】，平时在弟妹们面前起的表率作用很不够，有时他们在背后胡乱议论您老人家的时候——我揭发啊，志新在这方面尤为恶劣——可我们不但不予制止反而随声附和，客观上起到了推波助澜的作用，错误是严重的，教训是深刻的……

傅老：不要避重就轻！

和平：我说说啊！自己【吧】，出生于一个曲艺演员家庭，虽说也在红旗下长蜜罐里泡，但由于爹妈水平有限，也难免沾染了一些旧社会的艺人习气。进入咱们这个革命家庭以后呢，在您老和志国的不断帮助下，虽然有了一定进步，但也没有完全抹去脱胎而来的痕迹……

话题后"嘛"的使用则可以凸显说话人对述题部分理所应当的态度，如例（10）中的语气助词"嘛"也是该语境中的最佳选择。

（10）"这叫什么事儿啊，厨子上咱这儿来干吗？"

"这还不明白，要评职称了，人王师傅也想弄个助编当当。文化人【嘛】，到底让人羡慕。"

张伯江、方梅（1996）认为"啊、吧"是主位标记，不带语气意义，"嘛、呢"是准主位标记，即有时是单纯的主位标记，而有时还保留着语气意义。通过以上分析可以看到，其实无论是"啊、吧"还是"嘛、呢"，都保留着各自的情态意义，还没有发展为单纯的主位标记。吕叔湘（1993）认为，用于句中时，语气助词的作用是表示停顿：

现代汉语话语情态研究(修订版)

一是提示,二是顿宕。前者是有意停一停,唤起听者对于下文的注意;后者不一定是有意为之,往往只是由于语言的自然,一口气说不完或者边说边想不得不中途打个停。从理论上来说,用于句中时,语气助词所附着的语段不具有独立的交际功能,其交互主观性特征一定是有所减弱的。然而,在说话人"有意停一停"的情况下,他究竟选择哪个语气助词来唤起听者对于下文的注意,也并非完全是随意的,因为用于句中时"啊、吧、呢"等所出现的交际语境还是有所不同的。实际上,赵元任(1979:362)早已指出,句中的"啊、嚜(嘛)"都能够为听说双方争取理解话语和组织话语的时间,但"啊"争取的是听话人把话听进去的时间,而"嚜(嘛)"争取的是说话人想一想底下该怎么说的时间,让听说双方都加以考虑的"呐(呢)",则表示提出特别一点。语气助词作为情态标记,却可以用于话题停顿处,并非汉语的独特现象。比如 Ngiyambaa 语中,也有一套自由的小词可以用于话题位置,其中很多具有情态意义(Palmer,1986:46)。

不过,语气助词用于句中时,因为它们所管辖的成分不具有独立交际的功能,它们所具有的交互主观性特征也的确是相对弱一些的,有中和倾向,有可能会"向着标示话题、标示主位的方向发展"(张伯江、方梅,1996),但至少目前尚没有充足证据将它们看作是没有语气意义的主位标记或话题标记。

我们将语气助词用于话题停顿处的用法概要归纳如下:

第一,"呢"用于对举式话题停顿,提请听话人注意,以引起听话人探索的兴趣。如:

(11) 她怎么死的,与我无关,我得值我那班去,你【呢】,留神她的鬼魂吧。

(12) 实际上呢,您欢乐,那也是与民同乐;忧愁【呢】,更是先天下之忧而忧。

第二,"啊"用于传感式话题停顿,明确告知听话人下面要给出该话题具备的特征,并希望对方倾听认同。如:

(13) 不能说老师没做到仁至义尽,这会儿不能谈的道理也讲了,但年轻人【啊】就是不知深浅,得理不让人,马锐这时开始变得无礼,继续在座位上大声说:"老师你错了,这用不着下课后再交换看法,我现在就可以给你看《新华字典》,那字念'恬'而不是'刮'。"

(14) C:heh,阿爸年轻的时候太糊涂了,所以到现在还在满街找女儿。

M:爸,这也要有本事啊!像现在这个社会,像你这样"勇"的大男人【啊】,可真不多了。

150

第三,"嘛"表示话题(概念主位)理所当然具有或应当具有述位描述的特征。如:

(15)没办法,学校【嘛】,就是这样儿,好容易学聪明了,毕业走了,又进来一帮傻乎乎自以为是的。

(16)知识分子【嘛】,知书达礼,到哪儿都得是文明、进步、现代的代表,跟谁打交道都得是不卑不亢不冷不热,既令人刮目相看又不使人感到气焰逼人。

第四,"吧"用于暂顿话题后,语气较和缓。与其他语气助词比较而言,它标记着说话人对即将表述的内容心存犹疑,或者说无论说话人的认识状态(epistemic status)如何,他表现出的认识立场(epistemic stance)是不那么确信的。如:

(17)陈大妈:醒了以后就没事儿了吧,我们还等着她开会呢。

志国:对——还开会呀? 差点儿没开追悼会。

杨大夫:这个醒了以后【啊】,有的患者【呢】,就没事了,没事了,有的患者【吧】,则会出现轻微的脑震荡综合征,轻微的,轻微的。哦……比如说这个头昏、眼花、耳鸣、失眠、恶心、呕吐,神情恍惚、智力低下,那,甚至……

杨大夫介绍第一种患者的情况时,在话题后附着的是"啊、呢";而介绍第二种患者时,则附着的是"吧",因为志国的爱人和平有可能就是这种情况,杨大夫采取了小心翼翼寻找措辞的信息传递态度。"话题+吧"可以预示说话人所选取的是一种"不确定"的认识立场。

再看一个话题停顿处综合运用语气助词的例子:

(18)……事情是这样,再有两个月就到六一儿童节了。孩子【嘛】,祖国的花朵,民族的希望,一年【呢】,就这么一个节,咱们当大人的,平时可以不管,到节了,总得为孩子们办点儿实事儿,诶,你说对吧?

说话人首先使用"嘛"表明"孩子是祖国的花朵,民族的希望",这是不言而喻的,因此,我们应当给孩子办点实事;而当进一步追加一个理由"一年只有一个儿童节"时,说话人使用的是"呢",以提醒听话人注意即将说到的事情。

二、语气助词用于假设小句末尾

在语料中只检索到"呢""吧"的用例。如:

(19)他要有良心【呢】,等你老得不能动了,能常来看看你,说几句闲话,是个寂寞中的念想,垂死前的盼慰。他要没良心【呢】,权当没养过这么个王八东西。

（20）她傍着我小声教育我："我要让你【呢】，你一时痛快，可将来就会恨我一辈子，就该说当初是我腐蚀了你。"

（21）我也为难，让她老在梦里【吧】，她老长不大；叫醒她【吧】，又怕她伤心；等她慢慢自个醒【呢】，又怕冷不丁一睁眼吓坏了。

用于假设小句的用法其实与用于话题停顿处的用法是一致的，因为假设条件小句天然具有话题性（Haiman，1978；王春辉，2012）。"呢"用于假设小句，表示如果发生了某种情况将会怎么样，是从对比的角度提请听话人关注。也就是说，语气助词"呢"用于句中，无论是在话题后，还是在假设小句后，都含有一种与已提到信息对举说明的作用，它的使用可以引起听话人联系已有知识进行探究的兴趣，这和语气助词"呢"用于陈述句时的情态意义——在预设基础上点明事实并提请听话人注意——是紧密相关的。

而用"吧"的假设小句，则多表左右为难的境况，这也是由"吧"的原型情态意义决定的：当说话人将确认权交由听话人时，两个有待听话人确认的命题对举表述，自然带有了左右为难的意义。

因此，同样都可以用于假设条件小句末，具体语境中"呢"与"吧"也是不能随意互换的。如例（21）中，说话人首先对举使用了两个"吧"，传达了自己的为难之处。接着，他使用了"呢"，请听话人注意听第三种选择下可能出现的后果。

语气助词"啊"也可以用于假设小句末，如：

（22）A：你明天上课时把这本书带给王平。

B：他要不来上课呢？

A：他要不来上课【啊】，你就交给李三。

与"呢、吧"不同的是，"啊"带有了明确将假设条件提取出来并要求听话人倾听的功能。

三、小　结

朱德熙（1982）认为句中语气助词的作用有二："一是作为停顿标记，二是表示某种语气。"本书认同这一观点。上两节主要分析了其语气意义，本节对"停顿"再作些说明。

说话人在实际的语言运用过程中，选择在什么地方使用语气助词标记停顿，要从话语表达的需要出发。大概有两种情况：一是说话人在思考、游移不决等情况下，利用语气助词停顿并提醒听话人他将继续发话。如下引例句中，说话人在使用语气助词"呀$_2$、哪$_3$、哪$_4$、哪$_8$、呀$_9$、呀$_{14}$、哇$_{15}$"时,都带有迟疑、思考、喘息停顿等特征,这表现为语句中出现词语重复或使用话语标记"这个"。如:

(23) 要提起说住房吧$_1$,在北京来说呀$_2$,在老北京来说,过去这房子,很不像样儿。

(24) 一般地像穷人哪$_3$,这个,劳动人民哪$_4$,住的房子都是小房子儿,都是土房……

(25) 军事博物馆哪$_5$,就在那时候儿建设的。建了这个馆以后呢$_6$,这个总政啊$_7$,有一些个人哪$_8$,就选拔一些个呀$_9$,当讲解员的。条件啊$_{10}$,较比高一点儿,一个是口齿得好,一个是面貌得好,体质得强。所以我这大女儿呢$_{11}$,就在这个,就被选中啦。

(26) 所以不感到啊$_{12}$这个北京和外地呀$_{13}$,有什么多大的距离了,是哇。

(27) 第一次呀$_{14}$,这个父母哇$_{15}$就由我呀$_{16}$,就来给介,有朋友给介绍一个。

二是说话人故意利用语气助词来引起听话人的重视,但并非一定要在主位位置或者话题位置,也并非必然是引起听话人对下文的重视①。如上面诸例中,例(25)中的"呀$_9$"和例(26)中的"啊$_{12}$"并非附着于主位或话题后;而例(27)中,说话人使用语气词"呀$_{16}$"时,他要引起听话人重视的信息是语气词前的成分"我",而并非语气词后的成分。

第十节 语气助词在语言类型学上的意义

在交际中,语气助词与礼貌策略有直接关系。而情态成分直接参与礼貌策略的表达,是人类语言中情态成分的一个普遍特征。如用于表达请求等言语行为时,情态助动词的使用可以使得言语行为带有委婉、试探的色彩。英语中,副词与助动词的组合常常是有效的保护交际双方负面子(例1)或正面子(例2—3)的礼貌策略(Perkins, 1983; Hoye, 1997)。

(1) Perhaps you could kindly let me have this information so that I can reply.

(2) I certainly must agree with you on that point.

---

① 张伯江、方梅(1996:37—51)认为,句中语气助词之后总是句子所表达的重要信息的核心成分。

(3) You may well be right.

语气助词所表达的意念范畴属于交互主观性,这一范畴在不同的语言中都有体现,即不同的语言都为她的使用者提供了交互主观性的表达手段:韵律的、句法的、词汇的、副语言手段等(Lyons,1995:341)。但语言本身如何表达交互主观性以及交互主观化的程度却因语言而不同,因此,语气助词的情态表达特点,可以为语言类型研究提供一定的依据。

一、"吧"与日语"ね"、英语附加疑问句

语气助词不仅是汉语的一个重要情态表达手段,在其他汉藏语系诸语言以及阿尔泰语系、南亚语系、南岛语系乃至非洲的闪含语系、班图语系的语言中,也都存在数量不等的语气助词。不过,不同语言中的语气助词用法并不完全一致。比如,与汉语比较起来,日语似乎更加看重语气助词对人际关系的建构作用。以日语语气助词①"ね"与汉语"吧"的用法为例。

日语的ね也可用于含有"确认/征求听话人同意"口气的句子中。如:

(1)「雪はまだなんですね?」明は菜穂子の方を同意を求めるような目つきで見ながら、露台の方へ出て行った。

("还没下雪吧?"明一边带着征求菜穂子同意的目光看着她,一边向阳台走去。)

但与"吧"的句法分布不同,"ね"可以用于所有句类:陈述句、疑问句、祈使句、感叹句。如:

(2)若いのがいいね。 (年轻的比较好吧。陈述句)

(3)謡の会の団体旅行かね? (是谣曲会的团体旅行吧? 是非疑问句)

(4)二時か三時前だったわね? (两点还是三点以前? 选择疑问句)

(5)ほんとうに明日帰りなさいね。 (真的,你明天就回去吧。祈使句)

(6)人間なんて脆いもんね。 (人是多么脆弱啊! 感叹句)

"ね"的这种分布说明,相比于"关心命题的真值",说话人更关心交际双方和谐一致的关系。即说话人主要不是为了让听话人针对他提供的命题信息进行确认,而只是为了征求听话人对"自己"的认可,建立起双方之间的一种"协议"态度,"ね"起着"润滑交际双方关系"的作用(Maynard,1993:第六章)。正因为此,日语说话人

---

① 在日语的语法术语体系中,ね等附着于句末的虚词,叫作终助词。为避免费解,本书直接使用语气助词来指称。

在交际时,频繁使用"ね"以不断地确认对方的认可态度,交际双方交互使用"ね"的对话场景也很常见。比如在《中国からの帰国者のための生活日本語》141页有这样一段对话,"隣の人"(旁边的人)作为信息的提供者,虽然对信息具有绝对把握,但仍使用了"ね"(加下画线的语句)。

(7) 林さん:あのうこのバス第三中学の前で止まりますか?

(请问,这趟车在第三中学门前停吗?)

隣の人:<u>このバス行きませんね</u>。ええと18番の川口駅西口行きが行くと思いますよ。

(这趟车不去。18号开往川口站西口方面的车去。)

林さん:18番ですね。どうもありがとうございました。

(18号,是吧? 非常感谢。)

通过以上的分析可以看出,虽然同是表示"交由听话人确认","吧"与"ね"的使用出发点却不太一样:"ね"更多地关注对听话人以及交际双方关系的考虑;而"吧"的使用还同时表达了说话人对语句内容的弱传信态度,因此它不能用于非是非问句和感叹句中。"吧"凸显客观信息取向(objective information-oriented),而"ね"凸显交际情感取向(interactional emotion-oriented)。

英语中与"吧""ね"大致相当的表达手段是附加疑问句(tag question),根据Lyons(1977:765),附加疑问句有两个功能:一是回声附加(copy tags),用来表达说话人对命题所描写事态的态度,如惊讶、怀疑、讽刺等,如 The door isn't open, isn't it?;一是检验附加(checking tags),用来引导听话人接受或拒绝呈现给他的命题,也就是征求听话人的确认,如 The door is open, isn't it?。不过,Brown(1981,转引自Celce-Murcia & Larsen-Freeman,1983)通过对美国英语口语和书面语的调查指出,回声附加问的使用比例很低,仅约为5%;而另95%的附加疑问句主要有五种功能,如下:

表示推断:So that proves malice, doesn't it?

寻求同意:They keep coming back, don't they?

要求证实:Science is your favorite subject, isn't it?

表示怀疑:They can't get that big, can they?

表示意见:But that makes a mockery of belief, doesn't it?

所以,英语附加疑问句实际上与汉语的附加疑问句"……是吧/对吧/是不是/对不对?"大致相当,说话人对命题信息更为关注,相对来说,对交际双方关系的建构考虑就次要一些。Celce-Murcia & Larsen-Freeman(1983)指出在祈使句之后所使用的一种附加问套语,有时候具有缓和语气(口气)的作用,这使得语句更接近请求或邀请,如 Come in，won't you?

二、"啊"与日语"よ"的比较

"啊"在语义上与日语的"よ"比较相近,但也有差异。相同之处是,"よ"也表示"将发话内容传达给听话人"(伊豆原英子,1993；Maynard，1993)。它可以用在陈述句句末、呼语后、反问句和祈使句中。如:

(8) これは山田さんの本だよ。(陈述句句末)

(这是山田的书啊。)

(9) 太郎よしっかりやれ。(呼语后)

(太郎啊,好好干。)

(10) 何言ってるのよ。(反问句)

(胡说什么啊!)

(11) 遅いから早くいけよ。(祈使句)

(晚了,快走啊。)

(12) 約束を忘れるなよ。(祈使句)

(别忘了约会啊。)

但是,与"啊"不同的是,よ不能用于是非问句和特指问句中。如:

(13) * Tanaka さん　は　　　いきますかよ?

　　　田中　先生〈话题标记〉　去〈疑问标记〉

(14) * だれ　が　　　いきますかよ?

　　　谁〈主语标记〉　去〈疑问标记〉

也就是说,在高传信式告知并希望听话人接受这两点上,よ与"啊"是一致的。但よ只能用于反问句而不能用于一般疑问句,可能反映了"啊"与よ的一个重要区别。一般疑问句的用途是向听话人索取信息,信息掌握在听话人手中,说话人不是"知情一方";而反问句是无疑而问,说话人实际上对信息很有把握,因此,よ与"啊"在疑问句中的这种分布差异表明,日语的よ只能将命题信息作为高确信度并要求回应的传递物,而不能将"言说目的"作为传递物。

从礼貌表达的角度来说,用よ的句子也带有对说话人面子的威胁,所以,尽管公司职员提醒部长开会时间,本来由他掌握着信息,他也不能使用よ,而使用了ね

（转引自 Maynard，1993：195），如：

（15）部长，じゃ会議は三時ということね。（部长，会议是三点。）

＊部长，じゃ会議は三時ということよ。（？部长，三点开会啊。）

但汉语的"啊"在这种语境下却是可以使用的。因此，虽然よ用于关系亲密的人之间时，也可以保持或建立亲密关系，但它的这种语用功能并没有独立出来；与"啊"相比，よ对听话人的面子威胁更被日语说话人看重。

三、交互主观性表达的跨语言差异

在英语的词汇—句法系统中很难找到与"啊、吧、よ、ね"等语气助词相当的语言形式，语气助词所表达的交互主观性意义，英语主要是通过语调等韵律特征表达的。比如，James（转引自 Green，1989：136）认为 ah 用来表达即将出现的信息对说话人来说是新的，若带有高、平语调，它暗示即将出现的内容只是一个有意的选择，还可以有至少一个别的同样正确或合作性的选择。如：

（16）Mr. Eks will arrive at，ah，3：35.

（17）A：Where are we going to get to Chicago?

B：Be ready to leave at，ah—2：00，and we'll be there by 6：00.

Huang（1980，转引自 Celce-Murcia & Larsen-Freeman，1983）认为，英语附加疑问句的两种语调模式，可以表达说话人需要听话人给予何种程度的确认。如：

升—降调：Marge has a car，doesn't she?

Marge doesn't have a car，does she?

升调：Marge has a car，doesn't she?

Marge doesn't have a car，does she?

如果说话人使用了升—降调，他要求得到确认的预期比较强烈；而如果使用了升调，预期便不那么强烈，此时的附加问句与一般是非问句功能相似。

此外，还有其他一些规约化的表达手段，如 Lakoff 等（转引自 Green，1989：137）认为 well 表示后面的回答是不完整的。如下例中说话人使用 well 表示他对自己的手表是否走得很准并没有十足的自信：

（18）A：What time is it?

B：Well，my watch says 2：30.

Crystal & Davy 等（转引自 Brinton Laurel J，1996：186）认为 you know 可用来

引起听话人的注意,含有"听话人没有被看低,而是早已知道事实,说话人在此只是澄清一下"的意思,是一种拉近距离的信号(intimacy signal)。

根据 Hoye(1997:213),作为一个普遍原则,句子副词(sentence adverbial, disjuncts)在语句中的位置,具有指示出说话人对命题承诺度(affinity or commitment)的功能。当句子副词被放在句首时,说话人的态度是最突显的,……它立即建立起了说话人的权威,以及他希望对将要说的话所采取的立场。位于句末位置时,句子副词也标记说话人在场,……具有一个基本目的:公开向听话人指示出要他顺从句子命题的内容。如:

(19) Obviously, they are divided among themselves.

(20) Given the circumstances, you could always consider handing in your resignation, of course.

所以,"副词的出现与位置不能仅仅从句法和语义上加以解释,它们的分布与功能还……受影响于很多语篇因素,如说话人与听话人的关系,他们的态度、信仰和个人动机、语言行为发生的场景等"(Hoye,1997:212)。"副词插入表面上的随意性,却可能增添情感色彩(emotional overtone),或者使语句内容听起来更易于接受,可能是说话人获得听话人反应的一种策略"(Hoye,1997:214)。

不过,上述这些表达手段相比于汉语、日语等语言来说,语法化程度较低,英语尚没有独立的语法范畴专用于交互主观性的表达。而且通过第一部分对"吧、ね"以及英语附加疑问句的分析也可发现,英语的客观信息取向的特点更为强烈一些。

再以汉语、日语和英语的副词"反正、どうせ、anyway"为例,来看一下三种语言的差异。

汉语"反正"一词,有两个表达功能,一个是表达说话人对推论前提的主观断定,即推论前提与推论结果间的因果关系是说话人主观断定的,不一定描写客观世界中存在的因果关系。如:

(21) 世钧向她望了望,微笑道:"我知道你一定很不高兴。"曼桢笑道:"你呢,你很高兴,是不是? 你住到南京去了,从此我们也别见面了,你反正不在乎。"

另一个则表达"无论如何","强调在任何情况下都不改变结论或结果",这一意义与第一个意义有密切的关联,因此语篇中这两个意义常常是融合(merger)在一起的。如:

(22) 不知那算是问候,还是算是微笑,反正我知道那就是他对我的致意。

于是,我也就立即咧开嘴,微微一笑,算是对他这种致意的回答。

　　(23) 我不晓得母亲是什么模样,或高或低或俊或丑,反正她是我母亲,她一定是一个非常慈善的老人,她见了我一定会发出会心的微笑。

无论是哪一个意义,"反正"都表达了说话人的主观态度,即使是对客观世界的描写,也带有说话人的主观评述在内。而英语 anyway 还可以用于对客观世界的单纯描写。如:

　　(24) Are you going to Tokyo anyway?

　　(25) Undoubtedly, Sasaki wants money anyway.

日语"どうせ"一词,除了表达说话人自身的声音以外,还含有邀请听话人分享他的认知过程的意义,说话人使用"どうせ"时,可能期望或至少猜测听话人与他有相同的态度(Maynard,1993:144)。如:

　　(26) 同じことだよ,どうせ 俺は 若い女 きむじゃない。

　　(一样的啊。反正年轻女人都不认为我合适。)

因此,似乎可以认为,三种语言中,日语是最为看重交互主观性的[①],英语更注重主观与客观的对立,汉语则似乎介于两者之间。但无论是使用哪种语言进行交际,说话人都会将交互主观性作为一个问题加以注意。区别只在于不同语言所采用的方式可能有所不同,语法化的程度也有所不同,并且概念化的维度也可能有差别。

比如英语中情态助动词的过去时形式,可用于委婉表达,而且某些情态副词与助动词的组合已经成为固定的礼貌表达式,如 Hoye(1997:132)所举的一些例子:

◎ Would (you) kindly/please …?

◎ Could you possibly book the car in for a service?

◎ Mr. Danby, may we just try and see if we can …?

◎ You wouldn't perhaps like to chair the meeting this time …

◎ Perhaps he might like to take this opportunity to reemphasize his support.

而日语和汉语却没有这种规约化了的组合表达式。不同语言对同一个语义领域会采取不同的概念化方式。可能汉语、日语主要借助于语气助词来完成交互主观性,便无须再在副词—情态助动词的组合上下更多工夫。

---

　　① 　根据 Ohta(1991),日语真实自然会话中,高达 78% 的语句含有一个或多个认识情态标记。Trent(1997:412—430)指出日语社团中,交际双方都不喜欢过于清晰地表达自认为某事真实,即使说话人对命题的承诺度很高,也常常在句末加上疑问的意味,向听话人表示一种交互态度:确认他是否同意,或提醒他也拥有同样的信息,甚至真的质疑自己是否正确。对交际双方关系的关注几乎成为交际中首要考虑的因素。

第六章　情态助动词表达的情态分系统

本章首先对情态助动词的已有研究作一简要回顾,然后确定情态助动词的句法特征,划定情态助动词的范围,最后对情态助动词的情态表达系统进行描写:将之划分为认识情态、道义情态和能动情态三个情态域,并在各个域中区分了不同的维度。情态域和情态维度的划分有助于从情态表达的角度揭示情态助动词的连用规律。

第一节　情态助动词研究回顾

20 世纪 80 年代以前,中国境内学者对情态助动词的研究主要集中在对它的词性及句法特征的描写上,几乎没有涉及情态助动词的语义研究。情态助动词到底是副词(王力,1984:29;吕叔湘,1993:17)、动词的一个小类(黎锦熙,1955:122;郭锐,2002:191),还是应该单列一类(高名凯,1948;胡裕树,1979),这曾经是情态助动词研究中一个颇有争议的问题。在 20 世纪五六十年代汉语词类问题的大讨论中,情态助动词的句法特征得到比较充分的描写,为确定情态助动词提供了较为明确的形式标准。从此,语言学界基本上接纳了动词小类这一说法。根据已有研究,情态助动词与动词、副词相比,在句法特征上的差异大致如下表所示:

表 6.1　情态助动词与动词、副词的语法特征对比

	动　词	情态助动词	副　词
单独做谓语	+	+	−
X 不 X?	+	+	−
重叠	+	−	−
可带"了₁、着、过"	+	−	−
后带 VP:动宾结构	+	+/−①	−

---

① "情态动词＋VP"的句法结构,学界观点不一。黄伯荣、廖序东(1997)将之看作是状中结构,而朱德熙(1982)将之看作是述宾结构。

（续　表）

	动　词	情态助动词	副　词
带 NP 体词宾语	＋	－	－
不 X 不	－	＋	－
命令式	＋（自主动词）	－	－
受"很"修饰	－（心理动词除外）	＋（很可能）	
后带 VP	动词有时不可抽掉	情态助动词可抽掉	副词可抽掉
后带 VP:偏正结构	＋（陪坐、合请）	＋/－	＋（快看）
后带 VP:连动结构	＋（去看）	－	－

可见,情态助动词与动词具有一些共同的句法分布特征,也具有一些不同的句法特征,将它们单列为动词的一个次类也是有根据的。不过,情态助动词个性比较强,学者们也认识到作为划类标准的这些句法特征大都不具有对内普遍性和对外排他性①。

情态助动词是一个封闭类,但是情态助动词到底包括哪些成员,不同学者因为所持划类标准不同,列举出的数目也有很大差异。如:

表6.2　不同论著中的情态助动词成员

赵元任(1979)	刘坚(1960)②	朱德熙(1982)	丁声树(1979)	孙德金(1997)
能、能够、会、要、想、想要、要想、爱、愿意、情愿、乐意、喜欢、高兴、肯、可以、准、应该、得、必须、不用、敢、好意思、怕、值得、懒得、省得、乐得、不便、好、不配、不要、别、甭、没有	能、要、会、敢、肯、该、配、想、爱、愿意、能够、可以、可能、应该、应当、需要、乐意、喜欢、希望	能、能够、可以、会、可能、得、敢、肯、愿意、情愿、乐意、想、要、应、应该、应当、该、许、准、值得、配、别、甭、好	能、能够、会、可以、可能、得(dé)、敢、肯、愿意、要、得(děi)、应、应该、应当、该	爱、打算、得、该、敢、敢于、高兴、好意思、容易、想、需要、要、应、应该、应当、用、会、可、可能、可以、肯、乐意、能、能够、配、情愿、用得着、愿意、准备、必须、得、得以、好、懒得、乐得、企图、妄图、妄想、足以、最好

---

① 在英语等印欧语中,情态助动词除了具有不同于其他主要动词(main verb)的"优雅品质(NICE property)"外,也具有其他一些独特的句法特征,如:无被动语态,不需带不定式标记(to),要求动词而非名词词组或副词词组充当补足语,无第三人称单数形式,过去时形式可用来表示现在和将来,不能形成祈使句等。

② 刘坚(1960)还认为带有文言色彩的"可、喜、应、须、愿"以及方言色彩的"高兴、好"也可以归为助动词。

总的来说,有争议的词主要集中在三类:一是现在通常划归为心理活动动词的,如"喜欢、爱、打算、希望"等;一是或可划归为副词的,如"别、甭、必须"等;还有划归其他一些动词小类的,如"配、懒得、值得、省得、乐得"等。

这是非常值得引起注意的一个现象。因为这些词从意义上来说,或与人的心理、意愿有关,或与命题真值可能性或道义有关,或与说话人对命题或某行为的评价有关:这些意义都与情态有联系。意义与形式是语言表达式的两个方面,它们之间应当可以互相印证。表达相近意义范畴的词语在句法分布上互有交叉的可能性会比较大。那么这些词语是否该归为情态助动词? 它们是否可以划归某个大类? 这些都是需要进一步研究的问题,详见下节。

20世纪80年代以后,情态助动词的语义开始得到学者们的关注。尤其是对外汉语教学界,出于教学的需要,开始对情态助动词的语义进行比较细致的描写(许和平,1992;郭昭军,2003;鲁晓琨,2004等)。值得注意的是有学者对情态助动词进行了语义小类划分。如丁声树(1979)将情态助动词分为三个小类:表示可能的、表示意志的和表示情理、习惯或事实上的需要的。胡裕树(1979)则分出了两类:表示主观意愿的和表示客观要求的。这些划分虽然没有引用情态理论,却极切合情态研究的大框架,体现了我国学者对语言事实的准确的直觉把握。

自廖秋忠(1989)在《国外语言学》上译介 Palmer 的《语气与情态》(*Mood and Modality*)以来,汉语语法学界开始关注情态的研究,有意识地将情态助动词的研究纳入人类语言的情态研究中来。熊文(1999)是比较早关注情态研究的,她第一个探讨了汉语情态助动词的解释成分。王伟(2000)借鉴情态的研究成果,采用认知模型的理论框架,分析了汉语情态助动词"能"的意义与用法,为该模型的立论提供了汉语的例证。在古汉语学界,马悦然(1982)对古汉语情态词"其"的语义作了研究,将其分为认识情态义和义务情态义。而李明(2002)对两汉时期助动词的系统研究,也自觉地坚持了情态的视角。他将两汉时期的助动词分为四个大类:认识、道义、估价和条件:

表6.3 李明(2002)对两汉时期情态助动词的分类

认识	能 得(表主观推测的可能);宜 当 应(表推断)
道义	可 可以 得 能(表许可);宜 当 应 欲(表应当)
估价	足 足以 可
条件	能 得 足 足以 可 可以 肯(表客观条件可能);须(表客观条件必要)

不仅如此,李明(2001)还从语义演变的角度探讨了情态助动词的历史发展,证明了汉语情态助动词的演变也遵循着人类语言助动词普遍的演变规律[1],是迄今为止对汉语情态助动词语义演变研究最为深透的一位学者。此外,段业辉(2002)、朱冠明(2008)也分别对中古汉语和《摩诃僧祇律》中的情态助词进行了系统描写。

然而,中国境内学者还尚未触及现代汉语情态助动词在情态表达上的总体面貌,而在中国境外汉语学界的研究中,这方面的研究却有不少。谢佳玲(2004)有过介绍,转引如下。

Tsang(1981)首先严格限定了情态助动词的判定标准:不能带时貌标志,如"了[1]""着";不能单独形成祈使句;能出现在时间副词之前或之后;除了带时间副词的情况之外,总是出现在句子的第二个位置;与其后的动词之间不能加入名词组。据此标准,他将情态助动词限制为如下几个:

表 6.4 Tsang(1981)对情态助动词的分类

	表可能性	表必要性
认知情态[2]	会	该 要
义务情态	能 能够 许	该 要

Tiee(1985)将情态分为三类:认知情态、义务情态和动力情态,并将情态助动词的句法特征概括为:总是出现在主要动词之前;可以与其他的情态词连用;通常以副词"不"形成否定;用来强调谓语而非句子的情态。他的情态助动词包括:

表 6.5 Tiee(1985)对情态助动词的分类

	表可能性	表必要性
认知情态	会	该 应该 应当
义务情态	能 能够 可以 准 许	得 必得 必须 要 需要
动力情态	能 要 肯 敢 愿意	得 必得

词库小组(1993)认为汉语中表达法相(modal)的策略有六种:情态助动词(会)、副词(也许)、动词(行)、语尾助词(吧)、片语(有希望)、复合词(输定)等。并将前三类合并为一个大类,称为法相词,属于副词的一个小类。因为它们具备共同的句法

---

① 关于英语助动词的演变研究,可参看 Givon(1995)、Sweester(2002)、Bybee 等(1994)、Heine(1995)等。
② 认知情态、义务情态、动力情态是 Tsang(1981)、Tiee(1985)等文献中使用的术语表达方式,与本书所谓的认识、道义、能动情态对应。

特征:可位于主语与谓语之间;只能后接动词组;与主语之间没有语意限制;位于地方副词、方式副词、"把""被"句与工具格介词片语之前,且认知类在义务类之前,认知类皆可接"会",义务类多可接"要";认知类接的动词时态不限,义务类接的动词组不可带完成、进行等时貌;认知类可与各种动词组合用,义务类不可与完成动词或一部分状态动词合用。

汤廷池、汤志真(1997)认为汉语的情态词包括语气词、情态副词和情态助动词与情态形容词,后两者就是传统所谓的助动词。他们认为助动词的句法属性是:能单独作答语,其或能单独作谓语;能形成正反问句,且能否定;能充当分裂句的信息焦点,出现在"是"之后;充当谓语时,能出现在"是……的"句式,以名物化形式充当信息焦点;情态形容词能受程度副词修饰,也能出现在比较句中;能出现在否定副词的前面或后面;允许同类或不同类情态助动词或形容词连用。他们的分类体系是:

表 6.6 汤廷池、汤志真(1997)对情态助动词的分类

认知情态	推测意义	可能 应该 会 要
义务情态	以说话者为义务来源	可以 应该 要
	以主语为义务来源	能够 愿意 敢

黄郁纯(1999)认同 Li & Tompson(1981)的分析,将能愿动词的句法属性描写为:必须与动词一同出现;不能后接"了""着""过"等时貌标志;大部分不能受"很""更"等加强语修饰;不能被"是……的"名物化;不能出现在主语之前;不能直接接宾语;能与主语单独形成答句;能形成正反问句。他的分类体系为:

表 6.7 黄郁纯(1999)对情态助动词的分类

	小 类	能愿动词
认知意义		会 应该 不会
义务意义	个人义务(表权威)	能/可以 不能/不可以
	个人义务(表承诺)	要 会 可以 不会
	社会义务	要 应该 不应该 不要
潜力意义	能力意义	会 能 不能 不会
	条件意义	能/可以 不能
	性能意义	能/可以 不能
泛指意义		会 能 不能 不会
意愿意义		要 想 不想 不要

他还指出以上能愿动词的连用必须遵循如下顺序:逻辑取向(认知意义)——言谈取向(义务意义)——主语取向(潜力意义、泛指意义、意愿意义)。

另外,朴正九(1996)根据句子的深层结构、情态助动词与主语在格位指派上的关系、情态助动词在句法作用(如提升动词和控制动词)上的不同等标准,将汉语情态助动词分为三大类:

表 6.8　朴正九(1996)对情态助动词的分类

说话者取向	认识性情态	可能(possible)　应该(should)
	义务性情态	可以(may)　必得(must)　应该(should ought)　会(future-predicted)
主语取向	能力性情态	会(be able to)　能(can)　愿意(be willing to)　要(want)　可以(can)

可以看出来,中国境外学者对情态助动词的研究,基本上都采纳了 Palmer 的框架。他们的研究方法和结论也都大同小异,不同之处大概源于研究范围的大小不同,对具体情态助动词词义的归纳上也有出入。

第二节　情态助动词的句法特征及其范围确定

前文说过在情态助动词的归属上存在争议的词语主要有三类:一类是"喜欢、打算、爱"等词,一类是"必须、别、甭"等词,一类是"懒得、值得、配"等词。这些词从意义上来说,或与人的心理、意愿有关,或与命题真值可能性或道义有关,或与说话人对命题或某行为的评价有关,这些意义都与情态有联系。第一类词语现在一般划归动词的一个次类,称作心理活动动词。而第二类词语中,"必须"在意义上与"可以、应该"等情态助动词分割同一个意义领域,但在语法分布上虽与情态助动词有交叉,却也有不同之处,因而是否划归情态助动词仍有争议。"一定"也有同样的问题。第三类词语是动词的一个小类,但是否是情态助动词也有不同的意见。

其实这种划类困难的现象也并非汉语所独有。比如英语,Quirk 等(1985:136—137)认为在助动词和主要动词之间存在一个连续统,越是靠上的词语,其意义越是与情态、时、体有关。只有核心情态助动词才分享共同的句法特征,而边缘助动词、情态习语和准助动词在句法分布上与核心助动词并不完全相同,但它们也能用来表达情态意义。

表 6.9　表达情态意义的词类连续统

One verb phrase① （单动词组）	Central modals （核心情态助动词）	can, could, may, might, shall, should, will/'ll, would/'d, must
	Marginal modals （边缘情态助动词）	dare, need, ought to, used to
	Modal idioms （情态习语）	had better, would rather/sooner, be to, have got to, etc.
Two verb phrases （两动词组）	Semi-auxiliaries （准助动词）	HAVE to, BE about to, BE able to, BE bound to, BE going to, BE obliged to, BE supposed to, BE willing to, etc.
	Catenatives （搭桥词）	APPEAR to, HAPPEN to, SEEM to, Get ＋-ed participle, KEEP＋-ing participle, etc.
	Main verb＋nonfinite clause(主动词＋非限定性小句)	HOPE＋to-infinitive, BEGIN＋-ing participle, etc.

另外,英语可用于情态表达的词语,还有名词、形容词、副词等,它们彼此之间以及它们与助动词和动词之间的分界,是比较清楚的。如:

（1）There is possibility for me to go to China this year.（名词）

（2）It's possible for me to go to China this year.（形容词）

（3）Possibly /perhaps I will go to China this year.（副词）

（4）I may/will go to China this year.（助动词）

（5）I intend to go to China this year.（动词）

而汉语可以表达情态意义的词语,在词类属性上却不那么容易分开。因为汉语缺乏严格的形态变化,词类的确定只能依据分布;而有些词语在句法分布上有可能兼具不同词类的典型句法分布特征。拿"难免"来说:

"难免"一词,可以用来进行估测,从情态表达的角度看,它是一个认识情态的表达手段。但它到底属于哪个词类,却存在很多争议:《现代汉语虚词用法小词典》认为它是副词,但还有动词的用法;《现代汉语八百词》认为它是一个形容词;《现代汉语虚词例释》认为它是副词,但还有实词的用法。"难免"的句法分布大致可以描写如下:

---

①　意思是:在 I can go 中只包含一个动词词组,而 I hope to go 中则是一个限定性动词词组后还有一个非限定性动词词组。

（6）可做定语：这也是【难免】的事儿。

（7）可单独做谓语：她是个孤独的人，多心眼儿当然【难免】。

（8）用于"是……的"构式：照这个情形说来，夏秋的苦雨是很【难免】的。

（9）常用于动词性成分前：文言和白话并存，【难免】互有影响。／翻来覆去，【难免】厌烦。

根据语料统计来看，"难免"用于谓词性成分前的用法是最多的，在这一点上它似乎与副词接近。同时，它还有形容词的分布特征，如例（6）（7）（8），但与一般形容词不同的是，它不能后加"地"做状语。

如果将"难免"看作副词，与典型副词不同的是，它不仅仅用在谓词性成分前，而且，与其后谓词性成分间的语义关系也不是修饰语与中心语的关系，因为"难免×"都可以转换为"×是难免的"，"难免×"应当理解为述宾结构。

但是，如果将"难免"当作动词，它又不具备动词的典型特征："难免"不能接受否定词"不、没"的修饰，不能肯否连用表示疑问，不能带时体标记等。

从"难免"的分布情况看，它与情态助动词"应该、可以、可能"比较接近。但是，在肯否连用表疑问上，"难免"又与它们不同。

再比如"想"。"想"在大多数的语法论著中都被看作一个助动词，但它同时还具有典型动词的句法分布：可带体词性宾语，可带程度补语（如：想得要命），可带时体标记（如：这个问题我没想过）等。因此，有学者（蒋平，1983）将它看作是一个动词。

"可能"一般被看作是典型的助动词，但它同时也具有名词的分布特征：可做"有"的宾语，可受数量词修饰（例10），可做定中结构的中心语（例11）。如：

（10）有这个【可能】！

（11）我感到自己肩担着一件重要使命，如果留在白宫的【可能】成为泡影的话，那么，我们就只能寄希望于另一位有责任心的女士来完成这一使命了。

还具有形容词的分布特征：可受程度副词修饰（例12），可以做定语（例13），可单独做谓语（例14—16），可受"不"修饰（例13、15）。如：

（12）或许是真的发送光了，也可能是认为留几张不伤大雅，更【可能】的却是中饱了私囊，故意借机图利！

（13）如果没有选择（也即直接由内部动机来决定）我们便无法做我们想做的事情的话，那么包括选择的意志将必然成为不【可能】的事情。

（14）我哈哈笑了，说："【可能】吧，我还能想象出许多你不能容忍的事，在你那胆小鬼的世界里,有许多这样不可容忍的事吧?"

(15)"不【可能】,"我说。

(16)我想:要是【可能】,我真想让他们大吃一顿,一直吃到他们不愿意再看见白薯为止。

"可能"用于谓词性成分之前时,它的意义与上面用法中的意义并没有明显的不同。因而,《现代汉语八百词》将"可能"分为两个:一是形容词,一是副词。

上述的词语在句法分布上存在的交叉重叠现象,应该是它们在语法化过程中遗留下的层叠现象(layer),即同一个词语在语法化的不同阶段上的句法特征并存。如"想"和"难免",很可能在语法化的过程中保留了一些实词的句法属性。从语法化的过程看,"想""难免"从带体词性宾语发展到带谓词性宾语,适用范围逐渐扩大;与此同时,动词的典型范畴特征逐渐减弱①(如时体标记逐渐丧失)。而汉语缺乏严格的形态变化,语法化前后的不同只能通过隐含的句法操作属性看出来,这就使得分布复杂化了,词类的确定也变得相当复杂。

一般来说,语言的形式和意义是具有原型对应关系的,表达相关意义的词语在语法特征上往往具有共同之处;而语法特征存在交叉关系的那些词语也往往表达相关的语法意义。在现代汉语中,那些与情态表达相关的词语,在词类属性上也存在着互相纠缠的现象,在句法分布上难以截然分开,而是形成了一个连续统,也是自然的现象。

本书在处理某个情态表达形式是否属于情态助动词时,坚持四条原则:一是情态助动词是一个原型范畴,有典型成员和非典型成员;二是句法上要有形式上的依据,既包括句法分布特征,也包括词语之间的共现顺序,从汉语情态表达的总体特点通盘考虑句法分布复杂、归属难定的词语;三是将是否表达情态意义作为一个重要的参照标准;四是将情态助动词放在情态表达形式的连续统中进行考察。综合考虑之下,本书采纳朱德熙先生(1982:61)的分类标准,并增加了一条:可以放在"不~不 verb"格式里。即:

① 只能带谓词宾语

② 不能重叠

③ 不能带后缀"了₁、着、过"

---

① 关于范畴特征减少(去范畴化 decategorialization),可参看 Hopper & Traugott(1993)。

④ 可以放在"～不～"的格式里

⑤ 可以单说

⑥ 可以放在"不～不 verb"格式里

因此,从整个汉语词类体系及情态表达体系出发,我们倾向于将"想"看作两个:动词、助动词;将"难免"也看作两个:动词、副词;"可能"看作两个:名、助动词。

为了揭示助动词在情态载体聚合中的地位,展现与情态表达有关的词语在句法分布上所表现出的连续现象,我们制定了下面的表格,将那些与情态表达有关的词语分为了四类,并大致依据已有的研究成果对它们的句法分布进行了描写。

表 6.10　与情态表达有关的四类词

词　类		副词	助动词	准助动词①	心理活动动词
句法特征	可以单说	?	＋	?	＋
	～＋谓词性中心语	＋	(＋)②	－	－
	～＋谓词性宾语	－	＋	＋	＋
	是……的	－	(＋)	(－)	－
	放在"～不～ verb"的格式里	－	＋	＋	－
	放在"不～不 verb"的格式里③	－	＋	－	＋
	不～	－	＋	＋	＋
	所～	－	－	－	＋
	没～	－	－	－	＋
	重叠	－	－	－	－
	带后缀"了₁、着、过"	－	－	－	－

① 这类词所表达的意义主要与评价有关。

② 助动词与其后谓词性成分间的结构关系,主要有两种看法:述宾关系和状中关系。李明(2001)研究认为:越是典型的助动词,与其后谓词性成分间的关系越是状中关系;越是边缘的助动词,与其后谓词性成分的关系越倾向于动宾关系。

③ 以往学者们常常将助动词用于"不～不 verb"格式表述为"不～不",我们认为不确切。助动词用于"不～不 verb"格式,其内部的层次为"不～(不 verb)",而不是"(不～不)verb"。即便像"不能不""能"与后面的"不"之间还可以插进其他词语。如:我今儿得上班去,不【能】老不去。只有"不得不"已经凝固为一个独立的习语助动词。

（续　表）

词　　类		副词	助动词	准助动词	心理活动动词
例词		大概、毕竟、必定、势必、未必、或许、也许、恐怕、不免、未免、准（是）、必须、一定①	可能、能、能够、可以、应该、应当、该、得、会、想₁、要、肯、愿意、乐意、敢、许、准	难、容易、好意思、好、用、配、懒得、值得、省得、乐得、敢于②、企图、妄图、妄想、得以、足以、不便	爱、怕、打算、希望、需要、期待、同意、想₂、喜欢、高兴

"不能重叠""不能带后缀了₁、着、过"是该连续统中所有表达形式的共同特征，越往左，动词的范畴特征越少。当然，每一类中也并非所有的词语都可以同时满足所有的分布特征，也即每一类内部仍有典型与非典型成员的区分（请参看附录2）。

要说明的一点是，采用上述句法分布标准，并不是试图解决汉语助动词的形式定义问题，而是试图找出一个基本可行的标准，划分出以往各家体系中基本上都被收容的项目，也即学界大多公认的汉语情态助动词，以开展下一步的研究。

根据上述句法分布标准，本书所研究的情态助动词包括如下一些：

可能、会、能、能够、可以、应该、应当、应、该、得（děi）、许、准

想、要、肯、愿意、情愿、乐意、敢

另外，助动词在使用频率上也存在着比较大的差异。比如王朔小说中检索到的助动词的出现数量如表6.11所示。"能、要、可以、得"的使用频率最高，而"能够、应当、应、情愿、乐意、准"的使用频率要低得多，可能与语体有关。

表6.11　王朔小说中不同助动词的出现频率

可能	可以	能	能够	会	要	该	应该	应	应当
116	413	>1 200	8	651	>1 500	137	136	12	3

肯	愿意	情愿	乐意	许	准	得
47	51	4	19	46	1	236

---

① "一定"可以接受"不"的修饰，但是它与助动词也具有一些不同的分布特征，本书采纳比较通行的处理办法，将它看作是副词，请参看第七章第三节。

② 本表格中所举例词主要是已有研究（刘坚，1960；赵元任，1929；孙德金，1997）中被作为助动词处理的。实际上与"敢于"具有同样句法分布的词还有"乐于、善于、易于、便于、利于"等。赵元任（1929）只列举了"不便"，而未包括"便于"。

第三节　情态助动词表达的情态系统概貌

对情态助动词情态表达的研究,核心的问题其实是对情态助动词的语义研究。而情态助动词的语义存在着不确定性问题,在某个语境中,情态助动词可能有不同的解读。因此,如何归纳情态助动词的语义,也是英语情态研究中的一个主要问题。先后大概出现过三种观点:

一是主张多义(Palmer,1979),但无法解释真实语言中存在的语义不确定性问题。

二是主张单义,如 Joos(1964)、Ehrman(1966)、Haegenan(1983)、Kratzer(1977)、Sweetser(1982)、Perkins(1983)等,认为应给情态助动词一个核心意义,这个意义体现在所有的用法中,并且与不同语境中跟情态助动词相关的不同概念(如可能性、必然性)互融,离开语境,就只有核心义存在。如 Perkins(1983)认为,can 的核心义是"C doesn't preclude X",意思是"存在某条件,该条件不阻止谓语动词表示的事件的发生或者命题真值的有效性"。

三是既反对多义论,也反对单义论,Coates(1983)提出模糊集模式,试图将两者进行调和。即一方面认为根情态(root modality)①和认识情态的区别是截然的;另一方面,也承认这两类下属的例子在覆盖可能的意义范围时是不确定的。从一种情态转换为另一种情态存在三种不确定的情况,即渐变(gradience)、含糊(ambiguity)和融合(merger)。渐变指的是助动词意义的连续性,如 can 的核心义"能力"过渡为"可能性";含糊是指具有两种意义,但不能从语境中判断出究竟是哪种意义,两种意义是析取关系(either-or);融合是语境中两种意义都可以得到合理的解释,两种意义是合取关系(both-and)。另外,Groefsema(1995)、Carmen silva-corvalan(1995)、Quirk等(1985)也提出过一些描写情态助动词语义的理论或方法。

一、情态助动词意义的不确定性

现代汉语情态助动词在语义上也存在着三种不确定的情况。分别举例如下:

1. 渐变(gradience):语义上的连续性。如"能够"存在如下语义的过渡状况:

能力＞能力和中立可能性＞中立可能性＞认识可能性

---

① 将道义情态和能动情态并为一类,命名为根情态,以避开它们二者之间难以区分的问题。

(1) 他觉得漂亮的眼睛毫无用处,他要的是【能够】在水下看东西的眼睛。(能力)

(2) 如果你考虑最高的,你的头脑就敞开了,你就【能够】成长,因为如此一来你就知道更高的达成是可能的。(能力、中立可能性)

(3) 只有把宏观认识与微观认识结合起来,才【能够】形成为真正的科学。(中立可能性)

(4) 你怎么【能够】相信那蓬头黄脸,冰棒儿都舍不得吃一根的妇人曾经是个迷得死人的"上海小姐"?(认识可能性)

2. 含糊(ambiguity):在语境中可有两种语义理解,但它们不可同时存在。如:

(5) 舂米怎么【能够】撒出米来呢?

道义理解:舂米不可以把米撒出来。

认识理解:舂米不可能把米撒出来。

(6) 如果你不是,你大可不必怕,如果你有,那也【可以】及早诊治,早治早好。

道义理解:(我建议)你及早诊治。

能动理解:根据一般情况来说,你可以及早诊治。

3. 融合现象(merger):在语境中两种语义理解可并存。如:

道义和能动

(7) 在这种情况下,你怎么【能】走呢?("说话人认为不能走"和"环境情理等不容许")

能力和将然性

(8) 像虫子【会】对农药产生抗药性一样,我对杜梅的歇斯底里和恐吓症也渐渐习以为常。("虫子有能力对农药产生抗药性"和"虫子如果屡受农药将产生抗药性")

虽然存在着诸多不确定的情况,但是情态助动词在具体语境中表达何种意义,还是有一定的倾向性的,即情态助动词解读为认识情态、道义情态还是能动情态,它所在的句法环境往往可以提供一些线索,这就是情态助动词的解释成分。如Heine(1995)指出,英语施事取向情态(agent-oriented modality, Bybee, Perkins & Paliuca, 1994)[①]多用于疑问句而非陈述句,多用于否定式而非肯定式,主语是第一、

---

① 施事取向情态,报告的是作用于相对于主要谓语动词所表达的动作的完成而言的施事的内在的和外在的条件。它通常是命题内容的一部分,因此常常不被包括在很多情态体系中。但是 Bybee, Perkins & Paliuca(1994)认为,将它们包含到情态的讨论中是很重要的,因为这些情态意义是那些可被明确界定为情态的成分的历时来源。这一视角的情态分类体系中,另外两个大类分别是言者取向情态(speaker-oriented modality,大致相当于道义情态)、认识情态(epistemic modality)。

二人称而非第三人称。而句中主要动词为进行体或完成体,或者是状态动词(stative verb)时,则多用作认识情态;认识情态用法的情态助动词一般重读,没有过去时形式。另外,若被否定的话,认识情态句否定的是命题部分,而道义情态句否定的是情态部分,等等。在汉语中,情态助动词同样存在解释成分。如"能"用于道义情态表达时,多用于否定句,而用于认识情态表达时,则多用于疑问句(王伟,2003)。熊文(1999)也专文讨论过这个问题。

我们采纳 Coates(1983)的做法,承认情态助动词可以用于不同的情态域,同时它们也具有语义上的不确定性。但是,在具体的语境中,句法环境特征基本上可以帮助我们确定情态助动词的语义倾向,可以对语料作出比较精确的分析。我们在分析语料时,一是在具体的语境中判断助动词表达何种意义,即在具体的语境中,助动词所在的句子本身表达的是说话人作出的断言推测,还是使某行为被执行,还是仅仅表达句子主语的意愿、能力或一种普遍条件下(社会的或物理的)的事态。二是参照助动词的解释成分。如当句子主语为无生名词,谓语动词带有时体标记"将、在、着、过、曾经、没"等,动词为静态动词或非自主动词时,则一般不是道义情态;主语人称是第二人称且动词不加其他时体助词时,多为道义情态;句子是反问句时,一般是认识情态,等等。

二、两分格局与三分格局

情态助动词的语义,中国境外的汉语学界已经有多位学者从认识情态、道义情态和能动情态三分的格局作过比较全面的研究。但现代汉语认识情态与非认识情态的两分格局其实可能更为显著一些,第四章第三节曾经谈到过。下面再以助动词为例对此加以分析。

"要"用于认识情态表达时,其解释成分与用于道义或能动情态时是对立的,而用于道义或能动情态时的解释成分却大多是一致的,具体来说:

当"要"用于认识情态时,主要用于对状态作出推测,其后是静态性成分(如,形容词性成分),不能有否定式等。如:

(9)当然【要】比现在好。

(10)我说:"反正比那些海鲜【要】有味得多。"

(11)现在老人要求不高,带一个姑娘就可以,总比一个没有或是带一大串回家【要】强。

(12)他比同龄孩子差不多【要】早一个月学会翻身、坐起、走路、定时排便乃至说话、穿衣和用匙吃饭。

(13) 他一直认为儿子和母亲的关系【要】亲密些。

(14) 他似乎对此事【要】泰然些,似乎忍受痛苦对他来说已经习惯了。

当"要"后为动态性成分时,则表达的是能动情态或道义情态,而且可以有否定式。如:

(15) 你太累了,别这么拼命地飞,【要】注意身体。

(16) 你【不要】自卑感、虚荣心那么强嘛。

"要"表示能动情态还是道义情态,也常常不那么容易分清。如:

(17) 洗脑是痛苦的,那意味着【要】具备非凡的毅力和坚韧不拔的决心,在种种诱惑面前恪守己志。

这里可以理解为一个普遍性的事态,在普遍条件下的要求;也可以理解为说话人是道义源,是说话人自己认为听话人需要"具备非凡的毅力和坚韧不拔的决心"。

"得"用于认识情态和其他情态时,解释成分也不相同:"得"用于认识情态表达的频率比较低,而且否定形式多为"还不得",且用于疑问句;而当"得"用于道义情态和能动情态时,它们有一个共同的否定形式"不用/用不着",一般不用于疑问句。如:

(18) 不定哪一天,他【得】死于火并或追捕中的枪战。(认识情态)

(19) 我心里直打鼓,将来万一我不小心委屈了她,她【还不得】死给我看?(认识情态)

(20) 我是在练气功,你【不用】跟屁虫似的一天到晚总忧心忡忡地跟着我。(道义情态)

(21)【用不着】害怕,要是将来你对我说拜拜,我就对你说 OK。(道义情态)

(22) 其实一个女人也【用不着】要求太多,生活舒适就行,女人生下来就是为了享福的。(能动情态)

但是,因为能动情态、认识情态和道义情态在彼此连用时,遵循着一定的顺序规定,而且它们在情态副词的判定上发挥着不同的作用(请参看第七章),因此,本书也采纳了认识、道义和能动三分的理论框架。

三、情态助动词的意义分工

近义情态助动词,如"能、能够""可、可以""应、该、应该、应当"等,彼此也有一些分工。以"该"和"应该"为例,它们都可以用于认识、道义和能动情态,但至少存在以下四点不同。

1. "该"可以用于表示按照时间安排应该发生某事,而"应该"不常这样用。

（23）领导也只知道我有慢性肝炎,长期休养,再过一个月,就【该】吃劳保了。

（24）我问小杨是不是【该】毕业分配了,她说演完《屈原》就分。

（25）【该】到吃涮羊肉的节令了,我带着这个念头,哆哆嗦嗦回了家。

（26）我的假条也快满了,又【该】去上班了。

2. "该"可以用于虚拟事态的推测,而"应该"不可以。

（27）我要让你呢,你一时痛快,可将来就会恨我一辈子,就【该】说当初是我腐蚀了你。

（28）我不能也不愿教你,否则司马灵【该】说我有意引你入歧途了。

（29）别吃那玩意,又【该】上火起疙瘩了。

（30）天不早了,再不回去你们家里人也【该】等着急了。

（31）你瞧,我们头儿就在那边站着呢,回头我放了你,他【该】找我麻烦了。

3. "该不是……"是专用认识情态表达式。

（32）等等,您【该】不是那个什么臀部保养方面的行家吧?

（33）你【该】不是又想当"三八红旗手"?

4. 有时候还有音节或习惯搭配的问题,下例中的"该"都不可以换用为"应该"。

（34）这样儿好,会分场合,【该】严肃严肃,【该】活泼活泼,我就不待见那逮哪儿逮谁都胡说一气的人。/【该】怎么说怎么说/你【该】干吗干吗/在孩子面前【该】装还得装,不能太让他们看透了你。/早【该】有人这么对我们大喝一声了。/本【该】如此

四、小　　结

本书的目的不是探讨如何归纳情态助动词的语义更好,更不是逐一描写情态助动词的语义及其句法表现,因此,上述问题不作全面展开,详细的描写工作留待今后。在此,只以表格的形式将目前研究得到的情态助动词的情态表达全貌展示如下。

表 6.12　情态助动词情态表达总表

情态域					例　　句
认识情态	道义情态	能动情态			
		中立	能力	意愿	
可能₁					其实比利时人【可能】不是笨,只是太死心眼。
		可能₂			不过既然【可能】被人绑一辈子,就要看仔细,找一个保鲜好的,老得慢点的。
			会₁		我不【会】唱这首歌,不【会】词儿……
会₂					我们俩将来一定【会】幸福。
			能₁		其实事情完全不会恶化到你说的那种地步,凭我的能力就【能】从容地解决这个难题。
		能₂			看来没有一本书【能】马上给她一个深刻印象。马林生此时只【能】作慈祥状,颔首微笑,假装恍然发现。
	能₃				我不是废物,你不【能】随便侮辱我。
能₄					女的说女的那【能】有好么?
				可以₃	说鸡还差不多,它们被人类驯养了上千年,直到今天还有个别鸡【可以】离地三尺地飞上一阵儿。
			可以₂		他【可以】据实回答被儿子撵了出来,这既【可以】令人发笑也【可以】惹人同情。为什么女孩子十四岁就【可以】对自己的行为负责了而男孩子反倒不行?
	可以₁				受个处分不要紧嘛,好好表现将来还是【可以】撤销的嘛。
	应该(应当)₁				也许你们【应该】再谈一次。
应该(应当)₂					考虑到刀劈事件是发生在秋初,这个中秋节【应该】是上一年。
		应该(应当)₃①			我不想让他看出我没坐过"雪铁龙",很矜持地坐在后座什么也不问,虽然我很想把车窗放下来,很想知道烟灰【应该】弹在何处。

① 在语料中,"应该、该"单纯表达中立能动情态的用例很少,往往是与认识情态或道义情态融合的。此外,"应该"与"应当"也可能并非用法完全一致,为节省篇幅,表格中暂这样合并表示。

（续　表）

情态域					例　句
认识情态	道义情态	能动情态			
		中立	能力	意愿	
	该(应)₁①				【该】想想将来了,【该】想想怎么能多为人民做些有益的事。
该(应)₂					别吃那玩意,又【该】上火起疙瘩了。 哪里的造型? 看发型【应】是09年前后吧? 好帅!
		该(应)₃			太小就有这么个现象:天生的缺点样样不少,【该】养成的优点没有及时养成。
		得₁			要说售票员大姐也是真辛苦,一样坐车她还【得】老嚷嚷。
	得₂				那当然【得】去,你不让去都不成。
得₃					你真该去学门手艺了,老这么跟我们混家里人知道还不【得】伤心死?
				要₁ 要₂②	我负担重呀,【要】多挣点小时费。 你别逗我了,我肚子都【要】笑疼了。
				要₃	人生不过百年,最后仍【要】分手,永世不见,我们不过是提前了5分钟而已。
	要₄				你上班单位远,所以你【要】起早。 你尽可以腹诽,但一定不【要】千万不可当面指出。
要₅					你小时候很乖,比其他孩子都显得【要】乖。
				肯	她怕上当,起初不【肯】。
				情愿	如果可以选择,我【情愿】选择死。
				乐意	我【乐意】怎样就怎样。
				愿意	我不【愿意】结婚后两个人还老是那么酸溜溜的。
	许				不【许】再想这件事,高兴点。
	准				不【准】关灯。

---

　　① "应"主要用于书面语,多为能动情态(中立可能性)和道义情态用法,认识情态用法较少。与"该"用法上的差异还有待研究。

　　② "要₂"已经与将来时表达密切相关,因为它与表意愿的"要₁"有直接的隐喻关系,我们也把它放在能动情态之意愿类中。

4.1　认识情态助动词

总的来说,现代汉语中可用于认识情态表达的助动词有 7 个,它们是:可能、能₄、应该(应当)₂、该(应)₂、得₃、要₅、会₂。它们构成了认识情态的三个维度:

可能性:可能₁、能₄

应然性:应该(应当)₂、该(应)₂

将然性(prediction):要₅、得₃、会₂

"维度"有两个含义:一是维向,一是梯度。所谓维向,是情态意义上的差异,在认识情态域中,指的是说话人对命题可能性进行推测时所采取的不同角度:可能性是基于理论上的可能性而作出的推测,而应然性则是基于情理规范而作出的推测,将然性则是说话人对可能事态是否成立所作出的"预言式"推测。其中,"要"主要用于说话人根据一系列主观已知事实(而不一定是常识)作出的肯定性判断,而"得、会"多用于根据一般常识或规律来推测某可能事态的成立。

梯度,则指说话人作出承诺时态度的强弱。英语中情态助动词主要形成了情态梯度的对立。据 Halliday(1985:339),英语中情态算子(modal operators,主要是助动词)形成了如下梯度[①]:

表 6.13　英语情态梯度(Halliday, 1985)

弱(low)	中(median)	强(high)
can, may could, might	will would, should, shall	must, ought to need has to, is to

汉语情态助动词却主要不用于突出情态梯度的对立,而更多侧重于表达情态维向的不同。之所以这样说,是因为:如果助动词是表不同梯度的,那么它们连用时,会有意义上的冲突;而汉语助动词彼此是可以连用的。从理论上说,说话人可以同时从不同的维向来表达自己的态度,而不能同时表达自己不同程度的承诺。所以,汉语情态助动词主要刻画的是情态维向的不同,特别是将然性认识情态的"会、要",可以自由地与其他两类认识助动词连用。如:

(35) 我相信那束花在最璀璨的时候陪小敏度过,小敏【应该会】很高兴吧?

(36) 她肯定要参加这个老同学的聚会的。缺了她,【该会】多么令人扫兴。

---

① Palmer(1979)也设立了可能性(can, may)和必然性(must)两个梯度,而将 will、shall 看作是第三个梯度,但没有给出一个名称。

不会缺她的，……

　　（37）你自己不做下那些事，【能会】有今天这样子？

　　（38）这篇文章很长，【可能要₅】一万多字，还可能更多点儿。

　　但是，另一方面，"应该"和"可能"都用于表达说话人对某一个事态作出主观推测时，一般是不能连用的，因为它们也形成情态梯度的对立。比较一下：

　　（39a）我在印象里觉得我那天【可能】有几分醉态，而实际上，我们刚到餐厅，根本没开始吃呢。

　　（39b）我在印象里觉得我那天【应该】有几分醉态，而实际上，我们刚到餐厅，根本没开始吃呢。

　　"应该"与"可能"比起来，说话人对"我那天有几分醉态"的承诺态度是更强一些的。因此，语料中可以发现"应该"与表示说话人高确信度的词语连用。如：

　　（40）这【无疑应该】是这一时期报道的重点。

　　在语料中，我们还检索到如下用例：

　　（41）从思想的角度看，他对"卖火柴的小姐姐"的同情和爱，应该可以发展成对一切受难者的同情和爱；而他对"卖火柴的小姐姐"的帮助的愿望，【应该可能】在生活的熔炉中化为行动的剑——当他逐渐成长以后。

　　"应该"是认识情态用法，但"可能"并不表示说话人的推测，而表示客观可能性。"应该可能"是说话人从情理角度看一种可能性是否成立。这样用时，"可能"前可加"有"（例42）。将"可能"作能动情态理解，还因为其前文有"应该可以"，"可以"表达的也是客观可能性。因而，例(41)中"应该可能"的连用并不是典型的认识情态连用。①

　　（42）【应该】有【可能】借到，非常有可能。

　　在可能性、应然性、将然性维度的内部，还可以通过与情态副词或程度副词的连用，体现更细微的梯度区别，第七章第三节将对此进行详细说明。

---

　　①　在 BCC 多领域分库以及媒体语言语料库（MLC）中可检索到"应该可能"少量用例，都不到 30 例。如：
（1）记者：等于说如果要是没有这一些干预，那么李坑村，你可能还会继续经营下去？
　　　叶如煌：应该可能会。
（2）咱们商品的过度包装是哪个部门管，这个应该可能是消保处吧，这个我不太清楚。
　　其中 BCC 多领域分库中的用例绝大部分都来自微博语料，MLC 语料也带有口语中的即时特征。这些用例中的"可能"或者表达中立能动情态，如例(1)；或者是说话人的自我纠偏，在言说过程中调整了自己对命题的承诺度，如例(2)。

4.2　道义情态助动词

可用于道义情态表达的助动词有:能$_3$、可以$_1$、应该(应当)$_1$、该(应)$_1$、得$_2$、要$_4$、许、准。它们分别构成了道义情态的三个维度:

道义情态之许可与禁止:能$_3$、可以$_1$、许、准

道义情态之义务:应该(应当)$_1$、该(应)$_1$、得$_2$

道义情态之祈愿:要$_4$

"可以""应该""要"分别代表了三个不同的维向,即说话人发出道义诉求时所采取的不同角度:"可以"类表达的是说话人主观上发出的一个道义诉求;"应该"类则是根据情理说话人认为听话人有义务执行某行为;"要"则是从意愿的角度作出的道义诉求。"要"能与"可以""应该"连用,如:

(43) 虽不能封他的教堂,却【可以要】他交保。

(44) 你们情同姊妹,这一回等于我们嫁妹子,【应该要】备一份嫁妆。

但是,"可以"和"应该"还同时含有梯度上的对立,彼此不能连用。另外,它们还可以通过与程度副词(例45)或情态副词(例46—51)的连用,在内部形成更细微的梯度区别。如:

(45) 你也应该去……你【最应该】去。

(46) 我们【似乎不应该】在孩子面前说这么多话。

(47) 他【绝对不应该】再提这件事。

(48) 【丝毫不应该】原谅自己!

(49) 那么您【也许可以】教教我。

(50) 这用意很不错,我国人【似乎可以】效法。

(51) 我说往东【绝不可以】向西走。

道义情态助动词与道义情态副词的连用,可以形成道义情态梯度的丰富表达。第三章第三节已经讲过,在此不赘。

4.3　能动情态助动词

可用于能动情态的助动词有:会$_1$、能$_1$、可以$_3$、能$_2$、可以$_2$、应该(应当)$_3$、该(应)$_3$、得$_1$、要$_3$、要$_1$、肯、愿意、情愿、乐意。它们分别表达能力、中立可能性和意愿:

能力:会$_1$、能$_1$、可以$_3$

中立可能性:可能$_2$、能$_2$、可以$_2$、得$_1$、要$_3$、应该(应当)$_3$、该(应)$_3$

意愿:要$_1$、肯、愿意、情愿、乐意

第四节　助动词间的连用顺序及情态解释

情态助动词除了可以单独表达情态的梯度外，还可以彼此连用，而且连用呈现出一定的规则性。助动词的连用，马庆株（1992）有过细致描写，并给出了连用规则。本节将在马先生已有研究的基础上，对助动词的连用顺序及动因作出情态及语用上的解释。

助动词间的连用有两种，一是连续连用。如：

（1）如果我再中途变卦，【可能会】使她更加烦恼。

（2）在这样的大是大非面前，【应该要】立场坚定，态度明确的。

（3）一个指挥员，【要能】听下级干部和战士们的相反的意见。

二是间隔连用，马庆株（1992）作过详细的描写，所举例句，如：

（4）【应该】也【可能】干得比他们好。

（5）嫁了人连自己的袜子都不【会】或不【肯】洗，那才是自私呢。

（6）不苦练不仅不【能】提高本领，还【会】出事故。

（7）【可以】而且【应当】利用他们为自己服务。

（8）一个人必【得】先会读一千多字，才【能】利用它们来读其余的字。

（9）不识字的人自己不【能】执笔，但是他【可以】口述，别人整理一下，就是一篇文章。

助动词的间隔连用，只要语义关系合乎逻辑，就可以共现。英语情态助动词也存在间隔连用的情况，如：You should and must come here before 8 o'clock。但是，连续连用却是汉语的一个特点，英语情态助动词不能连续连用（Palmer，1974：96）。本节只讨论汉语情态助动词的连续连用。

一、汉语情态助动词连续连用的顺序规定

Cinque. G（1999：81）曾经给出过一个情态的级列（hierarchy），认为不同的情态如果要连用的话，应当遵守如下语序：

Mod epistemic[Mod necessity＞Mod possibility]＞Mod volition

＞ Mod obligation＞Mod ability/permission

即：认识情态之必然性＞认识情态之可能性＞能动情态之意愿＞道义情态之义务＞能动情态之能力或道义情态之许可

然而,我们对汉语助动词的连用情况考察后却发现,汉语情态助动词的连用并不完全遵照这个顺序。能动助动词彼此间的连用用例未检索到,其他的连用情况主要有如下五种:

1.1　认识助动词＞能动助动词

(10) 有时候我觉得那就是一种动物的本能,对他来说【可能₁ 能₁】感觉到快乐,但是对我来说没有什么快乐可言。

(11) 明年暑假时,她【该₂ 能₁】教我了。

(12) 我妈他们公司【可能₁ 能₂】报销一些费用,你在莫斯科的吃住我全包了。

(13) 天色不早了,我们【该₂ 能₂】走了吧?

(14) 他是主动要求下乡来抓点的,【可能₁ 要₂】提升一把手了。

(15) 如今道光十二年壬辰科的吴钟骏,到下一科是三十七年,【应该₂ 要₂】出状元了。

(16) 什么值得大惊小怪的。【该₂ 要₂】散散心了,便慢慢走到长江边上。

(17) 他捉摸着这学习班到底要干什么,【会₂ 不会₂ 要₁/₂】批判批判什么人?

(18) 张院长说,是因为发生了车祸,他的右腿【可能₁ 要₃】锯掉。

(19) 说临产时肚脐没剪干净,因此【可能₁ 得₁】多过几天才能干落。

(20) 实在没力气做饭,你今晚总【该₂ 可以₂】带我吃饭吧!

(21) 如果没有运动,她【可能₁ 可以₂】成为那种有点怪癖的科学家。

(22) 小妹,你现在读了五言古诗,【应该₂ 会₁】做五古了吧?

(23) 歆荷,你都不【会₂ 想】表白吗? 让他知道你的心意,给自己一个机会啊!

(24) 孟慧慢慢地睁开眼睛,见我无比愁苦地望着她,【可能₁ 想】笑一笑,所以嘴角机械地抽动了一下。

1.2　认识助动词＞道义助动词

(25) 这事还没有过先例,【可能₁ 得₂】研究一下。

(26) 如果,你也有此类问题,【可能₁ 要₄】检讨。

(27) 对不起,我这种心情【可能₁ 应该₁】早些告诉你。

(28) 要非得说谁追谁,那【可能₁ 应该₁】算是老郭追我吧,其实真的无所谓。

（29）她不是一个脆弱的女孩子，我【该₂ 可以₁】放心撇下她。

1.3　道义助动词＞能动助动词

（30）他认为有档次的人不抽烟，但是【要₄ 会₁】喝酒，并且会喝洋酒。

（31）如今能干还不行，还【得₂ 会₁】干，还得巧干。

（32）他能单掌劈砖，你就【得₂ 能₁】铁头碎石。

（33）这种交换码才有标准化的必要，而且订定之时，应该谨慎从事，【要₄ 能₂】容纳所有各家系统所收的字，否则无从交换。

（34）一个指挥员，【要₄ 能₂】听下级干部和战士们的相反的意见。

（35）不许哭！就不许哭！两口子一对没出息！生就的苦命，就【得₂ 能₂】受苦，受不了苦，就不要活下去……

（36）我……我不【应该₁ 想要₁】谋刺教皇陛下您……

1.4　认识助动词＞认识助动词

（37）如果我再中途变卦，【可能会₂】使她更加烦恼。

（38）等下【应该₂ 会₂】回来了。

（39）爸爸，如果你知道我把你从照片上剪掉，【该₂ 会₂】多么伤心啊！

（40）喂！天黑了，我肚子也饿了，你【该₂ 不会₂】要我这样子抱你一个晚上吧？

（41）共产党的政策只有一个，各地差别哪【能₄ 会₂】那么大呢？

（42）你这种经历，现在又是个独身女人，【该₂ 要₅】找多少闲话呀？

（43）这篇文章很长，【可能要₅】一万多字，还可能更多点儿。

1.5　道义助动词＞道义助动词

（44）我能到酒店来，多亏了你和钟局长帮忙。我总【得₂ 应该₁】向你说声谢谢吧！

（45）做人总【得₂ 应该₁】用一些道义规范自己的行为，有点约束吧？

（46）此事非同小可！【得₂ 要₄】从长计议。

（47）在这样的大是大非面前，【应该₁ 要₄】立场坚定，态度明确的。

通过以上连用实例不难发现，汉语情态助动词的连用遵循如下语序规定：

认识情态＞道义情态＞能动情态

认识情态内部，最常见的连用顺序是：认识可能性/应然性＞将然性

道义情态内部，一般的连用顺序是：道义之义务＞道义之祈愿

总括起来说，汉语情态助动词的连用顺序为：

认识(可能性/应然性)＞认识(将然性)＞道义(义务)＞道义(祈愿)＞能动情态

二、对助动词连用语序的情态解释

上述助动词的连用规定还可以进一步提炼为两条规则,并且可以从情态特征的角度作出解释。

规则一:认识助动词与其他助动词连用时,总是居前。

解释:辖域越大越居外围。

认识情态是关于命题的情态,辖域是整个句子,而道义情态和能动情态是关于事件的情态(Palmer,1979:3),它们的辖域其实是谓语部分。因此,从理论上来说,认识情态标记可以将道义情态命题或能动情态命题作为自己的辖域。

规则二:话语取向(discourse-oriented)情态先于主语取向(subject-oriented)情态,即能动助动词与其他助动词连用时,总是居后;道义情态内部连用时,义务先于祈愿。

解释:主观性越强,越居外围。

所谓话语取向情态,是指情态涉及交际参与者(说话人、听话人)的行为,而主语取向情态则只涉及句子主语的行为(Palmer,1974:100)。能动情态中,能力(ability)与意愿(volition)是典型的主语取向情态。而客观可能性,在主观性程度上是最低的。因此,能动情态与其他情态连用时,总是居后。再看道义情态:

(48) 做人总【得$_2$ 应该$_1$】用一些道义规范自己的行为,有点约束吧?

(49) 此事非同小可!【得$_2$ 要$_4$】从长计议。

(50) 在这样的大是大非面前,【应该$_1$ 要$_4$】立场坚定,态度明确的。

"得"侧重表达的是说话人将实施某行为的义务施加给施事主语,而"应该"则更侧重主语本身具有实施行为的义务。所以,"得"偏重话语取向情态,而"应该"则偏重主语取向情态。"要"的本原意义是"意愿",也是主语取向情态,与"应该"比起来,它的主语取向性更强。因此,"得、应该、要"的连用遵循一定的语序。

认识情态内部,用于"将然性"的"会/要"其本源也都是主语取向情态(能力和意愿),所以,它们与认识可能性和应然性标记连用时,也居后。

第五节　助动词连用所反映的语言类型特点

汉语情态助动词的彼此连用,是情态表达式共现情况中的一种。情态助动词能否连用,各语言不尽相同。英语中情态助动词彼此之间不能连续连用,但是,情态助动词却可以与情态副词或准助动词(semi-auxiliaries)共现,如:

(1) Well,【maybe】you【'll】have heard next week.(可能性＋预测 possibility＋prediction)

(2)【Perhaps】you【would】come to my office for a moment.(可能性＋意愿 possibility＋volition)

(3) He【may】【possibly】prefer that one.(可能性＋可能性 possibility＋possibility)

(4) That I【shall】【certainly】do.(意愿＋必然性 volition＋necessity)

(5)【Could】you【possibly】find out who really did do it? (可能性＋可能性 possibility＋possibility)

(6) We【may】【have to】play it again.(可能性＋义务 possibility＋obligation)

(7) You【should】【be able to】find enough food.(委婉推测＋能力 tentative inference＋ ability)

(8) She【must】have【been willing to】help.(必然性＋意愿 necessity＋volition)

(9) The students【are going to】【have to】【be able to】play three different instruments.(预测＋必然性＋能力 prediction＋ necessity＋ ability)

以上例句分别来自 Hoye(1997)和 Quirk 等(1985)。英汉两种语言在情态表达形式连用上的差异,一方面可能是因为两种语言的句法特点不同;另一方面,也可能与两种语言的主观性强弱有关。

在句法上,英语助动词是定式动词,而英语句子不允许出现两个定式动词,因此,它只好将一部分情态意义通过副词或准助动词形式加以表达。汉语中能动助动词与其他助动词的连用现象,在英语中往往就是借助准助动词来表达的,如例(6)—(9)。因为能动情态助动词所表达的意义与说话人的主观态度或看法无关,并不是真正意义上的情态,它们与一般的谓宾动词相类,所以,这种连用尽管英汉两种语言表现形式不同,但在意义的表达上(特别是主观性)并没有本质差别。

汉语中,认识情态助动词可以与道义情态助动词连用,主要是在交际语境的建构方面发挥作用。在交际活动中,道义情态显示听话人被要求执行某个行为,无论说话人是发出一个指令,还是对听话人作出劝告、建议等,对听话人来说,多少都存在着面子威胁。如果将一个道义情态命题以一种认识可能性的形式发出,道义诉求就变成了说话人的一种可能性推测,这样说话人对听话人所施加的强迫度就相对弱多了,从而可以使听话人的负面子(negative face)得到挽救。如:

(10) 这事还没有过先例,【可能₁ 得₂】研究一下。

例(10)中,说话人是在发出一个道义指令,但他又同时使用了认识助动词"可能",向听话人传达一个意思,即我发出的指令只是我个人的一种推测。既然是个人的推测,就存在着被否定的更大可能性,这样就可以降低道义诉求的强迫度。所以,这种连用在交际语境中是一种普遍的有效的礼貌策略①。在英语中,这种礼貌策略可以通过副词与助动词的组合来实现。英语副词——助动词组合能实现的典型功能是:作出请求、提供帮助、推荐、命令等(Hoye, 1997:84)。在非认识情态的条件下,perhaps/possibly 与 can、could、will、would、should 的惯用组合通常用于表达请求(Hoye, 1997:195)。如:

(11)【Perhaps/Possibly】you【can/could/will/would/should】meet them at the airport, as I shall be busy.

(12) If this does not produce a remission inside a mouth, the dose of Distamine【should】【probably】be reduced again as the incidence of side-effect seems to increase with dosage.(Hoye 1997:111)

然而,汉语认识助动词之间的连用,虽然在英语中也可以通过情态副词与助动词的组合得以实现,却不能仅仅用两种语言句法特点不同进行解释,还可以从主观性强弱的角度进行分析②。

英语情态副词与情态助动词在情态表达上的不同作用,英语学界有两种看法。Halliday(1985:336)认为,英语情态副词与情态助动词在情态表达上存在着情态取向(orientation)上的不同。所谓情态取向,指的是情态是偏重从主观的角度表达还是偏重从客观的角度表达。Halliday 把情态的取向分为四种:

---

① 这种交际策略,还体现在认识情态副词与道义助动词的连用中,请参看第七章。
② 汉语也存在情态副词与助动词的连用。核心情态副词(参看第三章第三节以及第七章)也可以用来对命题进行推测或者指认行为实施的可能性。如"一定、大概、肯定、也许、或许、难免、不妨、姑且、必须"等副词,也常常与助动词连用,前面已举例说明过,不再赘述。在此要着重揭示的是,英语认识情态副词与助动词的连用与汉语认识助动词彼此连用的差异。

表 6.14　情态取向（Halliday, 1985）

	显性主观	隐性主观	隐性客观	显性客观
或然性 probability	I think［in my opinion］ Mary knows.	Mary will know.	Mary probably knows［in all probability］.	It's likely that Mary knows［Mary is likely to］.
义务 obligation	I want John to go.	John should go.	John's supposed to go.	It's expected that John goes.

也就是说，从情态取向上来说，英语情态副词比助动词更为客观。说话人使用情态副词时，是在努力把可能性、义务性的程度作为"客观事实"来表述，而不将自己的主观态度或看法外显于语句的表述中。

Palmer(1986)则认为，must 和 certainly 的区别是推理性(inference)和自信性(confidence)的区别。也就是说助动词则更侧重于显示说话人是在作一个推理，而情态副词更侧重于显示说话人对语句内容的自信程度。

英语说话人和汉语说话人都会将认识情态副词和认识助动词组合起来表达自我，如例(3)，汉语的例子如：

（13）白奇伟【多半】也【不可能】在这么短的时间内，将那二十一块钢板运到远处去。

（14）子弹是从她的前额打进去的，【多半】【要】过一段时间她才能恢复知觉。

（15）假如你的朋友或同事都参加而你偏说"我不去"，【多半】【会】有人问你："为什么？"

根据 Halliday 的观点，这些用例中，说话人一方面借助情态助动词明确表明自己在多大程度上承诺所作的推测；另一方面则借助情态副词尽量将自己的推测客观化。依据 Palmer，说话人既表明语句是自己所作推测，又明确表明了自己对语句内容有多大程度的自信。

但是，与英语不同的是，汉语说话人还可以将不同维度上的认识助动词连用，同时从两个不同的维向对某个命题作出推测，如上节所举例句(37)—(43)。这一现象可能表明汉语情态表达主观取向性更强。之所以这样推论，是因为如果英语也是一种看重主观性表达的语言，即使受到定式动词唯一性的句法限制，准助动词中也应该存在一些"认识情态准助动词"，从而实现"认识情态助动词＋认识情态准助动词"的连用,但实际上英语准助动词 be able to，have to，be willing to，have to 等大都是用于能动情态或道义情态表达的,而非用于认识情态。而能动情态并不与说话人的主观态度或看法有关,它们与其他助动词的连用,不会增加情态的主观取向性;表达道义情态的准助动词与认识助动词的连用,如 We <u>may</u> <u>have</u> <u>to</u> play it again.,则更多地是一种礼貌策略。因此,汉语中认识情态助动词,作为隐性主观的情态表达方式,它们彼此间的连用,增强了认识情态表达的主观取向性,与英语形成比较鲜明的对比。

综上所述,助动词彼此之间能否连用,既与语言自身的句法要求密切相关,也可能反映了语言自身在主观性强弱上的不同。汉语认识情态助动词之间可以连用,应该是汉语主观性强这一特点的表现。

第七章　情态副词表达的情态分系统

"偏偏、千万、恐怕、反正"等副词传统上叫作语气副词,它们"表示说话人的情绪"(王力,1984)或者说"语气(口气)"。"情绪"或"语气(口气)"是两个经验性的概念,其含义并没有在传统语言学领域得到过明确界定。随着国外篇章语言学理论、主观性、情态等理论的引入,这些副词在语篇以及情态表达中的作用开始得到关注。张谊生(2000)使用了"评注性副词"这一术语,正是着眼于该类副词在句法功能上对全句的主观评注(evaluative)。而史金生(2003)则使用了"情态副词"这一叫法,并直接宣称它们是"表示说话人的主观情态的语法形式"①。本书对"语气"一词的含义有严格限定,并基于情态系统构建的视角观察这类副词,而英语语法研究界也有 modal adverbs(Perkins,1983;Hoye,1997)的叫法,因此,本书也采取情态副词这一说法。

在情态的诸表达形式中,情态副词的研究是比较薄弱的。传统上只是将它作为副词的一个小类划分出来,并作举例性的说明,而较少对其在语言系统中的作用进行整体探讨。总的来说,已有研究涉及三个方面:一是情态副词的句法特征,其中还涉及情态副词与连词的区分;二是情态副词的语义,包括个别情态副词的语义归纳(高书贵,2000;祖人植、任雪梅,1997;徐晶凝,2000b 等),以及情态副词的次类划分(史金生,2003 等);还有一些研究则探讨了情态副词的历时演变问题(杨荣祥,2005;刘云,2010;罗耀华、李向农,2015 等)。本章主要研究情态副词在现代汉语情态表达系统中的作用,主要目的是揭示情态副词在情态表达上的整体表现。与对情态助动词的研究一样,我们略掉对情态副词的逐一分析,而只描写情态副词在情态表达上的整体面貌。

第一节　情态副词的界定标准

根据张谊生(2000)和史金生(2003),情态副词的句法特征主要可以概括如下:

---

① 严格说来,这样的表述并不恰当。"情态"是语法研究中的一个语义语法范畴,并不属于说话人。这样的表述容易误导读者将"情态"理解为说话人的情绪态度。

1）述谓性：在句中充当高层谓语，将整个命题作为自己的辖域。

2）灵活性：可位于句中、句首或句末。

3）动态性：只能位于谓语小句和补语小句中，不能位于定语小句和状语小句中。当句子谓语动词是表示言语、心理或认知义动词时，很多情态副词可以位于其宾语小句中，因为这些宾语小句是动态性的①。

4）前置性：和其他副词连用时，一般位于最前面。

5）通常只位于"是"的前面。

但是，正如史金生（2003）所言，这些标准并非"对内具有普遍性，对外具有排他性"。比如，根据语料统计，真正能充当高层谓语的句子副词大约只占情态副词的一半，即有一半左右的情态副词不能用于句首（主谓结构之前），只能用于句中位置（主谓结构之间）。如"未免、不至于、必定、肯定、一定、必然、势必、准、未必、果真、竟然、居然、竟、必须、务必、不必、最好、还是、姑且、不妨、千万、倒、反倒、却、决、绝对、并、并非、根本、又、万万、偏、就、几乎、简直、明明、总算"等。

另外，很多情态副词可以用于定语或状语小句中。如：

（1）它们代表着杨静生命中极重要的一部分，代表着她一生中【也许】是最幸福的一些日子。

（2）我听到了爸爸的叹息，却没有听到从前我家每天早晨【必定】会响起的各种声音。

（3）讨论美国最近的洛克菲勒财团案，这也是大亨们【势必】关注的事情。

在情态副词的确定上，还有一个问题是如何将出现于句首的情态副词与连词区分开来。如张宝林（1997）将"难怪、幸好、幸亏、幸而、好在"归为连词，而将"其实、果然、果真、反倒、倒、反而"等归为关联副词；而史金生（2003）则将它们都看作是副词。

因此，情态副词的内部成员究竟有多少，学界一直持有不同观点。李泉（1996、2002）包括 151 个，杨荣祥（1999）列举了 130 个，而张谊生（2000）则包括 161 个，史金生（2003）更多达 204 个。

本书在确定现代汉语情态副词的范围时，坚持两条原则：一是意义和形式兼顾原则，二是以词语之间的连用顺序作为重要的参考。以"的确、反而"的词性确定为例。

"的确"主要有两个语法分布环境：一是用于句中谓语动词前，如例（4）；二是用

---

① 如：(1)胡只好很难过地与陈道别，暗自叹息这【也许】是永别了。(2)……艾莉，不必犹豫，我可以向你保证别家公司【必定】也是如此。(3)有时夫妻俩正吵得轰轰烈烈的时候，估计这样下去【势必】一方会伤害另一方，如果夫妻中的一个人认识到这点，就应到此为止，主动罢战。

于句首,如例(5):

  (4) A. 也可能我这些话【的确】击中了刘晓庆的要害,我怎么能不知要害
     在何处呢?

    B. 现在我有了钱,也【的确】想穿戴得好一点。

    C.话又说回来,一个男孩,能够将自己管束得那么严实,也【的确】得有
     "吃苦"的精神。

  (5) A.【的确】,我情愿看着我的儿子死去,也不愿意看见苏菲和另外一个
     男人生一个孩子。

    B.【的确】,你可能觉得奇怪,为什么从我送给你帽子那天轻轻吻过你
     一下之后,一直没再吻你。

  例(5)中,"的确"对听话人作出呼应,起着连接前后两个命题的作用,是一个语篇衔接标记,具有连词的功能。那么,"的确"是连词还是副词?

  一般来说,连词是起连接作用的词类,可以分为两类:一类是连接词或词组的,如"和、跟、及、与"等;一类是连接分句或句子、句群的,如"不但、而且、尽管、因为"等(郭锐,2002)。从理论上讲,既然情态副词属于情态范畴,而情态刻画的是说话人对语句内容的态度,情态副词就可以将整个语句作为自己的辖域,成为句子的高层谓语,从而有可能移到句首形成相对独立的部分,这样它们就有可能与连词在句法分布上形成交叉。因而相当一部分情态副词在句法分布上往往与第二类连词难以区分开来。

  但是,根据郭锐(2002)的研究,虽然情态副词既可出现在主语和谓语之间,也可出现于句首,但出现于主语后时整个组合可以单独使用;而连词出现于主语后时,前面或后面还要求出现别的分句或句群。如"虽然"出现在主语和谓语之间时,前面或后面一定要出现别的分句或句群,是连词。

  另外,从意义上来说,情态副词是情态范畴的表达形式,它们有着比较强烈的主观性色彩;而连词只是一种逻辑关系的客观表述。比如,同是用于转折关系的"但是"和"却",前者是一个连词,只表达一种客观的逻辑关系;而"却"是情态副词,说话人使用它的时候,是带有自己的主观评价态度的。

  从参考性原则,即词语的共现顺序的角度来说,当表达相近意义的词语共现时,表达客观意义的连词居前,表达主观意义的副词居后。比如连词"但是"和副词"却"连用时,"但是"位于"却"前。如:

  (6) 李煜没别的本领,【但是却】很会吟诗填词,这次命他来京,想他必然又要感慨一番,想必又作了什么诗词吧。

而表达相近意义的情态副词连用时，主观意义强的词语先于主观意义弱的词语。如：

(7) 无论将来出什么事儿，你我【好歹总算】有个照应。

(8) 当然好，弄不回来就烧南瓜吃，【反正横竖】得吃饭。

(9) 四铭支吾着，脸上也像学程练了八卦拳之后似的流出油汗来，但【大约大半】也因为吃了太热的饭。

(10) 正是春初时节，【恰好凑巧】韩侍郎带领家眷上任，舟过扬州，夫人有病，要娶个偏房，就便服侍夫人，停舟在关下。

(11) 他虽然头昏目眩，却也觉得，【最好还是】呆在地板上。

(12) 冷昊天看着她古怪精怪的脸蛋摇摇头，这个女孩的情绪改变得可真快，她【到底究竟】有几种面孔？

"反正横竖、大约（/恐怕/也许）多半、恰好凑巧、好歹总算、最好还是、到底究竟"这一组连用，后一个词表达比较客观的意义，前一个词表达更主观的意义。同是情态标记，主观性越强的成分越居外围，这是现代汉语情态表达系统的特点之一。表达相近意义的词语连用，连词与情态副词连用时要居前，这是语篇连接标记和情态标记在汉语中的语序规定。而同为情态标记的情态副词连用时，则遵循着情态表达体系内部的语序规定。详见下文。

基于以上这些标准，我们将"的确"看作是情态副词：一是，因为无论"的确"用于句中谓语动词前，还是位于句首，它都带有说话人的主观印记，是一个情态成分，可以理解为对整个命题的评注；二是，"的确"不总是用于连接两项，它所在的小句可以独用。"的确"用于句首时，它所具有的语篇衔接功能，是"的确"作为一个情态成分的连带句法属性。

再看"反而"。

史金生（2003）将"反而"看作是一个情态副词，我们倾向于将它看作是连词。因为，从形式上讲，虽然"反而"一般只能用于主语后，但包含"反而"的主谓结构不能单独使用，要求前面有别的分句出现；从主观性上来说，"反而"与"倒"相比，"反而"是以一种客观表达的方式表述一种逻辑语义关系，而"倒"却带有更强烈的主观色彩。"反而"与"倒"的连用顺序，与"但是却"的连用顺序是平行的，如例(13)(14)。因此，将"反而"归为连词比较好。

(13) 可是大旺不在了，我【反而倒】不能这么做了。

(14) 你的人生准则是，遭受挫折或不顺心时决不气馁，失败【反而倒】能激发志气。

在连词与副词的区分问题上,纠缠最多的部分正是"难怪、幸好、幸亏、幸而、好在、其实、果然、果真、反倒"等,它们与"的确"一样,都是现代汉语情态范畴的表达形式,是说话人主观态度的标记。虽然它们与连词在句法分布上有交叉,但从意义上看,却与连词根本不同,带有强烈的主观色彩。因此,我们将它们都算作情态副词。至于情态副词内部成员在句法属性上所表现出的不一致性,则与情态副词小类在情态体系中的分工不同直接相关,详见下文。

第二节　情态副词的次类划分

情态副词作为情态表达的形式类,它的内部还存在一些细致的分工,在情态表达体系中的作用并不一致,因此,对情态副词情态表达功能的研究,实质上也是对情态副词次类划分的研究。史金生(2003)从情态表达的角度对情态副词进行了小类划分(见表 7.1),并指出这些副词小类的共现顺序为:证实＞疑问＞或然＞关系＞特点＞断定＞必然＞意志/感叹。

表 7.1　史金生(2003)情态副词分类体系

知识类:说话人对命题的成功性和有效性作判断	肯定	证实	显然、当然、其实
		断定	的确、实在、根本、绝对
		指明	才、就、可、并、也、又、还
	推断	或然	恐怕、也许、似乎、至少、简直
		必然	必然、势必、一定、未必、未免
义务类:说话人/施事的意志或对命题的情感、评价	意志	指令	必须、不妨、千万
		意愿	宁可、偏偏、就、只好、索性
	情感	疑问	难道、到底、究竟、何必
		感叹	太、多么、真、好、可、怪
	评价	关系	反而、却、倒是、甚至
		特点	难怪、反正、明明、竟然、幸亏、毕竟、偏偏、恰好

这个分类体系可以比较好地解释情态副词内部小类间的共现顺序。不过,还存在可继续探讨之处。比如"特点"类在"或然"类之后,并不完全符合汉语的实际使用情况,真实语料中可以发现"特点＞或然"的用例,如"好在她也许见过世面"。

另外,特点类包罗的意义类别驳杂,它们之间能否共现,共现顺序又受何约束? 更重要的是,这个分类体系不能解释:"疑问"和"感叹"同属于情感类,为什么在句法位置上却相差甚远? 意志类和感叹类却地位相当? 共现时位置比较接近的情态副词之间有无共性? 等等。因此,这个分类虽能满足对共现顺序的描写说明,却不能真正从情态表达的角度作出解释。我们想要弄明白的是:作为情态的载体,情态副词小类在情态体系中的作用是什么。

一、分 类 标 准

既然情态副词是情态的载体,对情态副词小类的划分就必须参照它们在情态体系中的地位。因此,本书主要依据如下两条标准对情态副词进行小类划分:

一是情态副词与助动词的组合情况;

二是情态副词彼此间的组合情况。

依据这样的标准,本书将现代汉语情态副词划分为四个次类:评价情态副词、认识情态副词、道义情态副词和加强情态副词。

表 7.2　本书的情态副词分类体系

		句子副词	VP 副词
评价情态副词	关系类	当然　的确　确实　诚然　反正 横竖　好歹　毕竟/终究/到底 偏偏	反倒　倒　却　明明
	评述类	幸好　好在　幸而　幸亏　多亏 恰好　恰恰　恰巧　正巧　凑巧 刚好　刚巧 难道　莫非	竟然　居然　竟 何必　何苦　何尝　何不
	证实类	果然　难怪　其实　实际上① 不料　敢情　原来	果真　真的/委实
认识情态副词	揣测类	大半　大多　多半　大约　大概 大抵　或许　(只)怕是　恐怕 似乎　也许　兴许	
	推断类		一定　肯定　必定　必将　势必 必　必然　想必　定然　准保 (没)准　未必　不定
	估测类		未免　不免　难免　不至于

① "事实上"与"实际上"的意义及用法均很相近,但《现代汉语词典》未将其收录为词。

	句子副词	VP 副词
道义情态副词		必须　不必　务必　姑且　不妨/何妨　千万　切　最好　还是　索性
加强情态副词		偏/就　高低　绝对　决　万万并/并非/根本　丝毫　又　实在简直　几乎　总算　分明　就才　也　还　都　可究竟/到底

下面从四个方面详细说明分类依据。

1.1　情态副词与情态助动词间的组合选择性

道义情态副词可以用于道义情态句中，一般只能和非认识情态助动词（道义助动词或能动助动词）连用；认识情态副词则多和认识助动词或能动助动词连用；加强情态副词和评价情态副词则可以和所有类的助动词连用。分别举例如下：

道义情态副词

　　（1）过去的事【不妨】不要再提。（与道义助动词共现）

　　（2）哎，你【千万】不能说！（与道义助动词共现）

　　（3）我【还是】不敢去见他。（与道义助动词共现）

认识情态副词

　　（4）这之后的四年，最晚不超过 15 年，就【必然】会在体内产生致癌因素。（与认识助动词共现）

　　（5）一个伟大的人，【必然】要牺牲小我的。（与认识助动词共现）

　　（6）他【必然】愿意帮你的。（与能动助动词共现）

加强情态副词

　　（7）请你三思而后行，【万万①】不可意气用事！（与道义助动词共现）

　　（8）但你让她放下生意，那就是一座金子的宫殿也【万万】不可能留住她的。（与认识助动词共现）

　　（9）她【万万】不敢想，她不愿好端端的家就这么散了。（与能动助动词共现）

---

　　①　一般学者都将"千万"和"万万"看作是同一类情态副词，其实它们的分布并不一样："千万"只能与道义助动词连用，而"万万"可以与各类助动词相配。因此，它们分属于不同的情态副词小类。

评价情态副词

（10）你【当然】<u>得</u>坐到车厢内！（与道义助动词共现）

（11）这【当然】是<u>不可能</u>写好的。（与认识助动词共现）

（12）女人【当然】<u>要</u>站在女人这边。（与能动助动词共现）

1.2 情态副词与助动词组合后的语义关系

加强情态副词与助动词组合以后，只对助动词所表达的情态意义起到一种加强作用；认识情态副词和道义情态副词与同类助动词组合后，则互相配合，共同表达同一个情态；评价情态副词与助动词组合，一定会增加情的维向。如：

（13）只是你两年之内【决】<u>不要</u>嫁给他！（加强类副词＋道义助动词＝强道义）

（14）他交上的朋友【大概】都<u>会</u>给他惹来危险，这是一定的。（认识类副词＋认识助动词＝弱梯度认识情态）

（15）我们因为也被包围了，【必须】<u>得</u>突围出去。（道义类副词＋道义助动词＝强梯度道义）

（16）我很惊讶她【居然】<u>会</u>武功，而且功力不弱，要想伤她并不是件易事。（评价类副词＋能力助动词＝评价情态＋能力情态）

（17）【好在】人<u>能</u>自我陶醉。（评价类副词＋能动助动词＝评价情态＋能动情态）

1.3 情态副词用于宾语小句时主要谓语动词的语义特征

评价情态副词很少用于宾语小句中，其高层谓语的属性最强。

认识情态副词只能用于表陈述意义的谓语动词（断言类施为动词）的宾语小句中。如：

（18）江婕凝<u>知道</u>自己【势必】要走上这一遭。

（19）<u>估计</u>这样下去【势必】一方会伤害另一方。

（20）大多数人都会<u>预测</u>其进攻路线【势必】会经过伊谢尔伦回廊。

道义情态副词可以用于表指令意义和陈述意义的谓语动词的宾语小句中，且可以用于兼语句。如：

（21）心里有个声音在严厉地<u>告诫</u>自己【千万】别瞎说千万别瞎说。

（22）她很多时候都去工地，常常<u>说</u>【千万】不可偷工减料。

（23）把他叫到一旁，<u>劝</u>他【千万】别结婚。

加强类情态副词也可用于表指令意义和陈述意义的谓语动词的宾语小句

中。如：

（24）她说那是【绝对】不会有的事。

（25）过去教过我的一位历史学教授曾告诫我【绝对】不要回答那些虚拟的问题。

1.4　情态副词连用时的顺序

连用必须是同一层次上的连用，像"她心里再没有一丝妒意，反倒觉得黎瑾的态度未免太孩子气"中，"未免"在宾语小句中，"反倒"与"未免"不构成直接成分，在语义上也没有直接关系，并非本节所谓的情态副词连用。

连用时，评价情态副词一般总是位于其他情态副词前，而加强情态副词则一般总是居后。下文会有详细的连用顺序描写及情态解释，此不赘述。

二、小　　结

认识情态副词和道义情态副词可以直接用于标注认识情态和道义情态，本书将它们看作是核心情态副词（central modal adverb）。评价情态副词和加强情态副词是边缘情态副词（peripheral modal adverb），它们与认识情态和道义情态的表达不直接相关，构成现代汉语的评价情态分系统。这两类副词在情态表达中具有不同作用，先贤已有涉及，比如赵元任（1979：346—351）区分了"估价副词"与"可能与必然副词"，前者大体相当于本书所谓的边缘情态副词，后者相当于核心情态副词，特别是认识情态副词。而王力（1984）所关注的语气副词，只包括边缘情态副词。

第三节　情态副词次类之连用顺序规定

一、评价情态副词

评价情态副词对语句的真值没有影响，而是用来表达说话人对语句所描写的事态作出的主观评价态度（evaluative attitude）。它们像叙实动词（factive verb）一样，都预设有说话人对命题真值的完全承诺，因为只有说话人在完全承诺命题为真的前提下，才能对它进行主观的评价。评价情态副词在句法特征上，最符合张谊生（2000）和史金生（2003）的研究。从语义上来说，这些情态副词正是所谓的"凡居于副词所常在的位置，而西洋语言（如英语）又没有一个副词和它相当者"（王力，1984：230）。

根据它们的语义以及共现规定，评价情态副词可以分为三个小类：

关系类：当然 的确 确定 诚然；反正 横竖 好歹 毕竟/终究/到底；明 明 偏偏 反倒 倒 却

评述类：幸好 好在 幸而 幸亏；竟然 居然 竟；恰好 恰恰 恰巧 正 巧 凑巧；难道 莫非 何必 何苦

证实类：果然 果真 难怪 原来 其实 实际上

1.1 关系类评价情态副词

关系类情态副词用于连接两个命题，对命题间的关系进行指定。内部可以再分为两类：一类除了在句子中充当状语外，还可以连接两个句子或句群，也就是起到联加语（conjunct）的作用，包括"当然、的确、确实、诚然"等；一类则用于因果或转折关系句群，对语句的某一部分内容作出主观评判，"反正、横竖、毕竟、好歹、终究"主要用于因果关系句群，是句子副词（disjunct），"明明、偏偏、反倒、倒、却"主要用于转折关系句群，是 VP 副词。如：

（1）总监这才定过神来，大声道："我不会听疯子的胡说八道，【当然】要恢复操作！"

（2）可是他性子极烈，实在按捺不住，心想【反正】难免死在他的手中，何不拼上一拼？

（3）不管怎么样，他不该连她的名字都没记住，虽然她不打算嫁他，但她【毕竟】是他明天准备要娶过门的老婆，他竟然记不住她的名字？

（4）原来他是学他父亲掩耳盗铃的法子，【明明】要人听见，却又不肯担当背叛师门的罪名。

1.2 评述类评价情态副词

评述类情态副词用于表达说话人对语句内容的主观评价，内部还可分为三个小类："好在、幸好、幸而、幸亏"是一组，它们也对两个相关命题间的关系作出主观评判，但是与关系类情态副词不同之处在于，它们本身不隐含有因果或转折等逻辑关系。"难道、莫非、何必、何苦"等是一组，用于疑问句中。"竟然、居然、竟"是一组，它们表达语句内容出乎说话人的意料，与"好在""难道"组连用时，位置居后。"恰好、恰恰、恰巧"组还保留着较强的实词义，与其他评价情态副词连用时，位置均在后。如：

（5）【难道】【居然】就为了我，改用了雪一样深情而低柔的语言么？

（6）我真醉得糊涂了，【幸好】自己【居然】还会洗澡。

（7）那人的轻功也真是好生了得，半空中一个"鹞子翻身"，【居然】【恰巧】

落到奔跑着的马上。

(8)【幸好】我【恰巧】正是这一行的老祖宗,不管他们怎么样变,我都能看得出他们的狐狸尾巴来。

1.3 证实类评价情态副词

证实类情态副词用于对命题真实性的认定,与其他评价情态副词连用时,位置一般也居前。如:

(9) 后来【果然】【不幸】而言中,半年后就出现了市场疲软。

(10) 怪不得古人说是"意马心猿",【果然】【竟】无一刻安宁。

(11)【其实】他【反正】是睡着,天不亮也罢,太阳不出也罢,一点没有关系。

1.4 评价情态副词的连用

评价情态副词是从不同的角度细致表达说话人的主观评价态度的,彼此连用频率比较低,但是,只要是语义上彼此可以和谐,就可以连用。连用顺序则主要受到副词本身的句法特征的制约,即句子副词一般位于句中副词前,同是句中副词,则实词性强的居后。再如:

(12) 端木姑娘,我当时的确是如此,【难道】你【反倒】希望你所爱的人,来说谎骗你吗?

(13) 所有事情摆明了就是她错,她【竟然】【反倒】过来将社长大人骂个狗血淋头、惨不忍睹?

另外,连用顺序还受到语篇中上下文语义关系的制约。如:

(14) 当初要不是你告诉我去争这个角色,还没这后果呢,现在你【却】【反倒】责备起我来了……

(15) 带着他走到西面跨院的一间房子,里面【倒】【的确】是比城里客栈宽敞,幽静得多。

(16) 如果你已经忘记了——如果艰苦与危险已经把它从你的记忆中驱除了——【幸而】【实际上】并没有这样!

(17) 伸出豹囊,手里虽已握着满把暗器,却也不知为了什么,【竟】【偏偏】没有发出来。

以上这些情态副词在连用顺序上并没有固定的顺序,孰先孰后取决于语义表达的需要。

二、认识情态副词

2.1 认识情态副词次范畴及其连用

认识情态副词，从情态意义上来说，都用于对语句所描写的事态进行推测，与认识助动词不同的是，认识情态副词同时也表明了说话人对语句内容的自信程度。根据其共现时的顺序及其在情态表达上的意义，认识情态副词内部还可以分为三个小类：

揣测类：大半　大多　多半　大约　大概　或许　也许　似乎（只）怕是　恐怕

推断类：一定　肯定　必定　势必　想必　必然　准　没准　未必　不定　说不定

估测类：未免　不免　难免　不至于

这三个小类，说话人的自信程度是不同的：揣测类和估测类，说话人的自信程度比较弱，而推断类说话人的自信程度强。

这三个小类彼此之间可以连用，并且遵循一定的顺序：揣测类＞推断类＞估测类。如：

（18）只见薛乾尚微笑点头说："【大概】【势必】要离开了。"

（19）【恐怕】【未必】一下子就能挣上几千几万吧？

（20）吕麟呆了片刻，见杨赛环已将追近，也心想在此动手，【一定】【难免】将至尊宫中的人引来，不如将杨赛环引了开去再说！

（21）并且料刘松山身经百战，【必】【不至于】单身去追仆石岩的那些回将的，所以只把左翼队伍，一径掩护中军，直向妈妈庙小路前进。

（22）倘然不得手，【恐怕】【难免】还要分兵助战咧。

（23）否则，事情做得再多，【恐怕】都【不免】产生许多副作用。

认识情态副词次范畴间连用时，在语义上是一种加合关系（unharmonic combination），连用的情态副词各自保留自己的意义，全句的情态则由两部分意义组成。揣测情态副词从意义上讲，表达的是说话人不太肯定的态度，它与其他认识情态副词连用时，总是放在前面，也就是将其他认识情态副词置于自己的辖域中。这样说话人就从一定程度上弱化了自己的推测承诺，一方面可以给自己留有余地；另一方面，也能照顾到听话人的面子，起到礼貌的作用。

同一个次范畴内的认识情态副词也可以彼此连用，它们本来表示的情态意义属于同一个域,连用时则共同表达该情态域中的值,彼此在语义上是一种融合关系(harmonic combination)。如揣测情态副词彼此连用:

(24) 哼,【恐怕】【多半】还是幸灾乐祸吧。

(25) 肯出来拜堂的,【只怕】【多半】不是严烷了。

(26) 我就不禁要推断,倘若他再多活几年,【大概】【多半】是又要推开命运的启示,再作一次艰苦的逃离吧。

(27) 四铭支吾着,脸上也像学程练了八卦拳之后似的流出油汗来,但【大约】【大半】也因为吃了太热的饭。

"大半、大多、多半"的虚化程度比较低,它们的实词性较强,往往还保留着本身的词汇意义。因此,与其他揣测情态副词连用时,总是居后。另外,"恐怕、只怕是"之所以总是居前,还可能与它们来源于心理活动动词有关。其他揣测情态副词很少连用。

推断情态副词和估测情态副词内部一般不能彼此连用,但是,"一定"是个例外。如:

(28) 驾驶人可能疏忽,可能一时违反交通规则,但是这【未必】【一定】发生车祸,车祸的现象是在没有空间可以闪躲时才发生。

(29) 摔下悬崖,【未必】就【一定】会死,何况粉身碎骨,也不是我一个……

"一定"可以与其他推断情态副词连用,是因为"一定"同时还承担着标注情态梯度的任务,详细论述见下文。

通过以上的描写可以看到,认识情态副词的连用顺序,取决于两个因素:主观性的高低和语法化的高低。揣测类情态副词表达的是说话人完全自我的判断,推断类情态副词则往往是建立在事实、情理根据上的推断,兆显推理过程。从主观性程度上讲,它低于揣测类情态副词,因此,连用时位置居后。另外,情态副词本身在语法化程度上的高低,也是一个重要的决定因素。估测类情态副词在主观性程度上虽然与揣测情态副词相当,但是,连用时它们却总是居后,这是因为"不至于、难免"等还保留着比较强的实义动词用法。如:

(30) 恐怕【不至于】经费里开销吧?

(31) 以他的身份,似乎还【不至于】血口喷人。

(32) 把这迹象凑在一起来推断,加强了朱文的信心,一定【不至于】空等。

(33) 木道人若杀了他灭口,大家就算找不出证据,心里也必定【难免】怀疑。

由此可见,主观化与语法化是两个不同的过程,二者的进程并不一定同步;主观化先行,主观化是语法化的动因之一。情态副词间的连用顺序,要受到不同因素的制约,主观性越强的,越倾向于居前,即处于外围;语法形式本身的语义与语句内容越紧密,即实义性越强,越倾向于居后。但这只是一个语义制约原则,连用顺序还要受到语法形式本身的句法特点制约,语义原则要屈从于句法制约原则。

2.2 认识情态副词与评价情态副词的连用

认识情态副词可以与评价情态副词连用,连用时一般居后。如:

(34) 有通行令在手【的确】【不一定】得来,但一旦开启了两界的信道,段小姐,你不来还真不行。

(35) 这桩事情下来,虽瞒得一时耳目,【终究】【一定】有人晓得,既然晓得,保不住就要说话。

(36) 世上有着两种人,一种是跟着命运走的人,一种是被命运跟着的人,前者可能出于无奈,可能身不由己,但【却】【一定】无法以此掩饰内心的懦弱,他过的人生完全是一个剧本。

(37) 高不高兴,【横竖】【一定】是个震惊。

(38) 他尽管那么说,我自己心里想,"好吧,【反正】我【一定】得想法子救你的命。"

(39) 可是他性子极烈,实在按捺不住,心想【反正】【难免】死在他的手中,何不拼上一拼?

(40) 似乎有什么事情……【横竖】哥哥【大概】很晚才回来。

(41) 我相信许多旅行的人和我一样的感觉,【当然】【也许】也和我一样,期望有和力波一样的好运。

(42) 有一会儿小媳妇的脸上也起了绯红,【好在】她【也许】见过世面(不然姚书记在该乡工作多年咋第一次发现),就很快适应,并模特样地在屋子里摆来摆去地走着。

但是,评价情态副词与揣测类认识情态副词连用时,位置比较灵活,揣测情态副词也可能居前。如例(43)—(47)。这说明,揣测情态副词在主观性程度上的确是最高的。

(43) 我不能说傅小晶是无情无义,【也许】一直粗心大意的人【其实】是自己。

(44) 此刻,【也许】【实际上】双方都知道对方要说些什么。

（45）夜间有这么多的流氓地痞出没，【也许】【难怪】老婆婆要起疑心的。

（46）【也许】这【毕竟】无关紧要。

（47）【也许】【的确】不如他聪明，不如他机警，但若论狠毒，若论狡黠，小鱼儿却差多了。

2.3 认识情态副词与情态的梯度

认识情态副词可以直接用于标注认识情态，它们主要从说话人的自信程度的角度来表达说话人对自己作出的认知推测的承诺态度。同时，它们也承担着与助动词一起表达情态梯度的职责。

2.3.1 "可能—应该——一定"形成的三个梯度

第六章说过，与英语不同的是，汉语助动词的语义中突出的是情态维向的对立，而不仅仅是梯度。不过，助动词"可能""应该"用于认识情态时，也隐含着梯度的不同。如果以维向和梯度作为二维标准，可以将认识助动词描述如下：

表 7.3 认识助动词所表达的情态梯度

维向 ＼ 梯度	弱	中	强
可能性（理论上）	可能　能		
应然性（情理规范的）		应该　该	
将然性（预言式的）	会　要　得		

不难发现，在可能性和应然性形成的梯度连续统上，缺乏了一个强梯度，也就是必然性。这个梯度在汉语中是由推断情态副词来承担的。因为推断类情态副词大都可以自由地与将然性助动词"会、要、得"连用，而不太能与"可能、应该"连用。这说明，推断情态副词和"可能""应该"含有梯度上的冲突。如：

（48）我听到了爸爸的叹息，却没有听到从前我家每天早晨【必定会】响起的各种声音。

（49）老先生七十多岁了，他给我算过，说我【必定得】离婚，当初，自己还不相信，老人的话可信吗？

（50）"假如我不知道他的名字，只是偶尔遇见了他，他是【肯定不会】给我留下任何印象的。

（51）如果要想得到靳士廉的心，那【势必要】是个很异于常人的女子才行，那女子要具备果决的信心、向雪山挑战的耐心、利落的个性，以及永不言输的恒心!

(52)我保证你听到之后【一定会】大吃一惊。

(53)我虽然公事忙,【未必会】在家候你,不过露玲一定很欢迎你的。

在语料中也检索到了"可能"或"应该"与推断情态副词对举使用的情况①。如:

(54)驾驶人【可能】疏忽,【可能】一时违反交通规则,但是这未必【一定】发生车祸,车祸的现象是在没有空间可以闪躲时才发生的。

(55)怎么【可能】,艾儿都死了,这【一定】是她心里作祟,影的嘴角泛起一抹自己不自觉的自嘲微笑,也许是她压根儿不想承认对雷的想法正在改观之中,因而推托到姊姊身上吧?

(56)这就不【可能】写出有血有肉,活生生的人物形象,只靠泡"人干"搞创作,创作【必然】要枯萎了。

(57)老一代先后凋零,政治环境也瞬息万变,蒋氏家族正走进历史,孔令伟【应该】已经是蒋家的末代总管,她的作风【势必】亦将成为绝响。

因此,汉语中推断情态副词承担着表达认识情态高梯度的职责。我们不妨把"一定"作为认识情态强梯度的代表标记词。理由如下:

其一,其他推断情态副词在语义中往往包含着说话人之所以作出这样的承诺态度所依靠的证据来源。如"势必"是情形迫使,"想必"是说话人自我推测,"肯定"是说话人自我的有把握的判断等,而"一定"不包含着这些因素,是一个单纯的强梯度标记。

其二,"一定"可以与其他推断情态副词连用,且居后,与助动词和推断情态副词连用时的位置一样。再如:

(58)把手放在华氏147度的热水塞门下面,【想必】【一定】很烫手,是吗?

(59)你虽然不怕他,可也【未必一定】能胜得他,二虎相斗,必有一伤,伤的如若是你萧翎,岂不要我家姑娘痛断肝肠,终生难安!

其三,与其他推断情态副词不同的是,"一定"具有一些与助动词相同的句法特征。如可以接受"不"的修饰,也可以用于"不~不"格式中,而其他推断情态副词不可以这样用。如:

(60)我们本可以更多地一起坐坐,一起喝喝茶水,【不一定】必须为了传递信息,【不一定】互相托付交办什么事情,【不一定】有什么具体的目的具体的

---

① "可能"与"必然"的名词性用法,也是很好的旁证,如:再推及从【可能】成为【必然】,以自身存在的【必然性】而赋予其他事物以必然出现的【可能性】的……

任务。

（61）得到的【不一定】会天长地久，而曾经失去的【不一定不】会再拥有。

其四，"一定"也可以用于表达道义情态，而其他推断情态副词不可以。在这一点上，"一定"与典型助动词在情态域间的广泛分布也是一致的。如：

（62）你【一定】去啊！

（63）你【一定】别忘了啊！

（64）小敏，【一定】要争气。

（65）那个女人来了，你【一定】、务必要打发掉她，用什么方法都可以。

综上，我们把"一定"作为必然性梯度的代表标记词。这可以解释"一定"在句法分布上兼具副词和助动词两个词类属性的原因。学界也有人将"一定"看作是助动词（黎锦熙，1955；梁式中，1960），本书之所以将它当作情态副词，主要是考虑到它可以和所有助动词连用，在这一点上它与"可能、应该"等助动词有着鲜明的对立，另外它也不能像助动词那样"肯否连用表疑问"。从辖域上来说，"一定"与助动词连用时，是将包括助动词在内的其他部分作为一个整体放置于自己的辖域之中的。也就是说，整体而言，"一定"在句法属性上与情态副词更为接近。①

2.3.2　认识情态梯度的细致刻画

"可能""应该""一定"形成了认识情态的三个维度：可能性、应然性和必然性。而在这三个维度的内部，还可以作进一步的梯度划分。

揣测类情态副词和加强副词与"可能"的组配，可以在可能性情态内部形成更多的梯度。如：

（66）这一天下班没回家，不知怎么一头扎进了"安娜卡列尼娜"，【多半可能】是安娜引诱的。

（67）这一切，如果不是意外地重逢了他，我【大概可能】还要知道得更晚一些，或者就永远不会知道了。

---

① 在语料中，我们检索到如下的例句：
（1）而且发展下去，【一定】【可能】把中国的好人弄得心硬如铁。
（2）娅总是希望自己像个非常现代的女孩，完全不顾任何禁忌或道德束缚，这样【一定】【可能】生活得轻松些，可事实上她并不能完全如此。
在这两个语句中，表示强梯度的"一定"与表示弱梯度的"可能"连用了。但这样的用例极少，我们在媒体语言语料库（MLC）中进行了核查检索，来源于中央电视台的所有节目文本中，仅检索到1例，即"你在这个小区当中一定可能经历过很多，……"，疑似主持人口误。不过，这种"一定可能"的共现，也说明"一定"还保留着情态副词的特点，将包括"可能"在内的整个句子作为自己的辖域，对可能性作出一个主观的肯定性判断。

(68) 如果我有钱,就会吃光用光的吧;【也许可能】会攒一点下来。攒钱干吗呢? 现在的物价越来越贵了。

(69) 所以我觉得电影在某种程度上,它【恐怕可能】,就是假如说要是弄商业电影的话,我觉得中国现在的小说帮不了商业电影多少忙。

(70) 意思不很明白,里面【似乎可能】有刻错的字,但是也不知道正文是什么字了。夜晚的沙滩一片静谧,这种静谧反而扩展为无边无际的神秘,夜色覆盖下的沙滩【似乎不可能】存在动物。

(71) 而白奇伟【多半】也【不可能】在这么短的时间内,将那二十一块钢板,运到远处去。

(72) 所以她不能容忍在霍达心中杏儿比自己更重要,更何况她认为霍达【根本不可能】会舍弃她,而去选择那个在各方面都输她一大截的陈杏儿。

(73) 那么就一定知道,除了在梦中以外的任何地方,都是【完全不可能】的。

(74) 说是这么说,但他【绝不可能】退婚,他非整死那个叫苏富的老头不可!

(75) 她竟自动回来了,以她的个性,【绝对不可能】,我起初还以为她回心转意了,哪知,她竟提出要介绍一个人去我厂里做事。

(76) 【绝对可能】比现在还要来得少,虽然现在每年要射杀数十万只。

而"应然性情态"内部的梯度细化则是通过与揣测情态副词的组配来实现的。揣测类情态副词在情态意义上都表达了说话人的不太肯定的或者逃避承诺的一种态度,因此,它们与弱梯度的"可能"和中梯度的"应该"都可以连用。如:

(77) 这一类的事记不胜记,总之垂老的老三,【似乎应该】就是罗丹的《老妓》,哀伤于过去,看一看现在。

(78) 眼中已经有雾气产生,这【也许应该】是我最后一次看到他神气俱伤的样子了。

(79) 她不禁偷瞄他,不确定地想着,【或许应该】很愉快吧?

(80) 男人眼里的美人,【大概应该】是那种穿着纤纤细跟的女孩。

在这些用法中,揣测情态副词弱化了说话人的推测承诺,因此,也可以说它们与助动词的组配起到了一种进一步细化情态梯度的作用。在交际当中,这种组配也可以起到一定程度上的礼貌作用:说话人进一步弱化自己的态度,一方面给自己留有回旋的余地,另一方面也给了听话人更大的判断权利。

将然性情态维度内部的梯度则可以通过与可能性、应然性认识助动词、揣测情态副词和推断情态副词的共现来实现。如：

（81）我想，我很【可能会】不习惯。

（82）这很珍贵呢！【应该会】变色的。

（83）他总认为雨不会很快下起来的，【大概会】在晚上下，起码在他到家以后下。

（84）这不好，【也许会】引起人们的怀疑。

（85）视若无睹、见死不救，但明天，【不定又会】看到他为了某件欺压良善之事赴汤蹈火、全心卯上。

（86）这之后的 4 年，最晚不超过 15 年，就【必然会】在体内产生致癌因素。

2.3.3　认识情态的维向与梯度

综上，可以把情态副词与助动词共同表达的认识情态的维向和梯度完整地表示如下：

表 7.4　认识情态的维向与梯度

情态的维度		说话人的自信度	标记举例
或然率			
弱	可能性（可能）	弱	多半/大概/也许/或许/似乎＋可能
		中	可能
		强	绝对＋可能
中	应然性（应该）	弱	似乎/也许/或许/大概＋应该
		中	应该
		强	？肯定应该
强	必然性（一定）	中	一定
		强	肯定、势必、必定、想必、必然
将然性（会）		弱	可能/大概/也许/多半/大半 等＋会
		中	应该会
		强	一定/肯定/必然/势必 等＋会

有几点要说明一下：

程度副词也可以与"可能、应该、会"连用进一步细致区分认识情态的梯度，如：

（87）而【不太可能】属于其他动物一样……

(88)而提前离开的那些人【很可能】还带着未了的心愿。

(89)一思及此,文非凡就【更不可能】放弃了。

(90)他心想只怕再难见着蓝大先生,哪知却偏偏在这【最不可能】的地方见着了他……

(91)其实这首歌恰恰是女人【最应该】唱给男人的。

(92)其实我【不太会】为了偶像开骂……今天的确是有点生气吧。

但程度副词是直接修饰助动词的,即它们直接作用于"情态算子"(助动词)以提高说话人的承诺程度。

而加强词与助动词的连用,却可能产生歧义。以"他绝对可能在那儿"为例,可以有两种理解:

a. 绝对(可能他在那儿)。

b. (绝对可能)他在那儿。

如果说话人在交际语境中,是针对听话人的"他不可能在那儿"的断言作出反驳,则"他绝对可能在那儿"就得作 a 句的理解,"绝对"表达了一种说话人的非常肯定的认定态度。如果说话人只是在作一个推测,则"他绝对可能在那儿"得作 b 句的理解,"绝对可能"作为一个新的情态算子,反映了说话人的承诺态度,提高了说话人的认知承诺度。

揣测情态副词与助动词配合表达情态梯度时,情态副词是将助动词归在自己的辖域当中的,这时候,情态副词所表达的情态梯度成为全句的梯度。因此,虽然"应该"在情态梯度上比"可能"高,但是"大概应该"所表达的说话人的承诺程度却并不一定比"大概可能"高。副词—助动词的组合所表达的梯度高低到底怎么样,母语说话人也可能持有不同的看法。必然性梯度中的诸标记词所表达的梯度差别,母语说话人也有不同的意见。

在应然性维度的次类中,我们在标记词"肯定应该"的前面打了问号。这是因为,虽然一部分母语说话人认为"他肯定应该在那儿"可以说,但是在语料中并没有检索到用例,而且也有相当一部分母语说话人对"他肯定应该在那儿"的合法性表示怀疑。另外,纵使"肯定应该"在口语中是可以说的,也一般只能用于说话人对"不应该"作出反驳的语境中。如:

A:我觉得这本书不应该在那儿的。

B:怎么不应该?我觉得它肯定应该在那儿。

说话人使用"肯定"是为了表达自己的认定态度,而不是作出推断。从理论上讲,"肯定"表达的是说话人相当高的承诺程度,而"应该"则要弱一些,它们连用是矛盾的。因此,当说话人单纯作出推断的时候,"肯定应该"是不合法的。

还要说明的是,这个维度表中没有列出否定式。从逻辑的角度说,可能性的否定是必然性,必然性的否定是可能性。即:

不可能=必然　　　不一定=可能

情态副词中有一类否定式"不定、未免、不免、难免、不至于",如果把它们列入表中,它们应当属于可能性维度。"未必一定"也属于可能性维度。而"绝对/根本/完全+不可能"等,则属于必然性维度。

总之,认识情态副词在汉语的认识情态表达上起着重要作用,它们可以单独用于认识情态梯度的表达,也可以与认识助动词配合使用,使不同维向的情态形成各自的梯度。另外,可以用于弱梯度的助动词和副词,往往可以并列或对举使用。如:

(93) 好烦喔,烦死了,什么跟什么嘛……好吧!我承认我真的【可能或许应该大概】……喜欢上了那个自大狂。

(94)【也许】过不了多久看腻了就会送回来;也【可能】他忘了,忘了也就算了。

三、道义情态副词

道义情态副词可以用于当时当地的交际场景中,表达道义情态。只能和道义助动词或能动助动词连用。从句法上看,道义情态副词一般只能位于句中,不能位于句首。这和道义情态的特点有关,因为道义情态是关于事件的情态,道义情态标记词只能将谓语部分作为自己的辖域。它们是:千万、切、务必、不必、不妨、姑且、还是$_1$、最好、必须、索性等。如:

(95) 人命关天的,你【千万千万】不要胡来!

(96) 我有急事,今夜【务必】要见他。

(97) 还说没有,我明明看见了,你【不必】否认啦!

(98) 你【姑且】叫一声试试!

(99) 你对我的将来没有任何关系,过去的事【不妨】不要再提。

(100) 哎,【还是】不能说!

(101) 我一点儿也不介意,【最好】你一辈子都不要理发,也别换衣服。

(102) 我们也被包围了,【必须】得突围出去。

(103) 赵兄【索性】不要走,跟我共进晚餐如何?

另外,道义情态副词也可以用于能动情态助动词前。如:

(104) 像咱们这种远离家乡无亲无故的女孩子,【最好能】找个依靠,那样也好少受些别人的欺负。

(105) 要是凯瑟林的浮尸出现,他们【必须能】对马丁参议员说,他们已经尽了全力。

道义情态副词一般只能用于情态助动词前面,个别的却可以用于助动词后面。分为两类:

表 7.5　道义情态副词与助动词的组配

	副词在前	副词在后	
		道义助动词在前	认识助动词在前
姑且	姑且可以、姑且不要	可以姑且	
千万	千万要	要千万(小心)	
不必	不必非得	可以不必、应该不必	
索性①	索性要/不要	可以索性	可能会索性

值得注意的一点是,"不必"在道义情态副词中比较特殊:

1) 只有它可以接受"实在、的确、简直、完全、根本、千万"的直接限定。

2) "不必"可以用于能动助动词后面。如:

(106) 一般说来,他不爱说话,喜欢拉小提琴,也许这是因为拉琴的时候<u>可以不必讲话</u>。

(107) 在一个重才兼更重色的都会,这么漂亮的女孩子照说<u>应该不必</u>流泪。

3) "不必"还可以和另外的道义情态副词"姑且、千万"连用。

3.1　道义情态副词的连用

道义情态副词成员比较少,各自承担一个情态维度,因而它们之间的连用较少,且连用时一般是加合关系。但是,"千万"自身还保留着比较强烈的限定功能,它与"不必"或助动词连用时,都充当加强词的角色。道义情态副词内部的连用情

---

①　"索性"可用于认识助动词后面,此时的"索性"不具备道义情态副词的特征,接近一个摹状副词。如:如果你仍是坚持要冲去家中阻止妈的话,她<u>可能会</u>【索性】扮演玛丹娜来气死你。另外,"索性"还可以置于句首,如"索性,咱们一起去吧"。

况,主要有几种:

(1) 还是必须。如:

(108) 尽管立场是抽签决定的,但是对一个不能选择的立场,我们【还是必须】确定自己的信念。

(2) 最好还是。如:

(109) 不过还是得说,如果那个男的父母亲真的在医院的话,你【最好还是】去打声招呼。

(3) 姑且不必。如:

(110) 这个【姑且不必】问他,既有吴大帅的命令,他叫我们怎样办,我们就该怎样办。

(4) 不妨姑且。如:

(111) 你【不妨姑且】去一趟。

(5) 千万不必。如:

(112) 呵,夫人,您【千万不必】如此烦恼,年轻人的轻浮是会过去的。

3.2　道义情态副词与认识情态副词、评价情态副词连用

道义情态副词可以与认识情态副词和评价情态副词连用,连用时都居后。如:

(113) 得到教训就得学乖,【也许】她【不必】替他保留尊严。

(114) 我想,【也许】人们【必须】要这样互相捏着、扭着、打着、扳着、争斗着、咬啮着,才能保有他们存身的一席之地。

(115) 【难怪】他【必须】在十一二岁前就破身。

(116) 【幸好】【不必】连累她。

(117) 【居然】【不必】费事杀死你。

(118) 然而,他【恰恰】又【必须】具有追踪猎物的速度与耐力。

(119) 【当然】,我【必须】同意悲观主义者对我们的指责:我们几乎是故意让孩子看残忍的电影和电视来使他们习惯于野蛮和暴力。

(120) 妇道人家的名节非同小可,【好歹】他也【必须】给人家家中的尊长一个交代。

(121) 不错,一个人【的确】【还是】不要想得太多的好。

认识情态副词与道义情态副词的连用顺序,再次说明认识情态在主观性上高于道义情态,是人类语言的一个共性(Sweester,2002)。认识情态是关于命题的情

态,道义情态是关于事件的情态(Palmer,1979:3),从理论上来说,认识情态标记可以将道义情态命题作为自己的辖域。汉语情态副词间的连用顺序验证了这个观点。

另外,道义情态副词与认识情态副词或评价情态副词连用时,还可以直接用于当时当地的道义情态句中,这样的用法主要是出于礼貌原则的考虑。如:

(122)【大概】咱们【最好】马上走。

(123) 不管怎么说,【也许】【最好】还是跟你们邻居中的哪一位先说一说。

(124) 这些话【似乎】【不必】再加分析了。

(125)【其实】你也【不必】太难过,我此次前来,是想找你谈生意,不知你有无兴趣?

(126)【其实】你【不妨】仔细想想看,如果你真有一双慧眼,除了我,还有谁懂得你?

同核心认识情态副词一样,道义情态副词除了自身表达道义情态之外,还可以与道义助动词一起构成道义情态梯度的表达,第三章第三节已经讲过,此不赘述。

四、加强类情态副词

加强类情态副词都不能独立标记认识情态或道义情态。在句法上,它们也只能做句中副词,对其后的成分进行语义限定。一部分加强词只能或多用于否定句,它们是:高低、并、根本、并、并非、决、万万、偏、就、绝对、又、丝毫。另外一部分则肯定句和否定句皆可,它们是:实在、几乎、简直、总算、分明、就、才、也、都、可。还有一类只用于疑问句:到底/究竟。

从语义作用来看,加强词与程度副词相近,都对其所修饰的成分进行程度上的限定。但是,程度副词只用于对性状或心理活动状态进行客观的程度表述。"太、多么、好、真、挺、怪"等副词,虽然带有说话人的主观态度在内,但是表述的还是程度本身超乎说话人的意料,情绪义是附加在程度表达之上的。而加强词则不同,加强词的主要功能在于表述说话人的主观情绪与态度。

从语义上看,有的加强词只与意愿助动词连用,加强意愿程度的表达,如"偏、就、高低";有的加强词则可以与认识助动词和能动助动词连用,加强认识判断,如"并、并非、根本、几乎、简直、总算、到底/究竟";还有的可以用于各类助动词前,或者加强认识判断,或者加强道义强制程度,如"决、万万、绝对"。

因为加强词一般修饰其后的成分,因此与语句内容关系密切,与其他情态副词连用时,总居最后。如:

(127)【反正】咱【高低】都不说啥,做人不能忘本,没有老马,哪儿有云霞的今天,我啥也不说啦。

(128)【幸好】她【总算】逃出来了。

(129)于是他又不禁透了口长气:"无论如何……"他唏嘘着道,"这一天【毕竟】【总算】是过去了!"

(130)鼓励基层同志"将在外君命有所不受",【不必】【绝对】服从上面的规定,要因地制宜,搞好林场。

(131)北京建都已有五百余年之久,论理于衣食住方面应有多少精微的造就,但实际【似乎】【并】不如此,即以茶食而论,就不曾知道什么特殊的有滋味的东西。

(132)普律当丝走进我的卧室,她【倒】【并非】真要参观我的卧室,而是要赎补她刚才的蠢话,这样就留下玛格丽特和我两个人了。

(133)【毕竟】赤龙的未来【并】不属于她。

五、情态副词连用顺序的情态解释

上节通过对语料的分析发现,情态副词小类往往可以连用,而且它们的连用遵循着一定的顺序:

评价情态副词＞认识情态副词＞道义情态副词＞加强情态副词

该连用顺序是由情态副词在情态表达上的特点所决定的。加强类情态副词与语句内容联系最紧密,辖域最小,因此,连用时总是居后。道义情态副词所表达的情态是关于事件的情态,管辖范围是一个事件过程,句法上是整个谓语部分,因此,连用时可位于加强词之前。而认识情态副词是关于命题的情态,管辖范围是整个命题,因此,与道义情态副词连用时,要居前。而评价情态副词表达的是说话人对整个命题的主观评价态度,命题可以是现实世界的命题,也可以是可能世界的模态命题,因此,与认识情态副词连用时,一般也得居前。可见,情态副词内部小类的连用顺序与汉语副词的连用遵照相同的"范围原则",即语义统辖范围大的词语排在其他词语之前(袁毓林,2002)。

第四节　情态副词与语气助词

王力（1984:229）认为语气末品（情态副词）和语气助词都用于情绪表达，就意义上说，界限是不很分明的。有学者（文炼、胡附，2000；张亚军，2002:38）干脆提议将情态副词看作句中语气词。这些论述都明确地认识到了情态副词与语气助词属于同一个语义语用范畴，即情态。

上文指出情态副词内部有两类：一类是核心情态副词，并不以表达说话人的情绪或语气（口气）为主，而主要用于对命题的推测或道义诉求；另一类是边缘情态副词，包括评价情态副词和加强情态副词，主要用于表达说话人的情绪或语气（口气）。王力先生所关注的语气末品只包括边缘情态副词，并认为"只、竟、偏、倒、也、还、到底、又、并、都、就、简直、才、索性、难道"等与语气助词一样，都用于表达 emotional moods，包括"诧异、不满、轻说、顿挫、重说、辩驳、慷慨、反诘"等八种。

同用来表达情绪或语气（口气），情态副词与语气助词可以在语句中共现，共同表达说话人的交际态度。如：

(1) 杨牧，我看【多半】是你的瞎疑心吧。

(2) 波洛很怀疑他刚才【多半】还一直坐在铁锹上歇气儿呢。

(3) 如此年纪，即出家来行道化缘，法力【必定】不小吧？

(4) 我告诉你，风向【不定】往哪儿刮呢。

(5) 【反正】大家就是喜欢这一套嘛！

(6) 【反正】对他可粗暴啦。

语料中所检索到的共现情况如下表所示：

表7.6　情态副词与语气助词的组配

	吧	呢	嘛	啊/啦/哦/呀
评价情态副词	反正　横竖　好歹 总算 终究 明明	横竖　好歹 难怪　其实(呢) 多亏　竟 明明	当然　的确　偏偏 反正　横竖　好歹 难怪 多亏　毕竟　终究 明明	当然　的确 反正　好歹 总算 毕竟　终究 明明 幸好/幸而/好在

（续　表）

	吧	呢	嘛	啊/啦/哦/呀
加强情态副词	并非	还 到底　何必	并非　绝对　简直 到底　何必　岂不是	可　绝对　简直 到底　何尝　岂 不是
认识情态副词	恐怕　大概　怕是 大约　或许　也许 多半 必定　必然　一定 不免　未免　不 至于	恐怕 或许　也许 说不定	或许　似乎 肯定 难免　不至于	恐怕　大概　怕是 只怕　多半 必定　肯定　说 不定 不至于
道义情态副词	不必　不妨　姑且 索性　最好　还是		不必　不妨　必须	不必　不妨　必须 千万　务必

该表格中所列举的共现情况是基于本书的研究语料而检索出的结果，在更大规模的语料中还可以检索到更多其他的共现用例，如在 BCC 语料库中就可以检索到"索性"与"啊"的共现，如：

（7）不就是怀旧？【索性】一次战个痛快【啊】！

从上表中的共现分布，几乎看不到明显的规律性，不过，从共现频率上来看，大抵确信度的一致程度会是影响它们共现倾向性的一个重要因素。

比如，在 CCL 语料库中，限定检索条件为"有序相距小于等于 10 个字"时，情态副词与"啊、吧"的共现情况如下表所示：

表 7.7　情态副词与语气助词"啊、吧"的组配

		啊	吧
评价情态副词	反正	约21	约94
	横竖	0	1
	好歹	14	22
	总算	10	29
	终究	9	1
	明明	14	1

(续　表)

			啊	吧
认识情态副词	高确信	必定	2	11
		必然	0	4
		一定	约248	约702
		不免	3	9
		未免	3	约113
		不至于	11	约210
	低确信	多半	0	18
		怕是	4	约168
		只怕	4	25
		恐怕	10	约479
		大概	3	约1 504
		也许	13	约1 032

　　注意:"横竖/必然/多半……啊"没有检索到用例,是因为所用语料库不同,并非它们不能共现。

　　从统计数据看,"吧"与认识情态副词的共现频率远远高于"啊",即使是表达高确信度的情态副词与"吧"的共现频率也要稍高一些。这是因为,情态所表达的含义是介于"是—否"之间的(Halliday,1985),即便是表达高确信的情态副词和情态助动词,说话人对命题的承诺态度也并非100%的"是"。比如"今天下雨了""今天没有下雨"是事实,而"今天一定下雨了"则是个推断,仍然存在不确定性。认识情态副词"承诺态度有所保留"这一特点与"吧"核心语义中的"不确定"是相容的。

　　然而,确信度也并不是唯一的影响因素,因为出于对礼貌、面子等语用因素的考虑,说话人也可以选择以一种低确信的姿态来包装自己的强硬命题,或者相反,即出现认识状态与认识立场偏离的情况。这样,便会出现确信度并不一致的情态副词与语气助词的共现。如高确信的副词"明明"与"啊、嘛"的共现更多一些,但也并非完全不可以与"吧"共现,如:

　　(8) 什么没记错啊! 怎么能是七点呢?【明明】是六点半【啊】,谁通知你是七点的啊……?

　　(9) 还真是冲着我们来的。不过横幅上【明明】写着"欢迎"【嘛】。开过去。

　　(10) 这【明明】是医院住院部【吧】,怎么人比菜市场还多。这样病人真的有办法好好休养吗?

例(10)中,说话人对于"这是医院住院部"一事确信无疑,但在表述过程中却使用了语气助词"吧",目的是与听话人进行交互,请听话人对这一事实进行确认。也就是说,说话人所表达出的认识立场与他实际的认识状态并不一致,这是出于交际互动的考虑。

赵春利、孙丽(2015)根据可与之共现的副词的语义特点来论证语气助词"吧"的意义,这一方法是有道理的。不过,对于少数认识状态与认识立场偏离的用例,还需要辩证处理。比如他们指出"明明、分明、明摆着、明显、显然、公然、当然、难怪、居然、竟然、果然、果真、怪不得、原来、偏偏、偏巧"等反揣测的明知性副词,在陈述句中不能与"吧"共现。这一结论并不可靠。实际上,这些副词与"吧"只是共现概率低,而非绝对不能。限定检索条件为"有序相距小于等于 10 个字",在 CCL 语料库中可检索到"明明……吧"1 例(上引例 10),"显然……吧"6 例,"果然……吧"6 例,如:

(11) 要把这两个东西搁在一块,这【显然】是有点不协调【吧】。

(12) 哼哼,【果然】没错【吧】,我跟你说过了! 让开,让开。

通过对汉语母语者的语感调查,"分明、明摆着、明显"也可用于例(11)。"偏偏、偏巧"也能够与"吧"共现。如:

(13) 我这人就是点儿背,想干点啥事都不顺,今天本来想着去爬山的,你看,【偏偏】就下雨了【吧】。

在上述这些用例中,说话人都是通过对"吧"的使用主观上选择了自己与受话人互动时的认识立场。赵春利、孙丽(2015)所列出的"居然、竟然、难怪、怪不得、原来[醒悟]"等副词的确不能与"吧"共现,这是因为它们都用于发现了某个真相,而且这个真相大多是令说话人感到惊讶或感叹的。在发话时刻,说话人的交际意图只是明确传递真相的被发现,所以,它们的语义与"吧"的确不可兼容。

所以,虽然边缘情态副词与语气助词都用来表达情绪,但它们在情态表达上的作用其实是不同的,在情态表达体系中各有分工:语气助词主要用于对"人",即表达说话人鉴于与听话人的关系而作出的对语句的处置方式;而情态副词则主要用于对"事",即主要用于对语句内容作出评价。语气助词可以将包含情态副词在内的整个"句子主干"作为自己的辖域。因而,本书将边缘情态副词所表达的情态域称为评价情态,而不将它们与语气助词所表达的情态归为一类。

相比于边缘情态副词,核心情态副词与语气助词共现时所受到的限制相对会少一些,因为它们主要作用于认识情态与道义情态的表达,与语气助词所表达的情态义在维度上的交叉更少。

要注意的一点是,本节所讨论的情态副词与语气助词的共现情况,并不包括"情态副词+语气助词"直接连用的情况,如:

(14)【毕竟啊】,我已经把你理成可以交还给世界的模样,就放心去吧。

(15)【明明啊】,自己穷得要死。

在这样的"情态副词+语气助词"共现中,二者的选择性组配所受限制更少一些,因为这样使用时,语气助词相当于用于句中停顿,与用于话题后等句中位置上一样,其交互主观性意义已经有所弱化。

第五节　情态副词折射出的语言特点

一、英汉情态副词的比较

以上对现代汉语情态副词在情态表达上的整体面貌进行了描写,除了将情态副词内部小类作了划分以外,还对小类间的连用顺序作了规则解释。本节我们将通过与英语情态副词的比较看一看现代汉语情态副词在情态表达上的特点。

Hoye(1997)对英语情态副词的描写是我们所了解的英语著述中最全面的。我们基于他的研究来看一看汉语和英语副词在情态表达上的不同表现,进一步加深对情态副词在汉语情态表达体系中的作用的认识。根据 Hoye(1997),可以与情态助动词组合起来用于情态表达的英语副词可作如下分类:

表 7.8　英语中可与情态助动词组合的副词(Hoye, 1997)

句法特征	小类名	意　义	例　子
VP 副词 (subjunct)	礼貌副词 courtesy subjunct	作为一个明确的礼貌表达标记,可以自由与助动词组合	kindly、please、graciously、humbly
	强化副词 subjunct emphasizer	与真值判断有关	actually、certainly、clearly、definitely、indeed、obviously、plainly、really、surely、readily、easily、well、of course
		说话人用来对话语内容的风格或形式加以评述	frankly、honestly、literally、simply、fairly、just

句法特征	小类名	意 义	例 子
VP副词 （subjunct）	调度副词 subjunct intensifiers	表达一个程度语义类，加强或者降低它们所修饰的成分的效果	most、very、only、simply、just、hardly、scarcely、almost、quite
	聚焦副词 focusing subjunct	用于引起对句子中某部分的注意	just、only、simply、again、also、even、further、similarly

句法特征	小类名	意 义		例 子
句子副词 （disjunct）	风格副词 style adverb	说话人用来对话语内容的风格或形式加以评述，以某种方式界定在什么条件下说话人具有权威，不与真值直接相关，因而与情态助动词的组合不受限制		一类是表达摹状和方式：frankly、truly、briefly、generally、simply 一类是表示视角①：literally、personally、strictly
	内容评价副词 content/ attitudinal adverb	与真值程度有关	确定 conviction	definitely、admittedly、certainly、indeed、surely、undoubtedly、clearly、evidently、obviously、of course、plainly
			怀疑 doubt	maybe、arguably、apparently、conceivably、doubtless、likely、perhaps、possibly、presumably、probably
			证实 assertion in reality	actually、in fact、really
		与价值判断（即评价）有关		fortunately、happily、luckily、pleasingly、regrettably、amazingly、naturally、wisely

这个分类首先是根据副词在句子中的句法作用（是修饰整个小句还是修饰句子中的某个成分）分出了 VP 副词和句子副词，然后分别观察副词与助动词的组合情况，并根据语义特征及其在表达中的作用，对它们进行了小类划分。其实所谓的句子副词，也可以用于句中充当 VP 副词，而且在语义上并没有明显的对立。Hoye 之所以将它们分开处理，主要是为了研究它们与助动词组合时是否具有不同的语义、语用表现。

---

① 这是一个抽象概念，原文是 aspect，表示句子从什么角度推导出它的真值。

1.1 汉语有独立的一类道义情态副词

Hoye(1997)所谓的礼貌副词,不表达情态意义,只是作为明确的礼貌表达标记被使用,汉语中没有一个相应的副词小类,略去不谈。按照本书对情态副词的分类框架,我们将汉语和英语情态副词分类整理如下:

表 7.9　汉语和英语情态副词对比

	核心情态副词(central modal adverb)		边缘情态副词(peripheral modal adverb)		
	与真值程度有关	与道义强度有关	价值判断类	风格类	加强类
英语	强化副词第二类:certainly、definitely、of course 内容评价副词中第二类,如 possibly、perhaps、 probably、quite、 likely、 presumably、acutually		强化副词第二类:frankly、honestly 内容评价副词第三类:fortunately、happily、luckily	frankly、truly、briefly、generally、simply	调度副词:most、very、only 聚焦副词:simply、just
汉语	认识情态副词(一定、肯定、大概、恐怕、不至于等)	道义情态副词(必须、千万、不妨等)	评价情态副词		加强情态副词(并、简直、绝对等)

可以看到,汉语中有一个只能用于道义情态表达的副词小类,而英语没有。汉语道义情态副词可以单独用于表明说话人对道义诉求的态度,也可以与道义助动词连用共同表达道义情态。而英语中可以与道义情态助动词共现的副词主要是与真值程度有关的内容评价类句子副词,即说话人仅仅从证据性、评价等方面对道义限制加以细化,而不会从道义源的角度加强对道义诉求的表达。从语用角度看,这可以起到一种保护听话人面子或使说话人自己脱离责任等作用。汉语说话人也会使用同样的表达策略,如:

(1)石小姐,我觉得【似乎应该】让死神先生过目一下!

但是,汉语说话人在需要的情况下也可以同时启用道义情态副词和道义助动词。如本章第三节所举例子(1)—(3),以及第三章第三节所举例子(17)—(33)。

因此,从总的原则上看,英语说话人在表达道义情态时,可能比汉语说话人更在意言语行为对听话人面子的威胁。这可能与中英文化对道义类言语行为的认知不同有关,比如,在英语文化中,建议是一种典型的面子威胁行为(Brown & Levinson, 1987),而汉语文化中,建议则被认为是可以加强交际双方的亲密关系(Hinkel, 1997;Feng, 2015)。

1.2　认识情态副词与评价情态副词所反映出的主/客观性

1.2.1　认识情态副词

汉语和英语都有一类副词可以用于认识判断。但英语的该类副词,有一部分与助动词在情态的梯度标记上几乎具有一一对应的关系:

possibly	probably/quite likely	certainly/definetely
can/may	will/should	must

这类情态副词可以用来说明助动词的情态意义,它们与同一梯度的助动词组合时,两个因素是和谐一致的,并不改变情态梯度或者将一个情态因素置于另一个词的辖域之内。如 he may possibly come,may 和 possibly 和谐一致,该句表达的情态程度与 he may come 没什么两样(Lyons,1977)。因而,在英语情态的有关讨论中,有一种情态取向的观察视角,比如 Perkins(1983)和 Halliday(1985)认为,英语中情态助动词、形容词、副词以及名词在情态的表达上往往形成一个完整的配套,在情态的表达取向上形成从主观取向到客观取向的一个连续统。如:

主观　　she may be unmarried.

Possibly, she is unmarried.①

It is possible that she is unmarried.

客观　　There's possibility that she is unmarried.

Halliday(1985)还根据说话人在语句中是否自我显身,对主观与客观取向的情态表达进行了更为细致的区分,即显性主观、隐性主观、显性客观与隐性客观,详见第三章第五节。

而汉语的认识情态副词与认识助动词之间却很少 may 和 possibly 这样的对应以及和谐组合(harmonic combinations),汉语认识情态副词完全是从另外一个角度自成系统地用于认识推测。与助动词组合后一定会将助动词纳在它的辖域之内,组合后的语句在情态意义上更为丰富,凸显了说话人在推理过程中的自信程度。

另外,汉语助动词在认识情态的梯度标记上并不那么完整,必然性梯度标记词需要依靠情态副词"一定"等来补足。所以,汉语情态副词在认识推测上的作用,可能比英语更重要。事实上,在殷墟甲骨文及西周金文时期,汉语的情态意义主要是由情态副词承担的(李明,2001)。

---

① 　该层级是我们根据 Halliday 的情态取向量表增加上的,Perkins 的表述中没有列出。

1.2.2 评价情态副词

汉语和英语都有价值判断类副词,该类副词在句子中的位置大都比较灵活,可以用于句首、句中或句末。但是,英语和汉语中这两类副词却有着很大的不同。第三章已经引述过王力(1984:230)的论述,英语该类副词与汉语情态副词相比更为客观。

在英语中,这些副词都是由形容词转换而来的,它们都能由和它们相应的评说小句(comment clause)代替。如"Fortunately, we did not take that bus, which has an accident."可以转换为"What is most fortunate, we did not take that bus, which has an accident."(吴明清、彭家玉,1996)。因此,英语的价值判断类情态副词其实也存在着主观评价与客观评价的取向差异。如:

主观　　Fortunately, we did not take that bus, which has an accident.

　　　　It is fortunate that we did not take that bus, which has an accident.

　　　　There is fortunateness that we did not take that bus, which has an accident.

客观

而在汉语中,情态副词却没有相应的形容词与之对应,更不能转换为评说小句"xp 的是"。汉语中的评说小句"xp 的是"也找不到一个相应的情态副词对应。如:

(2)花儿特别爱吃羊肉,却从来不吃它饭盒以外的食品。家人把羊肉放在桌上,花儿居然懂得"避嫌",总是目不斜视,绕道而行,颇有君子风度。<u>最令人惊讶的是</u>,它会计算时间,每天在王蒙从庄稼地劳动归来时,它跑到二里地之外,准时迎接主人下工。(《知识与生活》1996 年第 12 期第 94 页)

(3)我走快,他在前面大踏步走;我走慢,他就在前面摇摇晃晃。<u>奇怪的是</u>,我从没见他回头看我一次,我不禁对这通讯员发生了兴趣。(《语文》第三册第 73 页)

(4)何小茗发现大伙儿差不多都愣怔了一下,倒是沈弘义和许德远似乎早已知道了似的。徐德远带头拍起了巴掌。<u>出乎意料的是</u>,大家的掌声都很热烈,拍得很响,拍的时间很长,绝不是那种敷衍了事的过场。(《中篇小说选刊》1996 年 4 月第 81 页)

(5)从此,这四个核桃成了我最好的朋友,我念书,我睡觉,我行军,它们一直没离开过我的书包。<u>不幸的是</u>,一年以后,日本鬼子"扫荡"来了,正赶上我发疟子。有一天,我们爬上了一个很高的山,我昏过去了,从山顶上滚下来好几丈远。等我明白了,我是躺在医院的,第一件事就想起了我那四个

核桃，它们丢了，丢到一个不知名的深山里了，叫我怎么去找？（《语文》第二册第 118 页）

在"xp 的是"评说小句中，说话人将自己的主观评价态度作为一种陈述的对象，是完全客观化的表达。因此，可以说，与英语该类情态副词相对应的汉语表达式应该是"xp 的是"格式。

1.2.3　小结

从以上两类汉语和英语都具备的情态副词的比较可以看到两点：一是英语的情态副词，已经蕴含有客观的取向，不以主观性作为自己的明显特征；而汉语的情态副词却以主观性作为鲜明特征。二是英语存在着主观—客观的情态取向对立，而汉语却不怎么重视这样的对立。汉语中仅"可能、必然"等少数几个词，有对应的客观取向的名词表达形式，即"可能性、必然性"等。

1.3　证据与情态的关系

英语的边缘情态副词中还有一类是风格副词，也是由形容词转换而来的。该类副词可以用来明确表明说话人是以一种什么方式或风格进行表述的。而汉语则没有这样的小类。如果汉语说话人要在语句中指定这个方面，则一般要选用短语形式，比如"坦率地说、说实话、简单地讲、个人认为"等。这些语言形式只用于表明说话人作出判断的角度或方式，并不带有说话人的主观态度或看法，是典型的证据表达。事实上，在英语中，这些风格副词在实际使用的意义中也往往包含着 speak、say、tell 等交际动词（communicative verb）的意义在内。如："Frankly, I don't want to go with you."可以转换为"Frankly speaking, I don't want to go with you."（吴明清、彭家玉，1996）。

英语证据表达与情态表达同属于副词这一形式系统，这一语言事实可能说明，虽然汉语与英语都是一种判断性凸显的语言，而非证据性凸显的语言①。但在英语说话人的概念化结构中，证据表达与情态表达是关系更为密切的。

1.4　总结

英语的调度副词（subjunct intensifiers）本身并不能表达情态意义，只是可以与情态助动词组合而已，在汉语中大致相当于程度副词、范围副词或频度副词等，而汉语的加强情态副词本身具有强烈的主观性色彩，与英语中的这类副词并不完全同质。

---

① 关于证据性凸显语言和判断性凸显语言，请参看 Palmer(1986:70)。

英汉情态副词的这些差异至少显示出两点：其一，英语更重视主观性与客观性的区分，而汉语可能比英语更为看重主观性的表达。其二，任何一门语言在交际中都会注意到交际语境的建构，都有丰富的手段来表达各种语义或语用需要，只是不同的语言所采用的形式、所侧重的方面可能是不同的，而这种不同可能直接导因于使用者对交际语境、交际双方关系的不同理解。如汉语说话人虽然很注重与交际另一方的和谐关系构建，但是，也不惮于明确表明自己对道义诉求的态度，特别是在同一个团体内部。因此，汉语除了有一套助动词用于道义情态表达外，还有一套情态副词。而英语说话人可能更看重对个人利益的尊重，他们一方面注意从客观的角度进行表达，另一方面也更加注意对个人面子的维护。在语境有利于保护听话人面子的情况下，英语说话人更愿意明确表达自己对听话人的感谢、尊敬之情等。但在语境有可能对个人造成面子威胁的情况下，英语说话人更愿意使自己脱离开来，从客观的角度表达自己的意图。事实上，英语祈使句的使用也受到严格的限定，多用来发出命令(command)，其他的一些道义行为则倾向于避免使用祈使句，或者与疑问句或条件句一起使用(Wierzbicka Anna，1985)。

二、英汉两种语言中副词的连用顺序比较

Cinque(1999)对十几种语言的副词、词缀、小词和情态动词等进行了调查，为人类语言所有功能核心(functional heads)的外围成分提供了一个具有普遍意义的连用顺序：

Moodspeech act＞Mood evaluative＞Mood evidential＞Mod epistemic＞T(past)＞T(future)＞Mood irrealis＞Asp habitual＞T(anterior)＞Asp perfect＞Asp retrospective＞Asp durative＞Asp progressive＞Asp prospective/Mod root＞Voice＞ …

可以看到，汉语中情态副词在连用顺序上与该顺序是完全一致的：

［评价情态副词 Mood evaluative＞［认识情态副词 Mod epistemic＞［道义情态副词 Mod root］］］

英语情态副词也可以彼此连用，而且也遵循着这个普遍的顺序(Cinque，1999：77)：

［Frankly Moodspeech act＞［surprisingly Mood evaluative＞［allegedly Mood evidential＞［probably Modepistemic＞T(past)＞T(future)＞［perhaps Mood irrealis …

如 Cinque 所举的例子：

(6) Honestly I am unfortunately unable to help you.

（7）Fortunately，he had <u>evidentially</u> had his own opinion of the matter.

（8）<u>Clearly</u> John <u>probably</u> will quickly learn French perfectly.

尽管英汉副词的连用顺序遵循着相同的规定，但汉语和英语是用不同的方式来表达这些意义的。英语中副词可用于证据意义的表达，如 apparently、clearly、evidentially、obviously、manifestly 等，专门用于对认识情态进行证据刻画，Hoye（1997）称之为证据副词（evidential adverb）。英语情态副词用于表达认识情态意义时，主要与助动词形成主客观取向上的对立。而汉语情态副词却主要用于情态表达，具有相当的主观性，证据意义基本上是通过其他的语言形式，特别是插入语表达的。如：

（9）<u>看起来</u>，他<u>恐怕</u>　<u>没有</u>　<u>去</u>　　　<u>过那个地方</u>。

　　　证据　　情态　极性　动词　　时体

（10）所以，<u>我想</u>　<u>恐怕</u>只有一个办法：在一定程度上叫人们自己选择工作，……

　　　　　　证据　　情态

（11）"我也不知道，"她带点困惑地说，"<u>我只是觉得</u>　<u>恐怕</u>不大合适。"

　　　　　　　　　　　　　　　　　　证据　　　情态

（12）……你再这么叹下去，人家想不怀疑你的身份，<u>我看</u>　<u>恐怕</u>也很难。

　　　　　　　　　　　　　　　　　　　　　　　证据　情态

（13）<u>在表面看起来</u>，一切都安好，但<u>在事实上</u>　<u>恐怕</u>问题一定很多。

　　　证据　　　　　　　　　　　证据　　情态

（14）石小姐，<u>我觉得</u>　<u>似乎</u>　<u>应该</u>让死神先生过目一下！

　　　　　证据　　情态　情态

第八章 总 结

本书的研究目标主要有两个。一是构建现代汉语话语情态的总体框架：它有几个分系统，各个分系统各自的语法表达形式和在情态体系中的基本分工（第三章）。二是分别描写各个分系统：其下级成员、成员的基本语法形式及其所表达的情态范畴义（第四章至七章）。下面对本书的重点内容，特别是所提出的新观点作一简要总结，并指出有待继续研究的问题。

第一节 本书的主要观点

关于现代汉语话语情态的整体框架，本书主要强调了如下几点：

第一，话语情态作为语言的语法-语用范畴，其表达形式在语法上应该是成系统对立的，入句后必须选择其一的：或者是有限的句法格式对立，或者是由仅含有限成员的封闭词类表达。有些语言用动词形态表达的"现实/非现实情态""证据情态"等，在汉语中不符合上述特点，因而我们不将其纳入汉语的话语情态范畴。

第二，语言的情态体系由语法化程度不同的、意义维向不同的几个分系统组成。在不同的语言中，用来表达情态的语法形式主要有动词形态、句类、语气助词、情态助动词、情态副词等。其中：

(1) 动词形态与句类的语法化层次最高，它们含有较少的下级成员，通常与情态或言语行为的基本分类有关。动词形态不是所有语言都具有的，而句类是所有语言都具有的。

(2) 语气助词不是所有语言都具有的情态表达方式。如果有，则它是一个封闭的、句法位置独特、成员较少的词类。由于是由专门的词来表达，其下级成员也一般要比形态和句类多一些，因而语法化程度也较形态和句类稍低。同时它与句类所表达的情态在意义维向上有明显不同：句类的主要功能在于区分情态或言语行为的基本类（认识情态/道义情态，直陈/祈使），而语气助词的主要功能在于区分说话人对话语整体的信疑度以及在交际语境中对听话人的主观态度。

（3）情态助动词在人类语言中的存在较为普遍，一般用来区分可能性/必然性的梯度。这一封闭词类的下级成员通常不多，其句法位置往往与心理动词、轻动词化动词类似，语法化程度比语气助词更差一些。汉语的情态助动词需要与核心情态副词配合来区分可能性/必然性的梯度，同时助动词本身还担负区分情态维向（可能/应然/将然）的任务。

（4）情态副词，特别是核心情态副词，在人类语言中也普遍存在，其封闭性较差，下级成员较多。汉语情态副词由于与连词的句法分布相近而划界比较困难。它是情态分系统中语法化程度最低的，表达的也是说话人对话语或对听话人的主观态度，但类别很多，意义相对也实在一些。边缘情态副词则是汉语中较为独特的一类。

第三，现代汉语没有动词的形态变化，但有人类语言中并不普遍存在的语气助词。根据汉语的实际情况，从语法形式的系统性和入句强制选择性出发，我们把汉语的情态分为四个分系统：由直陈—祈使句类表达的言语行为语气系统，由语气助词表达的传态语气系统，由情态助动词和核心情态副词表达的情态梯度和可能/应然/将然区分系统，由边缘情态副词表达的评价情态系统。这四个分系统既彼此分工，又交互作用，形成了汉语话语情态表达的整体框架。

在对四个分系统的分别描写中，我们主要对语气助词进行了详细的分析解释，而对句类、情态助动词、情态副词的描写则相对粗疏一些。限于时间和个人能力，目前的研究只进展到了这一步。下面简要回顾一下分系统描写中所提出的主要观点。

其一，关于句类，值得再提一提的有三点。

（1）对句类与语气的关系问题，本书没有采纳汉语学界通行的四种句类表达四种语气的看法，而是根据人类语言的普遍现象对语气进行了更严格的限制。我们采用了"语气是作用于命题整体的最抽象的语法范畴"这一观点，从而将疑问/感叹句类这两个涉及疑问代词、副词或特定情态副词等标记成分但不作用于命题层次的句类排除到语气范畴之外，而将直陈/祈使这两大句类的区别纳入语气范畴，因为它们的确是作用于命题层次的。为了与语气助词所表达的语气相区分，我们把直陈/祈使句类所表达的语气称为"言语行为语气"，而把语气助词所表达的语气称为"传态语气"。句类所表达的语法意义，包括纳入和未纳入语气范畴的，则统一称之为"言语行为功能"。

（2）本书提出，句类的分野要有形式标准，要以原型语用环境中的典型句法形式作为分类依据。根据这一原则,本书对学界仍存争议的感叹句提出了新的形式定义标准:一类是带有感叹标记词"多么"的独立小句;一类是具有独特句法结构的名词性独词句;一类是某些含有"好、真、太、这么/那么"等词和语气助词"啊"的框架句式。

(3) 句类与言语行为功能只存在原型对应关系。本书对一些非原型对应的边缘情况进行了描述,并定义了四种核心句类和若干边缘过渡句类。

其二,在对语气助词、情态助动词、情态副词的分述中,首先遇到了它们的界定问题。语气助词、情态助动词、情态副词的句法特征及其范围确定,一直都是有争议的,本书也作出了自己的定义。但要说明的是,关于这三者的句法界定,本书的目的不是要提出彻底解决这些难题的办法,而只是想从情态表达整体特点的角度来看它们的句法特征:

(1) 语气助词的判定之所以存在一些争议,是因为情态标记与时体标记之间存在着互相演变的关系。

(2) 情态助动词的判定之所以存在争议,是因为助动词处于诸多情态载体的聚合当中。由于语言形式与意义之间具有一定的关联,同是情态的载体,助动词与心理动词、情态副词等在句法特征上没有截然的分界也是很自然的现象。

(3) 情态副词的判定之所以存在争议,是因为作为情态载体,相当一部分情态副词具有将整个命题作为自己辖域的特点,因此,它具有前置于命题的可能性,在句法分布上与连词就有了交叉。

其三,语气助词是本书着重描写的部分,这一部分有三点需要着重指出。

(1) 在解释每个语气助词的情态意义时,我们力图抓住语气助词在意态表达上的整体作用。为达到这一目的,首先是尽量给语气助词一个原型的情态意义,而原型意义要从说话人对命题的信疑度和说话人对听话人的主观态度这两个方面来加以界定,两方面必须兼顾。

(2) 语气助词所表达的是"说话人主观上选择以何种方式将语句带入交际语境",它所刻画的是说话人主观上决定的如何将自己对命题的信疑态度呈现给听话人,所以,语气助词所表达的是说话人的认识立场(epistemic stance),而非认识状态(epistemic status)。虽然认识立场与认识状态通常是一致的,但也存在不一致的情况,这突出表现在语气助词"啊"与"吧"的使用上。

(3) 除了揭示原型情态义,本书还结合各个语气助词在不同句类中的分布,描写它们在语境中具体表现出的意义变体。力图做到:①一个语气助词的原型情态义加上它具体所在的句类义、句式义、相搭配的情态副词义等相关义,可以得到不同的语气变体。② 用语气助词的原型情态义,可以解释不同语气助词的句类分布,即为什么有的语气助词可以分布在所有四个句类或较多的句类次类,而另一些语气助词只能分布在两个句类或较少的句类次类等。以上两点操作程序不仅可以细化描写,还可以检验我们所确定的语气助词的原型情态义是否合理。另外,一些语气助词从历史上看有两个甚至三个不同的语源,但通过对不同句类中分布和意义的考察,如果发现它们在较长期的语音混同之后已经产生了更高层面的统一的意态范畴义,就可以从共时出发,只给它们设立一个原型情态义。

其四,情态助动词部分,本书的创新主要是揭示了汉语助动词在表梯度的同时,也表达情态维向的不同。

其五,情态副词部分,本书的创新主要在于根据情态副词与助动词的组合,以及组合后在情态表达上的特点,将情态副词区分为核心情态副词(即认识情态副词和道义情态副词)与边缘情态副词(即评价情态副词和加强情态副词)。这一分类较为简明,并有情态方面的理据支持。我们还揭示了核心情态副词与助动词共同表达情态梯度的作用。

第二节 有待继续研究的问题

本书尚未展开对所有情态表达形式的细致描写与分析,特别是在情态助动词与情态副词的描写方面。比如助动词的解释成分有哪些,单个助动词的意义是什么,助动词如何与语境互动,每个情态副词所表达的具体意义及其语境分布,等等。①本书从语气助词、助动词、情态副词三个视角所进行的语言类型上的探讨也是试探性的,还缺乏大规模语料与研究数据的支持。此外,还有一些对于把握情态表达的总体特点来说非常重要的问题,本书也未涉及。比如条件句在情态表达中的作用,情态助动词与汉语将来时表达的关系,认识情态与证据范畴在汉语里是如何分工合作的,等等。彭利贞(2007)、宋永圭(2007)、陈颖(2009)、张则顺(2015)、乐耀(2020)等,对情态助动词、情态副词、证据范畴等进行过细致描写,值得参考。

第一章说过,本书的研究目标有两个:一是描写并解释现代汉语的话语情态系统;二是为编写汉语交际语法提供理论支持,以帮助学习者使用汉语进行自我表

---

① 近年来有学者开始进行这方面的研究,如侯瑞芬(2009),陈振宇(2020),赵春利、何凡(2020)等。

达。但实际上,第二个目标的具体实现,不仅需要本书这样的理论性探讨,还需要作大量的汉外对比研究和汉语习得方面的具体研究,并且这样的研究需要更多地关注情态诸表达形式在交际中是如何被说话人进行选择的,它们之间如何互相作用以满足说话人的交际需要。如:

(1) 你听仔细,从今后,第一:【不许】你再看乱七八糟的课外书,想看什么书,【必须】经过我批准,【只能】看我推荐的书;第二:【不许】你再和铁军来往……

(2) "我也有三条,请你听清,"马锐站起来,斜着身子手插兜对父亲说,"第一:退还无理没收我的东西;第二:承认未经我许可翻看我的东西是错误的,并向我道歉;第三:保证今后不再发生类似事件,不再干涉我的一切正当交往……"

这是两个典型的道义情态语篇,说话人使用了情态助动词、道义情态副词和祈使句句类,没有启用语气助词、施为疑问句等语言形式,口气比较强硬,礼貌程度较低。第三章简单地谈到了在道义情态的表达中,语气助词如何与其他情态表达形式进行互动,共同完成说话人的交际意图。实际上,汉语说话人在进行道义情态表达的时候,要从几个不同的语义-形式系统中进行选择:

◎ 是否需要严肃、明确地表明自己是道义源:施为陈述句 vs 其他道义情态表达式。

◎ 是否需要细化道义情态:中性祈使句 vs 有标记祈使句。

◎ 是否需要把建构听说双方关系的表达式带进交际语境:吧 vs 嘛 vs 啊 vs 呗 vs 施为疑问句 vs 其他道义情态表达方式。

具体说,如果说话人要发出一个对对方的意愿没有预设的、无和谐关系的、高强度道义的诉求,他可以使用无标记的中性祈使句。如:

(3) 退还无理没收我的东西!

如果预设对方有相反的意愿,感觉有必要凸显自己的道义强制度,可以启用道义助动词或道义情态副词。如:

(4) 你【应该】退还无理没收我的东西。

(5) 你【必须】退还无理没收我的东西。

如果说话人预设对方有相反的意愿,感觉有必要以一种正式的方式将自己的言语行为角色和态度明确地告知听话人,他可以启用道义施为动词。如:

(6) 我【要求】你退还无理没收我的东西。

（7）我【命令】你退还无理没收我的东西。

如果说话人觉得有必要加强和突出自己与听话人的关系（平等度、亲密度等），以更好地达到交际目的，他可以启用语气助词或者施为疑问句。如：

（8）退还无理没收我的东西【吧】！

（9）退还无理没收我的东西【嘛】！

（10）退还无理没收我的东西【啊】！

（11）退还无理没收我的东西，【行吗】？

在实际的交际场景中，上述道义情态表达形式往往是交织在一起的。如：

（12）老头子，我【拜托】你一视同仁【行不行】？〔施为动词＋施为疑问句〕

（13）我【保证】一盒烟抽五天【还不行吗】？〔施为动词＋施为疑问句〕

（14）我【保证】再不那样了，【保证】一心一意服侍你【总行了吧】？〔施为动词＋施为疑问句〕

（15）对，我【要求】【务必】在六号桌。〔施为动词＋道义情态副词〕

（16）支书！我【要求】【别】太难为水山。〔施为动词＋中性祈使句〕

（17）你【可】【别】骗我。〔情态副词＋中性祈使句〕

（18）叫他【千万】【不能】卖【啊】。〔情态副词＋助动词＋语气助词〕

如果采取 Huddleston(1984)的分析型语气系统(analytic mood system)的思路，将道义情态表达形式所表达的情态意义看作是祈使语气的不同，现代汉语的祈使句可描写如下：

表 8.1　现代汉语的祈使句系统

	肯定式	否定式
无标记	你＋VP[＋自主 ＋可控]！（如：你去！）	别/甭/少＋VP（了）！（如：你别去！）
有标记	你＋情态副词＋VP！（如：你必须去！） 你＋助动词＋VP！（如：你得歇歇！） 你＋情态副词＋助动词＋VP！（如：今天，你务必要到我家去。）	不＋助动词＋VP！（如：不能去！） 情态副词＋不＋助动词＋VP！（如：千万不要去！）
传递语气	吧 嘛 啊 呗	

无标记的祈使句是道义情态最中性的表达形式，这一形式的道义强制度实际上是最高的。而有标记的祈使句则带有不同的预设以及不同的外显标记的道义强制度和言语角色。传态语气则附加在祈使句之上，用于建构听说双方的个人关系，

以更好地达到交际目的。而有标记和无标记祈使句与语气助词的组合也存在着选择限制,如"*你别/甭/少吃吧!"不成立,但"你别/甭吃了吧!""你少吃一点吧"成立。"*你必须去吧!"不成立,而"你必须去啊/嘛/呗!"成立。

以上所谈到的这些问题,虽然本书已经有了一定的考虑,但远未成熟,也难以全面展开。近年来,随着互动语言学的兴起,学界越来越关注交际双方如何在互动中基于不同的交际意图而选择不同的语言表达形式,以更好地表明自己的立场以及与对方的立场结盟关系(Du Bois,2007;Thompson,Fox & Couper-Kuhlen,2015)。本书所谈到的语气助词、情态助动词、情态副词、施为动词、句类等,无疑都是立场表达的重要手段,它们在不同的言语行为(如"建议、请求、拒绝"等)中是如何互相作用的,又如何与交际双方间的社会距离、权势、语句的强迫度等因素之间进行选择性关联,都值得更深入地进行探讨(徐晶凝、郝雪,2019)。

附录1 情态表达与时体表达的互相渗透
——兼谈语气助词的范围确定

提要 人类语言中,时间指示系统与情态指示系统间存在着演变关系,语气助词作为一种情态标记,也极有可能和时体标记间存在着关联。"了₂、的"是否为语气助词的争论,以及"呢、来着、着呢、啦、啊"等与时体表达间的交叉,实质上反映了人类语言的一种普遍现象。汉语中,时间指示系统和情态指示系统间的演变是双向的。语气助词是一个原型范畴,有典型成员和非典型成员的差别。

关键词 情态 时体 演变

人类语言中有一个普遍现象,即时间指示系统与情态(modality)指示系统间存在着演变关系,如将来时很少用于单纯表将来,而多用于表示推测、意愿等情态。过去时则可用于非现实情态(unreality),如虚拟语气。而在美洲印第安语 Hopi 中,时间指示是由情态指示发展而来的(Lyons 1977)。汉语中,时间指示系统和情态指示系统间也存在着演变关系,如用于表示意愿、推测的"要",也可用于表示将来。如:

我负担重呀,【要】多挣点小时费。(意愿)

全单位的人都察觉到阮琳身上【要】发生什么不可思议的奇变了。(推测/将来)

【要】开演了,演员们拥出来,小杨也跑走了。(将来)

语气助词作为汉语情态的表达形式之一,在时体表达和情态表达上,也存在着渗透现象。而且,是双向演变的关系,即有的语气助词是从时体表达向情态表达渗透,而有的则是从情态表达向时体表达渗透。本文,我们将对现代汉语语气助词的这种双向渗透现象进行描写,并找出各自的演变机制,为人类语言的这一普遍现象提供汉语的例证。

一、语气助词的范围确定

作为一种后置虚词,语气助词总是黏着于词、词组或句子之后。一般认为现代汉语中的常用语气助词有"啊、呢、啦、嘛、吧、吗"等几个。朱德熙(1982)认为还有"来着、着呢、罢了"三个复合语气助词。有两个词"了$_2$、的"是否为语气助词,在汉语语法学界一直存在争议。朱德熙(1982)认为"了$_2$"是语气助词,而"的"不是。赵元任(1979)、王力(1984)则认为"了$_2$""的"都是语气助词。陈贤纯(1979)认为,"了$_2$"不是语气助词。

我们认为,语气助词虽然是一个语法类,但它们的作用并不在于参与汉语句子的语法结构,它们应当具有三个重要特点:一是在语法上,它不是语法结构必需(obligatory)的成分,有或没有不影响语法结构的合法与否;二是在语义上,它没有实在的意义,有或没有不影响语法表达式的内容(命题);三是在语用上,它却是必需的成分,它的"目的在于表示句子与语境的关联性以及要满足听话人的面子需要,更好地保证交际成功,因此语气助词的有或没有会直接影响到语句的效力(force)"①。如:

> 老这么下去对你妈影响也不好【啊】。

> 我动手拉她,背对着她姨妈什么的,瞪眼小声道:"别来劲【啊】!"

这两个例句中,"啊"的有无都不会影响到语句的语法合法性,也不会影响到语句的命题内容,但是,如果没有"啊",第一句只是一个客观的表述,而加上"啊",则具有说话人明确表明自己在向听话人传达信息的效力。第二句"啊"使得禁止带有了明确的警告意味。

从以上三个标准出发,我们可以将"啊、嘛、吗、吧、罢了、呢、着呢"确定为语气助词的典型成员。"啦"和"了$_2$、的"不总能满足前两个标准,但是,它们却都能用于表达句子与语境的关联性及与听话人的交互性,具有话语功能,因此,我们将它们分别看作是语气助词的非典型成员和边缘成员。之所以这样处理,下文进一步论述。

二、时体表达向情态表达的渗透:了$_2$、来着、着呢

时体标记向情态标记的演变是人类语言最常见的现象。"了$_2$、来着、着呢"的演变方向正是这样。本节我们主要以"了$_2$"为例,对它的演变机制加以说明,并进一步论证把它当作语气助词边缘成员的理由。

---

① 关于 sense 和 force 的区分,请参看 Leech(1983)。意义(sense)与句子所在的语境无关,而效力(force)则是在语境中的意义。

2.1　"了₂"

2.1.1　"了₂"的语法意义：当前相关

关于"了₂"的语法意义，有代表性的看法有如下几个：

（1）表示新情况的出现（朱德熙，1982）。

（2）语气助词，肯定事态出现了变化或即将出现变化（吕叔湘，1980）。

（3）语气助词，表示决定语气，是认某一境况已成定局（王力，1984）。

（4）申明新事态（对方不知道、或与对方已知不同的事实）（刘勋宁，1990）。

（5）有两个句尾"了"，一个是体（aspect）时（tense）混合标记，表示事件实现后的状态延续到某一参照时间，中性语境下表示"现在"；一个是语气词，是"啦"的弱化形式（金立鑫，1998）。

（6）句末小词（语气助词），表示当前相关状态（currently relevant state）（Li & Thompson，1981）。

（7）完成体标记（perfect），情状发生在参照时间之前，且具备现时相关性（陈前瑞，2003）。

我们基本同意 Li & Thompson（1981:240—295）的看法，即"了₂"表明一个事态（state of affairs）对于某特定情状有特别的当前相关性。前五种看法，究其实质，也都可以说是一种相关性，但是表述的概括性不够。相关性的含义，Li & Thompson 作过详细的阐述，并且用大量的例子逐一解释"了₂"用于状态变化、纠正预设、报告目前的进程、决定将发生什么、说话人目前对会话的贡献（如结束谈话）这五种功能分布中，"了₂"如何体现相关性。我们基本上同意他们的分析，不赘。

2.1.2　"了₂"向情态表达渗透的可能性

"了₂"的语法意义是表达两个情状整体上的相关性，因此，它是将情状作为一个整体看待的。对于情状 x 和 y 来说，客观上可能直接相关，也可能不直接相关。对于前一种情况，一般要求使用"了₂"，如"对不起，他不在，他去散步了"。但是，对于后一种情况，说话人却可以主观上认定两者相关与否，从而决定使用"了₂"还是不使用"了₂"。最典型的例子就是那些带有"变化"义的情状。如：

> 以前想去，现在不想去（了）。
>
> 苹果红（了），橘子黄（了），果园好漂亮啊。
>
> 以前我不常常去，现在常常去（了）。

不使用"了₂"的话，说话人只是在客观地描写或对比几个情状，并没有将情状之间的相关性凸显出来。但是，如果说话人认为有必要凸显这种相关性的话，他就可以启用"了₂"。比如说，要描写一个秋天的果园，说话人可以使用"苹果红，橘子黄，果园好漂亮啊"这样的语句。但是，如果他要强调"果园漂亮"是由"苹果红了，橘子黄了"所带来的，他就得使用"了₂"来凸显两个情状间的关系。再比如：

　　　　我在这儿住了五年。

　　　　我在这儿住了五年了。

这两个句子在语义上的对立，早已被学者们注意到了（朱德熙 1982：209）。这种对立就在于第二句说话人使用"了₂"，隐含着"在这儿住五年"对另外的情状有影响，如"我不想在这儿继续住下去"或者"我还想住下去"等。

因此，"了₂"的使用带有一定的主观性，与说话人如何看待情状之间的关系有关。这些特点决定了"了₂"具有向情态表达渗透的潜能。

首先，"了₂"是把情状作为一个整体看待的，它附于整个小句之后，这使它具有了与命题并立的地位，从而可以将小句命题纳入自己的辖域。而情态成分与命题成分之间的关系，正是如此。因此，"了₂"向情态表达领域渗透就具有了地位上的保证。

其次，"了₂"的原型意义是表达某情状与另外一个情状的相关性，而情状之间是否相关与说话人的主观判断有关，带有"了₂"的命题表达了说话人观察情状的主观视角，带有了比较强烈的申明事态的含义（刘勋宁 1990）。因此，在新闻报道（即使是叙述性事件的报道）、政府工作报告、实验报告等语篇中，"了₂"的使用极为少见。因为这些语类（genre）的语篇要求尽量客观、公正，不带有说话人的主观性。据孟子敏的统计（2002 年 8 月在北京语言文化大学的报告），在朱镕基历年的政府工作报告中，只出现了一个"了₂"①。而主观性是情态的一个重要特征。"了₂"自身的主观性特征为它向情态表达渗透提供了意义上的保证。

再次，虽然"了₂"并非语法化某情状与说话当时之情状间（现在）的相关性，但是，说话人大多是站在说话的时刻讲述过去发生或将会发生的情状，所以，"了₂"绝大多数用于当时当地（here & now）的交际语境。因此，虽然在新闻报道中极少使用"了₂"②，但是在现场报道中，报道者要随时向听众（观众）报道事件的最新进展，进展中的事件直接对当时当地的情景（以及听话人的预设）产生影响，具有明确的相关性，"了₂"的使用就很频繁③。"了₂"用于交际的当时当地时，它的话语标记功

---

① 该数据是学友赵果提供给我的，在此表示感谢。

② 除了"了₂"带有主观性，而新闻报道力求客观以外，还因为新闻报道的"说话人"（写作者）直接面向"听话人"（读者）讲述已然发生的情状，但是该情状与说话（写作）时的情状（包括听话人）没有相关性。

③ 这一语言事实由导师王洪君教授告知。解释若不当，责任在我。

能凸显,为它发展为情态成分提供了语境上的可能。

最后,"了₂"可以比较自由地用于非现实情状——将来预测,这使得"了₂"与非现实情态(irrealis modality)间建立了密切的联系。

在王朔《空中小姐》中,"了₂"用于非现实情状的分布情况为:

分　布	例　　句
将来预测	小傻瓜,那时我早老【了₂】,老得不成样子。 你以后可能再也找不着更好的姑娘【了₂】。 她不会出现【了₂】。 你看看信,看看信你就知道不可能【了₂】。 干不动【了₂】怎么办?
将来时	我觉得我就要听到她喊【了₂】。 那孩子确实让父母自豪,我快要嫉妒死【了₂】。
过去虚拟预测 (过去将来)	而且我下意识地感到,倘她喊出来,我会立刻下车,那就是另一种变化【了₂】。 往操场走的路上,她说,她在往北京飞来的一路上想:要是我在机场里等她就好【了₂】。
祈使	别照【了₂】,没打出印儿。 国家培养一个空勤人员要花一大笔钱,不能因为一点小事就自己把自己毁【了₂】。 晚上她回乘务队的时候,总是低垂着头,拉着我的手,不言不语地慢慢走,那副凄凉劲儿别提【了₂】。

用于非现实情状之"过去虚拟预测"时,"了₂"实质上也是用于"将来"。是说话人假定站在过去的某一点上,看那一点之后的"将来"。而祈使用法中的行为一定是将来发生的。它们所标记的情状在说话人的想象世界中是一种新的事态,该事态的出现将对某情状产生影响。这是说话人心理扫描(mental scanning)的结果。

"了₂"用于非现实情状时有一个事实不容忽视:"了₂"在某些分布中,已经成为语法强制性成分,即语法结构要求它必须出现:

极高程度描述	adj 极【了₂】/x 比 y adj 多【了₂】/adj 透【了₂】/adj 死【了₂】/太……【了₂】/可adj【了₂】/真是傻得不能再傻【了₂】
虚拟预测	要是……就好【了₂】
将来	要……【了₂】/该……【了₂】

这些用法中,"了₂"已经成为结构或固定表达式中的一个必需成分,其情状相

关性的意义很强，而且与非现实情态联系紧密。用于非现实情态句时"了₂"成为某些表达式中的必需成分，这似乎可以说明"了₂"与非现实情态表达间的密切关系。

综上，我们认为"了₂"具有成为情态标记的潜能。事实上，在现代汉语中，"了₂"在某些用法中已经几乎完全成为一个语气助词。如：

（1）可能你们听到那里摔了一架飞机，上百人丧生，只是嗟叹一阵，或者骂两句民航人员太差劲，草菅人命，也就罢了。可我们就不同【了】，别说是我们自己的飞机摔了，死者里有我们最好的朋友。就是不相干的外国摔了一架飞机，我们也要难受好久。

（2）这是大家都早已知道的【了】，你别说了。

这些用法中的"了"，基本不含有时体的意义，表明说话人对命题真值的是认态度，具备话语标记的三大特点。但是，这种用法还比较少，不能成为"了₂"的原型意义。因此我们认为，在现代汉语中，"了₂"是一个时体标记词，但它正在向情态标记发展；或者更进一步说，现代汉语里出现了一个"了₃"。基于此，我们将"了₂"看作是语气助词的边缘成员。

2.1.3 啦

关于"啦"，有学者认为它是"了＋啊"的合音（朱德熙 1982：207），也有学者认为，"了₂"是"啦"的弱化形式（金立鑫 1998），郭小武（2000）则认为"啦"是"了₂"在强语气条件下的一种变韵形式。无论是哪种看法，"啦"似乎都与"了₂"有关联。它的使用条件的确与"了₂"相近，即它也能用在过去已然情状和未来情状中，在很多情况下，"啦"可以和"了₂"换用。如：

告他【啦】，我也不知道他为什么这会儿还不来。

我早就想跟你谈谈【啦】——你怪了不起的呀！

可以，我刚才骂了谁【啦】？

你别管我是谁，告诉我他去哪儿【啦】？

那只好下次再合作【啦】。

最好是没被煽唬过，压根没看过我东西的人，这样我就不觉得对不住谁【啦】。

别贫【啦】，都去洗手。

那，叔叔，要是你碰上敌人，你也会成战斗英雄【啦】？

但是，"啦"的语气助词地位似乎从未被质疑过。这是因为"啦"只能用在说话人直接对听话人的当时当地的交际语境中,而很少用在一个叙述性语篇中①,它比"了₂"更具有引发交际场景(ground)的作用,表现出的主观性程度更高②。在某些方言,如粤语中,"啦"的时体表达功能已经完全弱化,可以和其他时体标记共现。因此,我们将"啦"看作是语气助词的非典型成员。

2.2　"来着""着呢"

语气助词"来着"和"着呢",最初都主要用于表达时体功能,同时带有一定的情态意义,后来,情态意义逐渐凸显,凝固为一个语气助词。孙锡信(1999:188—192)、罗骥(1998)有比较清晰的描写,在此我们不再举例说明。它们逐渐演变的痕迹,在现代汉语共时平面上,也仍然可以看出来。以"着呢"为例:

(1) 持续/进行态"着"+呢

躺【着】【呢】。

这些规定都在票后面印【着】【呢】,你应该知道。

没戏,谁都没戏,皮带环在我手里攥【着】【呢】——让他们来吧!

(2) 持续/进行态"着"+呢 ～ 性状+着呢

王眉说,"我心里矛盾【着】【呢】。"

烦【着】【呢】烦【着】【呢】,别理我。

人家心里难受【着】【呢】,你还说笑话,真不称职,你应该安慰我。

(3) 性状+着呢

我睁开眼:"困【着呢】。"

"我当然是,"胡亦白我一眼,"我兴趣广【着呢】!"

我不像他们,没架子,爱教【着呢】。

在第一组用法中,"着"与"呢"没有捆绑为一个语言单位,"着"表持续/进行;而在第二组例句中,"着+呢"却可以有两种解释的可能性,我们既可以将"矛盾着呢"理解为"正在矛盾",也可以理解为"非常矛盾",这是"着+呢"凝固为"着呢"的桥梁;第三组例句中,"着呢"已经完全凝固为一个词。当"着呢"凝固为一个语气助词后,它就只表达情态意义,而与持续/进行态无关了。可见,在"着呢"的演变过程中,语境起了重要的作用。

①　因此"啦"的使用限制远远大于"了₂"。在我们检索的语料中,仅《空中小姐》就检索到"了₂"102 例(还不包括"了₂""了₁"融合用法),而啦则在全部语料(王朔小说)中才出现 181 次。
②　参看 Langacker(1991)、沈家煊(2001)。

从以上的分析可以看出,在时体标记向情态标记演变的过程中,有着两个重要的决定因素:一是时体标记自身带有一定的主观性特征,将情状看作一个整体,时体标记具有与命题并立的地位;二是时体标记与语气助词共现,在适宜的语境中,时体意义淡化,情态意义凸显,从而凝固为一个语气助词。

三、"啊、呢"的情态与时体表达功能

正如 Hopi 语中时体标记来源于情态标记一样,现代汉语中语气助词"啊"在时体表达和情态表达间的渗透上,也遵循从情态向时体演变的方向。"啊"是一个典型的语气助词,但是,它也已经开始向时体领域渗透,可用于表达长久持续的意义,如"我吃啊吃啊,一碗猪肝汤吃了大半天,终于把全部的猪肝都吃完了"。这个意义目前还只是语境隐含意义,"啊"能否完全独立为一个时体标记,还有待历史的检验。陈光(2003)对此有专文论述,不赘。本节我们主要探讨语气助词"呢"的情态和时体表达间的相互渗透问题。

在现代汉语共时平面,"呢"的主要作用在于"说话人在预设基础上点明某一点,提请听话人注意"。如:

跟你没关系,骂我【呢】!

我才没有写过什么诗【呢】。

还大学生【呢】,连这点事儿都不懂。

同时,"呢"常常与持续/进行中的情状共现。如:

哟,你可来了,我们正说你【呢】,外面车不好坐吧?

嗯,你知道他能写几笔,正在写小说【呢】。

买菜去了,你瞧这几根黄瓜多嫩,顶着花【呢】。

胡明扬(1981)认为,在这些语句中,"呢"不是一个持续态标记,因为"呢"都可以去掉,而且去掉后语句仍描述持续/进行情状,我们同意该看法。"呢"的出现只是增加了"点明某一点,提请听话人注意"的情态意义。但是,另一方面,也有如下一些语言事实:

你干什么呢?

我看书呢。

句中没有其他的持续/进行标记词,可是"我看书呢"却表达了一种持续/进行中的情状,而"我看书"则仅仅是一个通常情状的表述,甚至是不自足的。因此,我们只能认为这个持续/进行意义与"呢"有关。那么,"呢"是否存在着时体表达和情

态表达间的演变？

"呢"的历史来源问题在汉语史界一直是没有定论的问题之一。据曹广顺(1995)，"呢"是元明时期开始广泛使用的一个语气助词，它的来源可能有两个：一是聻，一是在/里。"聻"最初主要用于特指疑问句中，主要是用于名词性成分或疑问词之后，到宋代用法扩展为兼表疑问、停顿、提示、感叹等多种功能，可能元代前后字形改为"呢"。"在/里"都是"申言之词，以祛疑树信"为用，主要用于陈述句，到宋代发展出用于问句的用法，至明代，"呢"逐渐取代了"在/里"。吕叔湘《释〈景德传灯录〉中在、著二助词》认为，用于非疑问语气的"呢"是"哩"的变形，"哩"源于"在里"，简言为"在"或"里"。

这两个不同来源的"呢"与时体表达间的渗透关系可能是不同的。"聻"在其产生之初一直发展到宋代，都没有发现与进行/持续时体意义纠结的用例。而"在、里"却有大量的用例与持续/进行时体意义有纠结。如①：

佛向经中说着里，依文便请唱将来。（父母恩重经讲经文，敦煌变文集）

又云："汝三生中汝今生何生？实向我说看。"仰山云："想生相生，仰山今已淡泊也，今正流注里。"（祖堂集，5，69）

此道理平铺地放著里，何必如此！（程语33）

你更看，峨眉下秋水，似赛九底，见他三五二，正闷里，也须欢喜。（宋词83）

我自做著天里。（程语67）

虽然学者们基本认可"在、里"是"呢"的来源之一，但是，也有学者认为"里"如何发展为语气助词的过程还不清楚（太田辰夫1987）。根据语料，我们也很难分辨出"在、里"表示语气的意义与时体表达的意义孰先孰后，抑或是相伴而生。有三个比较明显的事实或许可以为我们提供一些理解的线索：一，在"里"由处所义虚化为用于进行/持续意义时，几乎都可以同时有语气意义的理解；二，"里"最先总是与其他时体标记共现用于进行/持续情状的，而后才发展出独立用于进行/持续情状；三，汉语史的研究一直都将"里"笼统地归并为表示疑问语气或夸张肯定语气，而忽略它表达进行/持续时体意义的功能，这从侧面反映出"里"的语气表达功能是非常凸显的。

无论"呢"用于进行/持续情状时，它的来源是"聻"还是"在/里"，至少在现代汉语共时平面上，这两个不同来源的"呢"已经取得了一些共同的情态意义，而且"在、

---

① 前两例使用了曹广顺(1995：175)，后三例使用的是罗骥(2003：15)的例子。

里"的上述用法一直延续到现代汉语而基本上没有改变，所以，我们以下就讨论"呢"在现代汉语中的用法。

"呢"的基本情态意义是指明某一点，在交际场景中，持续/进行中的情状是一个不容置疑的事实，当该事实与交际场景发生关联的时候，说话人可以借助"呢"来凸显这个事实并请听话人注意。如：

嗯，你知道他能写几笔，正在写小说。

嗯，你知道他能写几笔，正在写小说【呢】。

这个语句如果不用"呢"，也表进行中的情状，但是，只是一个客观的表述。而在这个交际场景中，说话人的目的是向听话人指明"他正在写小说"这一事实，而这一事实听话人可能并不知晓，因此，"呢"的使用可以传达说话人的意图。即使那些表"持续/进行"情状的"呢"（也许来源于"在/里"）在现代汉语中也带有指明事实的语气作用。表持续/进行情状，说话人完全可以选择"正/在"，之所以选择"呢"，是因为它有表达语气的功能。所以，"呢"用于时体表达时不但相当受限，而且时体表达的意义是依附在情态意义之上的。

四、关　于　"的"

"的"的问题比较复杂。在现代汉语中，它的一部分用法能够满足语气助词的判定标准，即当"的"用于非过去事件句的时候，可以省略而不影响语句的句法合法性和命题意义。如：

他今天不可能来的，你别等了。

别人怎么样我不知道，他一定愿意去的。

我不会开这种拖拉机的，你别让我开。

没我你们赢不下来的，还是请我帮忙吧。

他的手艺很高明的，你不知道吗？

这些用例中，或者有情态助动词或者是非现实情态句（假设句），或者是形容词谓语句。"的"不具有时体意义，只增加了语句的一种情态意义：情况就是这样[1]，它明确标记着来自说话人的断定，往往含有对听话人的挑战，如：

（1）他今天不可能来的，你别等了。

听话人在等待，这一事实表明听话人有一个判断——"他今天会来"。说话人

---

[1]　赵元任（1979）认为"的"表达的意义是"事实就是这样"。我们认为不准确，因为用于非过去事件时，并没有事实存在，而只是一种可能事实。所以，我们改为"情况就是这样"。

不同意这个判断,因此使用"的"来对听话人加以挑战,同时标记自己肯定的断言态度。

（2）别人怎么样我不知道,他一定愿意去的。

说话人假定听话人认为"很多人不愿意去",并对这一论断作出挑战,"是一定愿意去的",标记着说话人的断定态度。因此,"的"的语境关联性是比较明显的。

同时,"的"可以用于已发生事件,强调动作发生的时间、地点、方式等,有学者（房玉清 1992、宋玉柱 1981、史有为 1992 等）将它作为过去时间指示标记[①]。如:

我特意请假赶来的。

我上星期来北京的。

我在上海认识他的。

我坐车来的。

"的"的所谓过去时间标记的用法,木村英树（2003）有过分析,他认为"的"的作用在于对既定动作进行区分,因而它必然与过去时间有着密切的联系。陆丙甫（2003）认为"的"的语气性和时态性用法是从其基本功能——描写性推导出来的。但是,他们都没有论证"的"的情态意义是通过什么途径发展而来的。

我们将"的"看作是一个边缘语气助词。因为它用于非过去事件句时,已经具有了语气助词的基本特征,但是,当它与"是"共现时,却又要失去句法、意义上自由隐现的能力。无论如何看待"的"诸多用法间的关系,"的"既可以用于时体表达,也可以用于情态表达,却是肯定的。我们尚不清楚该如何看待"的"的演变方向问题,留待今后。

五、结　束　语

通过以上分析可以看到,语气助词在时体表达和情态表达间的演变是双向的。在演变的过程中,语境和语用推理都起着重要的作用。不同的语气助词处于不同的演变阶段上:"了$_2$"已经开始向情态表达演变;"的"虽然已向情态表达渗透,但是,需要其他情态成分配合,与"是"之间的纠缠尚未了断;"啦"虽然与时体表达关系密切,且隐现与否对语句的句法合法性影响较大,但在情态表达上特点比较明显;"来着"已经完成了演变过程,但是,时体用法和情态用法并存;"着呢"已经完成了从时体向情态的演变,成为一个独立的语气助词;"呢""啊"则已开始向时体表达渗透;

---

① 但是,袁毓林（2003）认为,将"的"看作是时间指示标记不具有概括性,他认为"（是）……的"是一个焦点结构标记,用在事态句中。

而"吧、嘛、吗、罢了"尚未与时体表达发生渗透现象。

既然情态标记(本文中即指语气助词)和时体标记之间存在着互相演变的关系,我们在判断某个词语是否为语气助词时,就得坚持用发展的眼光,从语言系统性的整体特点出发加以考虑。如果把语气助词作为一个原型范畴来看,它也有典型成员和非典型成员的区分:

典型成员:啊、嘛、吧、吗、呢、着呢、罢了、来着、不成、呗

非典型成员:啦

边缘成员:了$_2$、的

参考文献:

1. 曹广顺.近代汉语助词[M].北京:语文出版社,1995.

2. 陈光."啊"的形态特质与"—啊—啊"所示展延量的差异[J].汉语学习,2003(4).

3. 陈前瑞.汉语体貌系统研究[D].武汉:华中师范大学,2003.

4. 陈贤纯.句末"了"是语气助词吗?[J].语言教学与研究,1979(1).

5. 房玉清.实用汉语语法[M].北京:北京语言学院出版社,1992.

6. 胡明扬.北京话的语气词和叹词[J].中国语文,1981(5—6).

7. 江蓝生.疑问语气词"呢"的来源[J].语文研究,1986(2).

8. 金立鑫.试论"了"的时体特征[J].语言教学与研究,1998(1).

9. 柯理思.试论谓词的语义特征和语法化的关系[M]//语法化与语法研究(一).北京:商务印书馆,2003.

10. 李讷,安珊迪,张伯江.从话语角度论证语气词"的"[J].中国语文,1998(2).

11. 刘勋宁.现代汉语句尾"了"的来源[J].方言,1985(2).

12. 刘勋宁.现代汉语句尾"了"的语法意义及其与词尾"了"的联系[J].世界汉语教学,1990(2).

13. 陆丙甫."的"的基本功能和派生功能——从描写性到区别性再到指称性[J].世界汉语教学,2003(1).

14. 罗骥.现代汉语"着呢"的来源[M]//汉语史研究集刊(第1辑).成都:巴蜀书社,1998.

15. 吕叔湘.现代汉语八百词[M].北京:商务印书馆,1980.

16. 木村英树."的"字句的句式语义及"的"的功能扩展[J].中国语文,2003(4).

17. 宋玉柱.关于时间助词"的""来着"[J].中国语文,1981(4).

18. 沈家煊.语言的"主观性"和"主观化"[J].外语教学与研究,2001(4).

19. 史有为.呼唤柔性——汉语语法探异[M].海口:海南出版社,1992.

20. 孙锡信.近代汉语语气词[M].北京:语文出版社,1999.

21. 王力.王力文集(第一卷)[M].济南:山东教育出版社,1984.

22. 杨永龙.《朱子语类》完成体研究[M].开封:河南大学出版社,2001.

23. 袁毓林.从焦点理论看句尾"的"的句法语义功能[J].中国语文,2003(1).

24. 赵元任.汉语口语语法[M].吕叔湘,译.北京:商务印书馆,1979.

25. 朱德熙.语法讲义[M].北京:商务印书馆,1982.

26. Comrie B. Aspect: An Introduction to the Study of Verbal Aspect and Related Problems[M]. London: Cambridge University Press, 1976.

27. Comrie B. Tense [M]. London: Cambridge University Press, 1985.

28. Langacker. Foundation of Cognitive Grammar (2 *Vols.*) [M]. Standford: Standford University Press, 1991.

29. Leech. Pragmatic Principles[M]. London:Longman, 1983.

30. Li & Thompson. Mandarin Chinese: a Functional Reference Grammar [M]. California: University of California Press, 1981.

31. Lyons. Semantics[M]. London: Cambridge University Press, 1977.

附录2 情态助动词的句法分布一览表

	只能带谓词性宾语	不能重叠	不能带后缀"了、着、过"	可以放在"x不x"的格式里	可以放在"不x不verb"的格式里	否定式	可以单说	受"很"等程度副词修饰	进入"是x的"格式
可能	+	+	+	+	+	不~	+	+	+
可以	+	+	+	+	+	不~	+		+
应该	+	+	+	+	+	不~	+	+	+
应当	+	+	+	+	+	不~	+		+
能	+	+	+	+	+	不~ 没~	(+)	(+)	
能够	+	+	+	+	(—)	不~			
会	(+)	+	+	+	+	不~	(+)	(+)	
该(应)	+	+	+	+	+	不~			
得	+	+	+		+	不用	(—)		
想	+	+	+	+	+	不~	+	+	
要	+	+	+	+		不~/不想	(—)		
肯	+	+	+	+	+	不~	+		
愿意	+	+	+	+		不~	+		+
情愿	+	+	+	+		不~			+
乐意	+	+	+	+		不~	+	+	+
敢	+	+	+	+	+	不~ 没~	+		
许	+	+	+	+	(+)	不~			
准	+	+	+	+	(+)	不~			

参 考 文 献

1. 白世俊.can情态的语义表述与can话语的关联理解[J].外语与外语教学,1999(10).

2. 白世俊.论英语情态助动词意义假说及其单义回归[J].外语与外语教学,2000(11).

3. 北大中文系现代汉语教研室.现代汉语[M].北京:商务印书馆,1993.

4. 曹逢甫.主题在汉语中的功能研究[M].谢天蔚,译.北京:语文出版社,1995.

5. 曹志耘.语气词运用上的性别差异[J].语文研究,1987(3).

6. 曹广顺.近代汉语助词[M].北京:语文出版社,1995.

7. 陈光 ."啊"的形态特质与"一啊一啊"所示延展量的差异[J].汉语学习,2003(4).

8. 陈前瑞.汉语体貌系统研究[D].武汉:华中师范大学,2003.

9. 陈望道.文法简论[M].上海:上海教育出版社,1979.

10. 陈一.句类与词语同现关系刍议[J].中国语文,2005(2).

11. 陈颖.现代汉语传信范畴研究[M].北京:中国社会科学出版社,2009.

12. 陈振宇.再说"会"[J].世界汉语教学,2020(1).

13. 储诚志.语气词语气意义的分析问题——以"啊"为例[J].语言教学与研究,1994(4).

14. 词库小组.中文词类分析(第三版)[M].台北南港:"中研院"资讯科学研究所,中文词知识库小组,1993.

15. 崔希亮.事件情态和汉语的表态系统[M]//语法研究和探索(12).北京:商务印书馆,2003.

16. 崔希亮.汉语语气词"嘛"的情态意义[J].语言教学与研究,2019(4).

17. 戴维·克里斯特尔.现代语言学词典[M].沈家煊,译.北京:商务印书馆,2004.

18. 丁健.语言的"交互主观性"——内涵、类型与假说[J].当代语言学,2019(3).

19. 丁声树.现代汉语语法讲话[M].北京:商务印书馆,1979.

20. 董秀芳."的"字短语做后置关系小句的用法——兼评法律文献中"的"字短语的用法[J].语言文字应用,2003(4).

21. 杜道流.与"多(么)、太、好"有关的感叹句[J].语言研究,2004(3).

22. 渡边丽玲.助动词"可以"与"能"的用法比较分析[M]//第六届国际汉语教学研讨会论文选.北京:北京大学出版社,2000.

23. 段业辉.中古汉语助动词研究[M].南京:南京大学出版社,2002.

24. 范晓.汉语的句子类型[M].太原:书海出版社,1998.

25. 范晓蕾.以汉语方言为本的能性情态语义地图[M]//语言学论丛(43).北京:商务印书馆,2011.

26. 范晓蕾.以"许可—认识可能"之缺失论语义地图的形式和功能之细分——兼论情态类型系统之新界定[J].世界汉语教学,2014(1).

27. 方霁.现代汉语祈使句的语用研究[J].语文研究,1999(4)/2000(1).

28. 方梅.北京口语中语气词的功能研究[J].中国语文,1994(2).

29. 方梅.北京话语气词变异形式的互动功能——以"呀、哪、啦"为例[J].语言教学与研究,2016(2).

30. 房玉清.实用汉语语法[M].北京:北京语言学院出版社,1992.

31. 戴耀晶.传信与传疑:汉语疑问句的语义分析——纪念《马氏文通》出版100周年[M].语文论丛(6).上海:上海教育出版社,2000.

32. 高华.张唯.汉语附加问句的互动功能研究[J].语言教学与研究,2009(5).

33. 高增霞.疑问祈使句"Q+吧"及其中"吧"的功能[J].湖南师范大学社会科学学报,2009(5).

34. 郭春贵.复合趋向补语与非处所宾语的位置问题补议[J].世界汉语教学,2003(3).

35. 郭锐.过程和非过程——汉语谓词性成分的两种外在时间类型[J].中国语文,1997(3).

36. 郭锐."吗"问句的确信度和回答方式[J].世界汉语教学,2000(2).

37. 郭锐.现代汉语词类研究[M].北京:商务印书馆,2002.

38. 郭小武."了、呢、的"变韵说——兼论语气助词、叹词、象声词的强弱两套发音类型[J].中国语文,2000(4).

39. 郭昭军.从"会₂"与"可能"的比较看情态词"会₂"的句法和语义[M]//语法

研究和探索.北京:商务印书馆,2003.

40. 高名凯.汉语语法论[M].上海:开明出版社,1948.

41. 高书贵."毕竟"类语气副词与预设[J].天津大学学报,2000(2).

42. 郝雪飞.感叹句原型类别及基本句式分析[M]//北京地区第三届对外汉语教学学术研讨会论文选.北京:北京大学出版社,2003.

43. 何容.中国文法论[M].北京:商务印书馆,1985.

44. 何自然.语用学概论[M].长沙:湖南教育出版社,1988.

45. 贺阳.试论汉语书面语的语气系统[J].中国人民大学学报,1992(5).

46. 贺阳,劲松.北京话语调的实验探索[J].语言教学与研究,1992(2).

47. 贺阳,刘芳.北京话甚低语调及其功能——兼论语气词"啊""吧"的性质[J].语文研究,2016(3).

48. 侯瑞芬.以力量与障碍看现代汉语情态动词"可以""能""会"[M]//语言学论丛(40).北京:商务印书馆,2009.

49. 胡附,文炼.词类划分中的几个问题[J].中国语文,2000(4).

50. 胡裕树.现代汉语[M].上海:上海教育出版社,1979.

51. 胡壮麟.英汉疑问语气系统的多层次和多元功能解释[M].外国语,1994(1).

52. 胡明扬.北京话的语气词和叹词[J].中国语文,1981(5—6).

53. 胡明扬.语气助词的语气意义[J].汉语学习,1988(6).

54. 胡明扬.陈述语调和疑问语调的"吧"字句[J].语文建设,1993(5).

55. 黄伯荣.陈述句、疑问句、祈使句、感叹句[M].上海:上海教育出版社,1984.

56. 黄伯荣,廖序东.现代汉语[M].北京:高等教育出版社,1997.

57. 黄国营."吗"字句用法初探[J].语言研究,1986(2).

58. 黄国营.语气副词在"陈述—疑问"转换中的限制作用及其句法性质[J].语言研究,1992(1).

59. 黄国营.句末语气词的层次地位[J].语言研究,1994(1).

60. 黄南松.试论短语自主成句所应具备的若干语法范畴[J].中国语文,1994(6).

61. 黄郁纯.汉语能愿动词之语义研究[D].台北:台湾师范大学,1999.

62. 纪繁馨.英语情态助动词与汉语能愿动词的比较[J].语言教学与研究,1986(3).

63. 蒋平."要"与"想"及其复合形式、连用现象[J].语文研究,1983(2).

64. 江蓝生.疑问语气词"呢"的来源[J].语文研究,1986(2).

65. 金立鑫.试论"了"的时体特征[J].语言教学与研究,1998(1).

66. 金兆梓.国文法之研究[M].北京:商务印书馆,1983.

67. 柯理思.试论谓词的语义特征和语法化的关系[M]//语法化与语法研究(1).北京:商务印书馆,2003.

68. 孔令达.影响汉语句子自足的语言形式[J].中国语文,1994(6).

69. 匡鹏飞.主观推测标记"想来"的功能泛化与拓展[J].当代修辞学,2017(3).

70. 黎锦熙.新著国语文法[M].北京:商务印书馆,1955.

71. 李广明.感叹句及其分类[J].天水师专学报(哲社版),1994(1,2).

72. 李晋霞,刘云.从"如果"与"如果说"的差异看"说"的传信义[J].语言科学,2003(3).

73. 李明.汉语助动词的历史演变研究[D].北京:北京大学,2001.

74. 李明.两汉时期的助动词系统[M]//语言学论丛(25).北京:商务印书馆,2002.

75. 李军.汉语使役性言语行为的话语构成及其功能[J].语文建设,1998(5,6).

76. 李军.使役方式与情景制约关系分析[J].现代外语,2001(4).

77. 李军.使役性言语行为分析[J].语言文字应用,2003(3).

78. 李讷,安珊迪,张伯江.从话语角度论证语气词"的"[J].中国语文,1998(2).

79. 李泉.副词和副词的再分类[M]//胡明扬.词类问题考察.北京:北京语言学院出版社,1996.

80. 李泉.从分布上看副词的再分类[J].语言研究,2002(2).

81. 李珊.动词重叠式研究[M].北京:语文出版社,2003.

82. 李英哲,郑良伟等.实用汉语参考语法[M].北京:北京语言学院出版社,1990.

83. 李宇明,唐志东.儿童反复问句和"吗""吧"问句发展的相互影响[J].中国语文,1991(6).

84. 李战子.情态——从句子到语篇的推广[J].外语学刊,2000(4).

85. 李战子.从语气、情态到评价[J].外语研究,2005(6).

86. 李咸菊.北京话话语标记"是不是""是吧"探析[J].语言教学与研究,2009(2).

87. 廖秋忠.《语气与情态》评介[J].国外语言学,1989(4).

88. 梁丹丹.会话中"对吧"的语用功能[J].修辞学习,2006(1).

89. 梁式中.关于助动词[J].中国语文,1960(5).

90. 刘丽艳.话语标记"你知道"[J].中国语文,2006(5).

91. 刘勋宁.现代汉语句尾"了"的来源[J].方言,1985(2).

92. 刘勋宁.现代汉语句尾"了"的语法意义及其与词尾"了"的联系[J].世界汉语教学,1990(2).

93. 刘坚.论助动词[J].中国语文,1960(1).

94. 刘月华.句子的用途[M].北京:人民教育出版社,1990.

95. 刘月华,潘文娱,故韡.实用现代汉语语法(增订本)[M].北京:商务印书馆,2001.

96. 刘云.类型学视野下的汉语认识情态副词语法化研究[D].北京:北京大学,2010.

97. 卢英顺."这样吧"的话语标记功能[J].当代修辞学,2012(5).

98. 卢勇军.互动视角下附加问句的信息类型、认识立场与交互功能[J].语言教学与研究,2020(6).

99. 陆丙甫."的"的基本功能和派生功能——从描写性到区别性再到指称性[J].世界汉语教学,2003(1).

100. 陆俭明.现代汉语中一个新的语助词"看"[J].中国语文,1959(10).

101. 陆俭明.由"非疑问形式+呢"造成的疑问句[J].中国语文,1982(6).

102. 陆俭明.关于现代汉语里的疑问语气词[J].中国语文,1984 (5).

103. 卢英顺."这样吧"的话语标记功能[J].当代修辞学,2012(5).

104. 鲁川.语言的主观信息和汉语的情态标记[M]//语法研究和探索(12).北京:商务印书馆,2003.

105. 鲁晓琨.现代汉语基本助动词语义研究[M].北京:中国社会科学出版社,2004.

106. 罗骥(2003).北宋语气词及其源流[M].成都:巴蜀书社.

107. 罗耀华,李向农.揣测副词"或许"的词汇化与语法化[J].古汉语研究,2015(3):15—22.

108. 吕叔湘.现代汉语八百词[M].北京:商务印书馆,1980.

109. 吕叔湘.中国文法要略(吕叔湘文集第一卷)[M].北京:商务印书馆,1993.

110. 马蒂尼奇.语言哲学[M]. 牟博,等译.北京:商务印书馆,1998.

111. 马建忠.马氏文通[M].北京:商务印书馆,1983.

112. 马庆株.汉语动词和动词性结构[M].北京:北京语言学院出版社,1992.

113. 马清华.词汇语法化的动因[J].汉语学习,2003(2).

114. 马悦然.关于古代汉语表达情态的几种方式[J].中国语文,1982(2).

115. 马真.关于表重复的副词"又"、"再"、"还"[M]//语法研究和探索(10).北京:商务印书馆,2000.

116. 彭利贞.现代汉语情态研究[M].北京:中国社会科学出版社,2007.

117. 彭小川.关于是非问句的几点思考[J].语言教学与研究,2006(6).

118. 朴正九.汉语的助动词[M]//中国文学(第26辑)(韩国),1996.

119. 齐沪扬.语气词与语气系统[M].合肥:安徽教育出版社,2002.

120. 齐沪扬.与语气词规范有关的一些问题[J].语言文字应用,2003(2).

121. 齐沪扬.语气副词的语用功能分析[J].语言教学与研究,2003(1).

122. 强星娜.知情状态与直陈语气词"嘛"[J].世界汉语教学,2008(2).

123. 强星娜.话题标记"嘛"与语气词"嘛"[J].汉语学习,2010(4).

124. 强星娜.话题标记与句类限制[J].语言科学,2010(2).

125. 邱述德.情态助动词的语用分析[J].外国语,1995(4).

126. 屈承熹.汉语篇章语法[M]. 潘文国,等译.北京:北京语言大学出版社,2006.

127. 屈承熹,李彬.论现代汉语句末情态虚词及其英译——以"吧"的语篇功能为例[J].外语学刊,2004(6).

128. 饶宏泉."来着"的认识定位与情态功能[J].语言教学与研究,2019(4).

129. 邵敬敏.语义对"比"字句中助动词位置的制约[J].汉语学习,1992(3).

130. 邵敬敏.现代汉语疑问句研究[M].上海:华东师范大学出版社,1996.

131. 沈家煊.不对称和标记论[M].南昌:江西教育出版社,1999.

132. 沈家煊.语言的"主观性"和"主观化"[J].外语教学与研究,2001(4).

133. 沈家煊.复句三域"行、知、言"[J].中国语文,2003(3).

134. 沈家煊.跟副词"还"有关的两个句式[M]//语法化与语法研究(一).北京:商务印书馆,2003.

135. 沈炯.北京话声调的音域和语调[M]//林焘,王理嘉,等.北京语音试验录.北京:北京大学出版社,1985.

136. 沈力.汉语的直陈语态范畴[M]//语法研究和探索(12).北京:商务印书馆,2003.

137. 石毓智.肯定与否定的对称与不对称[M].北京:北京语言文化大学出版

社,2001.

138. 石毓智,张萍."呢"的语法意义及与疑问代词共现的条件[J]. Journal of the Chinese Language Teaching Association, 1995, 30:2.

139. 史金生.语气副词的范围、类别和共现顺序[J].中国语文,2003(1).

140. 司红霞."这样吧"试析[J].语言文字应用(增刊),2005.

141. 宋永圭.现代汉语情态动词否定研究[M].北京:中国社会科学出版社,2007.

142. 隋娜,胡建华.句末助词"看"的句法和语义[J].当代语言学,2019(3).

143. 孙德金.汉语助动词的范围[M]//胡明扬.词类问题考察.北京:北京语言文化大学出版社,1997.

144. 孙汝建.语气和口气研究[M].北京:中国文联出版社,1999.

145. 孙锡信.语气词"啊"的来源和"啊"音变[M]//语文论丛(6).上海:上海教育出版社,2000.

146. 史有为.得说"不能来上课了"[J].汉语学习,1994(5).

147. 汤廷池,汤志真.华语情态词序论[M]//世界华文教育协进会.第五届世界华语文教学研讨会论文集:语文分析组.台北:世界华文出版社,1997.

148. 唐嘉荣.论北京服务行业用语中的"啊"[J].学术研究(增刊),1997(6).

149. 唐秀玲."能愿性"的表达及有关问题[J].汉语学习,1997(4).

150. 陶炼.表示"或然性"的助动词"可能""会""能"之差异研究[M]//汉语论丛(1).上海:上海教育出版社,1997.

151. 汪敏锋.言者依据和预期信息——谈"吧"的两个语用功能及其形式特征[J].世界汉语教学,2018(2).

152. 王春辉.也论条件小句是话题[J].当代语言学,2012(2).

153. 万茂林.情态语言形式与礼貌[J].外语学刊(黑龙江大学学报),1994(6).

154. 王光和.汉语感叹句形式特点浅析[J].贵州大学学报(哲社版),2002(5).

155. 王虹良.认知情态与强制情态之探讨[J].兰州大学学报,1996(4).

156. 王还.汉英虚词词典[M].北京:华语教学出版社,1992.

157. 王珏.现代汉语语气词的界定标准[J].徐州师范大学学报(哲社版),2012(6).

158. 王力.中国语法理论[M]//王力文集(第一卷).济南:山东教育出版社,1984.

159. 王伟.情态动词"能"在交际过程中的义项呈现[J].中国语文,2000(3).

160. 王松茂.汉语语法研究参考资料[M].北京:中国社会科学出版社,1983.

161. 王晓钧.从留学生的语病看汉语助动词的特点和用法[J].语言教学与研究,1983(1).

162. 王瑜.现代日语口语语法[M].上海:上海译文出版社,1997.

163. 温锁林.真谓宾动词带疑问句形式宾语的语气问题[J].语文研究,2004(2).

164. 吴剑锋言语行为与现代汉语句类研究[D].上海:华东师范大学,2006.

165. 吴明清,彭家玉.论作外加语的副词[J].十堰大学学报(社科版),1996(4).

166. 吴振邦.语气词的妙用[J].语言教学与研究,1984(2).

167. 武果."主位问"——谈"非疑问形式+呢"疑问句[M]//语言学论丛(第三十二辑).北京:商务印书馆,2006.

168. 谢佳玲.汉语的情态动词[D].台北:台湾清华大学,2004.

169. 徐杰."重叠"语法手段与"疑问"语法范畴[J].汉语学报,2000(2).

170. 徐李洁.论"if"条件句的"条件"[J].现代外语,2003(2).

171. 徐晶凝.语气助词的语气义及其教学探讨[J].世界汉语教学,1998(2).

172. 徐晶凝.汉语语气表达方式及语气系统的归纳[J].北京大学学报,2000a(3).

173. 徐晶凝."反正"与"既然"[M]//北大海外教育(3).北京:华语教学出版社,2000b.

174. 徐晶凝.语气助词"吧"的情态解释[J].北京大学学报,2003(4).

175. 徐晶凝.也谈感叹句——基于句类的研究[M]//语言学论丛(33).北京:商务印书馆,2006.

176. 徐晶凝.应对形式"是啊、是的、是"的话语分析[M]//郑锦泉,曾金金.台北:新学林出版股份有限公司,2011.

177. 徐晶凝.认识立场标记"我觉得"初探[J].世界汉语教学,2012(2).

178. 徐晶凝. 论语气助词是否话题标记——兼谈"的话"的功能[M]//励耘语言学刊(1).北京:学苑出版社,2016.

179. 徐晶凝.普通话口语中"啊、呀、哪、哇"的分布[J].语言文字应用,2018(2).

180. 徐晶凝.普通话口语中语气助词"呀"与"啊"的功能分离[J].华文教学与研究,2020(1).

181. 徐晶凝,郝雪.建议言语行为内部调节手段的语用调控[J].世界汉语教学,2019(3).

182. 徐烈炯,刘丹青.话题的结构与功能(增订本)[M].上海:上海教育出版社,2007.

183. 许和平.试论"会"的语义与句法特征[J].汉语研究,1992(3).

184. 熊文.助动词研究述略[J].汉语学习,1992(4).

185. 熊文.汉语"能"类助动词和英语 can 类情态动词的对比[M]//中国对外汉语教学学会第五次学术讨论会论文选.北京:北京语言学院出版社,1996.

186. 熊文.论助动词的解释成分[J].世界汉语教学,1999(4).

187. 杨德峰.连词带语气词情况及语气词的作用[J].华文教学与研究,2018(1).

188. 杨荣祥.现代汉语副词次类及其特征描写[J].湛江师范学院学报(社科版),1999(1).

189. 杨荣祥.近代汉语副词研究[M].北京:商务印书馆,2005.

190. 杨永龙.《朱子语类》完成体研究[M].郑州:河南大学出版社,2001.

191. 杨东 .英语推测性情态助动词语义探析[J].山东外语教学,1996(2).

192. 杨晓安.汉日语音与句法语义关系的研究[D].天津:南开大学,2005.

193. 伊豆原英子.ねとよ再考——ねとよのコミュェケ-ション机能の考察(ね和よ再考——ね和よ的交际功能考察)[J].日本语教育,1993(80 号).

194. 袁毓林.现代汉语祈使句研究[M].北京:北京大学出版社,1993.

195. 袁毓林.多项副词共现的语序原则及其认知解释[M]//语言学论丛(26).北京:商务印书馆,2002.

196. 乐耀.国外传信范畴研究的新进展及理论思考[J].当代语言学,2020(3).

197. 张宝林.关联副词的范围及其与连词的区别[M]//胡明扬.词类问题考察.北京:北京语言文化大学出版社,1997.

198. 张伯江.认识观的语法表现[J].国外语言学,1997(2).

199. 张伯江,方梅.汉语功能语法研究[M].南昌:江西教育出版社,1996.

200. 张成福,余光武.论汉语的传信表达——以插入语研究为例[J].语言科学,2003(3).

201. 张亚军.副词与限定描状功能[M].合肥:安徽教育出版社,2002.

202. 张谊生.论与汉语副词相关的虚化机制[J].中国语文,2000(1).

203. 张谊生.现代汉语副词研究[M].上海:学林出版社,2000.

204. 张则顺.现代汉语确信副词研究[M].北京:中国社会科学出版社,2015.

205. 赵春利.现代汉语句末助词研究[M].北京:商务印书馆,2019.

206. 赵春利,何凡.副词"索性"的话语关联与情态验证[J].世界汉语教学,2020(3).

207. 赵元任.北京、苏州、常州语助词的研究[J].清华学报,1926(2).

208. 赵元任.汉语口语语法[M].吕叔湘,译.北京:商务印书馆,1979.

209. 郑奠,麦梅翘.古汉语语法学资料汇编[M].北京:中华书局,1983.

210. 郑曼娟.所言预期与所含预期——"我说呢、我说嘛、我说吧"的用法分析[J].中国语文,2018(5).

211. 周礼全.模态逻辑引论[M].上海:上海人民出版社,1986.

212. 朱德熙.语法讲义[M].北京:商务印书馆,1982.

213. 朱冠明.《摩诃僧祇律》情态动词研究[M].北京:中国戏剧出版社,2008.

214. 朱晓亚.现代汉语感叹句初探[J].徐州师范学院学报(哲社版),1994(2).

215. 德博拉·坦嫩.你误会了我[M].周红,祝畹瑾,译.北京:北京大学出版社,2001.

216. 祖仁植,任雪梅."毕竟"的语篇分析[J].中国语文,1997(1).

217. 邵敬敏.论语气词"啊"在疑问句中的作用暨方法论的反思[J].语言科学,2012(6).

218. Alleton, Viviane. Final Particles and Expression of Modality in Modern Chinese[J]. Journal of the Chinese Linguistics, 1981, 9:91—115.

219. Aikhenvald, A. Y & Dixon, R. M(eds.). Studies in Evidentiality[M]. Amsterdam/Philadelphia: John Benjamins Publishing Company, 2003.

220. Beeman, William O. Emotion and Instantaneous Choice in Interactional Linguistic Pragmatics: Cross-cultural Perspectives [J]. Journal of Pragmatics, 2014, 69.

221. Benvenste, Emile. Subjectivity in language [M]//Emile Benvenste (eds.). Problems in General Linguistics. Translated by Mary Elizabeth and Coral Gables. Florida: University of Miami Press, 1971:223—230.

222. Biber, Douglas & Edward Finegan. Adverbial Stance Types in English [J]. Discourse Processes, 1988, 11, 1:1—34.

223. Biber, Douglas & Edward Finegan. Styles of Stance in English: Lexical and Grammatical Marking of Evidentiality and Affect[J]. Text, 1989, 9(1):93—124

224. Bybee, J. H & Fleischman, S. Modality in Grammar and Discourse

[M]. Amsterdam/Philadelphia: John Benjamins Publishing Company, 1995.

225. Bybee, J. H. Morphology[M]. Amsterdam/Philadelphia: John Benjamins Publishing company, 1985.

226. Bybee, J. H, Perkins, R & Pagliuca, W. The Evolution of Grammar: Tense, Aspect and Modality in the Languages of the World[M]. London: the University of Chicago Press, Ltd, 1994.

227. Brinton, Laurel J. Pragmatic Markers in English-Grammaticalization and Discourse Functions[M]. Mouton De Gruyter, 1996.

228. Brown & Levinson. Universals in Language Usage: Politeness Phenomena [M]//E. Goody(eds.). Questions and Politeness: Strategies in Social Interaction. Cambridge: Cambridge University Press, 1978.

229. Brown, Penelope & Levinson, Stephen. Politeness: Some Universals in Language Usage[M]. Cambridge: Cambridge University Press, 1987.

230. Carmen, silva-corvalan. Contextual Conditions for the Interpretation of Poder and Deber in Spanish[M]//Joan Bybee & Suzanne Fleischman(eds.). Modality in Grammar and Discourse. Amsterdam/Philadelphia: John Benjamins Publishing Company, 1995.

231. Celce-Murcia, M. & Larsen-Freeman, D. The Grammar Book-An ESL/ EFL Teaching Course[M]. Newbury House Publishings, Inc., 1983.

232. Chafe, W. Evidentiality in English Conversation and Academic Writing [M]//Chafe, W & Nichols, J.(eds.). Evidentiality the Linguistic Coding of Epistemology. Norwood, N.J: Ablex, 1986.

233. Chafe, W & Nichols, J.(eds.). Evidentiality the Linguistic Coding of Epistemology[M]. Norwood, N.J: Ablex, 1986.

234. Chu, Chauncey C.(屈承熹). Beef it up With NE[J]. Journal of the Chinese Language Teachers association, 1984, XIX(3).

235. Chu, Chauncey C.(屈承熹). How Would You Like Your NE Cooked? [J]. Journal of the Chinese Language Teachers association, 1985, XX(3).

236. Chu, Chauncey C.(屈承熹).A Discourse Grammar of Mandarin Chinese [M]. New York and Bern: Peter Lang Publishing Inc, 1998.

237. Chu, Chauncey C.(屈承熹). Relevance Theory, Discourse Markers and the

Mandarin Utterance-Final Particle A/Ya [J]. Journal of the Chinese Language Teachers association, 2002, 37(1):1—42.

238. Cinque. G. Adverbs and Functional Heads: a Cross-Linguistic Perspective [M]. New York: Oxford University Press, 1999.

239. Coates, J. The Semantics of the Modal Auxiliaries [M]. London: Croom Helm, 1983.

240. Coates, J. Epistemic Modality and Spoken Discourse, Transactions of the Philological Society [M]. Oxford: Blackwell, 1987:110—131.

241. Coates, J. Gossip Revisited: Language in All-Female Groups [M]// Coates, Jennifer & Cameron, Deborah(eds.). Women in Their Speech Communities: New Perspectives on Language and Sex. Longman, 1988:94—122.

242. Coates, J. The Expression of Root and Epistemic Possibility in English [M]//Joan Bybee & Suzanne Fleischman (eds). Modality in Grammar and Discourse. Amsterdam/Philadelphia: John Benjamins Publishing Company, 1995.

243. Comrie, B. Aspect: An Introduction to the Study of Verbal Aspect and Related Problems [M]. Cambridge University Press, 1976.

244. Comrie, B. Tense [M]. Cambridge University Press, 1985.

245. Cormack & Smith. Modals and Negation in English [M]//Barbiers S, Beukema F & Wurff W(eds.). Modality and Its Interaction with the Verbal System. Amsterdam/Philadelphia: John Benjamins Publishing Company, 2002.

246. Dittmar, N. Proto-Semantics and Emergent Grammars [M]//Edite Par, Norbert Dittmar, Astrid Reich(eds.). Modality in Language Acquisition. Berlin: Walter de Gruyter, 1992.

247. Du Bois, John W. The stance triangle[M]//Robert Englebretson(eds.). Stancetaking in Discourse: Subjectivity, Evaluation, Interaction. Amsterdam/Philadelphia: John Benjamins Publishing Company, 2007:139—182.

248. De Haan, Ferdinand. Evidentiality and epistemic modality: setting boundaries [J]. Southwest Journal of Linguistics, 1999, 18:83—101.

249. Ehrman. The Meanings of the Modals in Present-Day English [M]. The Hague: Mouton, 1966.

250. Elena, Maslova. Evidentiality in Yukaghir[M/OL]. 2001. http://www.

stanford.edu/~emaslova/evidential.pdf.

251. Englebretson, Robert. Stancetaking in Discourse[M]. John Benjamins Publishing Company, 2007.

252. Faller. Semantics and Pragmatics of Evidentials in Cuzco Quechua[D]. Stanford University, 2002.

253. Feng, Hairong. Understanding cultural variations in giving advice among Americans and Chinese[J]. Communication Research, 2015, 42(8):1143—1167.

254. Finegan, E. Subjectivity and Subjectivisation: An Introduction [M]// Stein, D & Wright, S(eds.). Subjectivity and Subjectivisation. Cambridge University Press, 1995.

255. Givon, T. Forward Implications, Backward Presupposiotns, and the Time Axis of Verbs [M]//John P. Kimball(eds.). Syntax and Semantics (Vol. 1). Seminar Press INC, 1972.

256. Givon, T. Mind, Code, and Context Esssays in Pragmatics [M]. Hillsdale: Erlbaum,1989.

257. Givon, T. Functionalism and Grammar [M]. Amsterdam: J. Benjamins, 1995.

258. Green, Georgia M. Pragmatics and Natural Language Understanding [M]. Hillsdale, N J: L. Erlbaum Associates, 1989.

259. Groefsema. Can May Must and Should: a Relevance Theoretic Account [J]. Journal of Linguistics, 1995 (31).

260. Haegenan. The Semantics of Will in Present-Day British English: a Unified Account [M]. Brussels: Verhandeling letteren, 1983.

261. Haiman, John. Conditionals are Topics[J]. Language, 1978 (3).

262. Halliday, M.A.K. An Introduction to Functional Grammar [M]. Edward Arnold Ltd, 1985.

263. Heine, B. Agent-Oriented Vs. Epistemic Modality [M]//Joan Bybee & Suzanne Fleischman(eds.). Modality in Grammar and Discourse. Amsterdam/Philadelphia: John Benjamins Publishing Company, 1995.

264. Heritage, John. Epistemic in Action: Action Formation and Territories of Knowledge[J]. Research on Language and Social Interaction, 2012, 45(1):1—29.

265. Hinkel，Eli. Appropriateness of Advice：DCT and Multiple Choice Data [J]. Applied Linguistics，1997，18(1)：1—26.

266. Hofmann，T. R. Tense Replacement and the Model System [M]//James D. Mccawley(eds.). Syntax and Semantics(Vol. 7). New York：Academic Press Inc，1976.

267. Hooper，J.B. On Assertive Predicates [M]//John P. Kimball(eds.).Syntax and Semantics(Vol 4). Academic Press，Inc.，1975.

268. Horn，L. R. Remarks on Neg-raising [M]//Peter Cole(eds.).Syntax and Semantics(Vol. 9). New York：Academic Press Inc.，1978.

269. Hoye，L. Adverbs and Modality in English [M]. New York：Longman Inc.，1997.

270. James，A. R. Compromisers in English：a Cross-Disciplinary Approach to Their Interpersonal Significance[J]. Journal of Pragmatics，1983(7).

271. Joos，M. The English Verb：Form and Meanings [M]. Madison and Milwaukee：the University of Wisconsin Press，1964.

272. Keith，Allan. Linguistic Meaning(Vol. 2)[M].Routledge& Kegan Paul INC，World Publishing Corp.，1986.

273. Kiparsky & Kiparsky. Fact in Bierwisch [M]//M.，& K. Heidolph (eds.). Progress in Linguistics. The Hague：Mouton，1970.

274. King，Brian. NE—a Discourse Approach[J]. Journal of the Chinese Language Teachers Association，1986，XXI(1).

275. Kratzer. What Must and Can Must and Can Mean[J]. Linguistics and Philosophy，1977(1).

276. Lampert，G & Lampert，M. The Conceptual Structure(s)of Modality：Essences and Ideologies [M]. Peter Lang GmbH，2000.

277. Langacker. Foundation of Cognitive Grammar [M]. Standford University Press，1991.

278. Leech. Principles of Pragmatics [M]. London：Longman，1983.

279. Levison，S.C. Pragmatics [M]. 外语教学与研究出版社 & 剑桥大学出版社,2001.

280. Li & Thompson. Mandarin Chinese：a Functional Reference Grammar

［M］. University of California Press，1981.

281. Lyons，J. Semantics ［M］. London：Cambridge University Press，1977.

282. Lyons，J. Linguistics semantics，an introduction ［M］. Cambridge University Press，1995.

283. Martin John，Peter White. The Language of Evaluation：Appraisal in English. Palgrave Macmillan，2005.

284. Maynard，Senko. K. Discourse Modality—Subjectivity Emotion and Voice in the Japanese Language ［M］. Amsterdam/Philadelphia：John Benjamins Publishing Company，1993.

285. Miller. Semantic Relations Among Words ［M］. Halle，Morris et al. Linguistic Theory and Psycholinguistic Reality. Cambridge，MA：MIT Press，1978.

286. Myhill，J & Smith，L.A. The Discourse and Interactive Functions of Obligation Expressions ［M］//Joan Bybee & Suzanne Fleischman(eds.). Modality in Grammar and Discourse. Amsterdam/Philadelphia：John Benjamins Publishing Company，1995.

287. Nuyts，Jan. Subjectivity as Evidential Dimension in Epistemic Modal Expressions［J］. Journal of Pragmatics，2001，33：383—400.

288. Nuyts，Jan. Notions of(inter) subjectivity［J］. English Text Construction，2012，5：53—76.

289. Ohta，Amy Snyder. Evidentiality and politeness in Japanese［J］. Applied Linguistics，1991，2(2)：211—238.

290. Palmer，F.R. Modality and the English Modals ［M］. NewYork：Longman Inc.，1979/1995.

291. Palmer，F. R. Mood and Modality ［M］. Cambridge University Press，1986.

292. Par，E，Dittmar，N & Reich，A. Modality in Language Acquisition ［M］. Berlin：Walter de Gruyter，1993.

293. Postma. Negative Polarity and Modality in Middle Dutch ghe-particle Constructions ［M］//Barbiers S，Beukema F & Wurff W(eds.). Modality and Its Interaction with the Verbal System. Amsterdam/Philadelphia：John Benjamins Publishing Company，2002.

294. Perkins. R. Modal Expressions in English [M]. London: Frances Pinter, 1983.

295. Precht K. Stance Moods in Spoken English: Evidentiality and Affect in British and American Conversation[J]. Text — Interdisciplinary Journal for the Study of Discourse, 2003, 23(2):239—257.

296. Quirk, R Greenbaum, Leech, G & Svartvik, J. A Comprehensive Grammar of the English Language [M]. London and New York: Longman, 1985.

297. Robers, J. R Modality in Amele and Other Papuan Languages[J]. Journal of Linguistics, 1990 (26).

298. Searle. A Taxonomy of Illocutionary Acts[M]. K. Gunderson(eds.).Studies in the Philosophy of Science, Vol. II. Minnesota, 1975.

299. Shie, Chi-Chiang(解志强). A Discourse-Functional Analysis of Mandarin Sentence-Final Particles[D]. Taipei : National Chengchi University, 1991.

300. Smith. The Parameter of Aspect [M]. Dordrecht: Kluwer Academic Publishers, 1991.

301. Smoczynska, M. The Acquisition of Polish Modal Verbs [M]//Edite Par, Norbert Dittmar, Astrid Reich (eds.). Modality in Language Acquisition. Berlin: Walter de Gruyter, 1993.

302. Stutterheim, C.V. Modality: Function and Form in Discourse [M]//Edite Par, Norbert Dittmar, Astrid Reich(eds.). Modality in Language Acquisition. Berlin: Walter de Gruyter, 1993.

303. Sweetser, E. Root and Epistemic Modals: Causality in Two Worlds [C]. Proceedings of the 8th Annual Meeting of the Berkeley Linguistic Society, 1982.

304. Sweetser, E. From Etymology to Pragmatics (从语源学到语用学:语义结构的隐喻和文化内涵). 北京:北京大学出版社,2002.

305. Talmy. Force Dynamics in Language and Cognition[J]. Cognitive Science, 1988(12).

306. Tao, Hongyin. The Grammar of Demontratives in Mandarin Conversational Discourse: A Case Study[J]. Journal of Chinese linguistics, 1999, 27(1):69—103.

307. Tiee, Henry Hung-Yeh(铁鸿业). Modality in Chinese[M]//Nam-Kil Kim

and Henry Hung-Yeh Tiee(eds.). Studies in East Asian Linguistics. Los Angeles: Department of East Asian Languages and Cultures, University of Southern California, 1985.

308. Thompson, Sandra A., Fox, Barbara A. & Couper-Kuhlen, Elizabeth. Grammar in Everyday Talk: Building Responsive Actions [M]. Cambridge: Cambridge University Press, 2015.

309. Thompson, Geoff & Susan Hunston. Evaluation: an introduction [M]// Hunston, Susan & Geoff Thompson(eds.). Evaluation in Text: Authorial Stance and the Construction of Discourse. Oxford: Oxford University Press, 2000.

310. Traugott, E.C. From Subjectification to Intersubjectification[C]. Workshop on Historical Pragmatics, Fourteenth International Conference on Historical Pragmatics, Vancouver, Cananda, 1999.

311. Traugott, E.C & Dasher, R.B. Regularity in Semantic Change [M]. Cambridge University Press, 2002.

312. Trent, Nobuko. Linguistic Coding of Evidentiality in Japanese Spoken Discourse and Japanese Politeness[D]. The University of Texas at Austin, 1997.

313. Tsang, Chui-Lim. A Semantic Study of Modal Auxiliary Verbs in Chinese [D]. Stanford University, 1981.

314. George Henrik von, Wright. An Essay in Modal Logic [M]. Amsterdam: North Holland, 1951.

315. Wierzbicka, Anna. Different Cultures, Different Languages, Different Speech Acts[J]. Journal of Pragmatics, 1985(9):145—178.

316. Willett, Thomas. A Cross-linguistic Survey of the Grammaticalization of Evidentiality[J]. Studies in Language, 1988, 12(1):51—97.

317. Wu Ruey-Jiuan. Stance in Talk: A Conversation Analysis of Mandarin Final Particles [M]. Amsterdam: John Benjamins Publishing Company, 2004.

初 版 后 记

记得师兄张新华在博士论文的后记里这样说:人要心存感激。这也是我终于为博士论文敲上最后一个句号时,脑海里涌现出的第一个句子。

是的,在读博士的三年时光里,我需要感激的人、需要感激的事太多太多了:老师、同事、学友、家人,是他们的帮助和支持伴随着我一路走了下来。

最感谢的是我最敬爱的导师王洪君老师。论文的写作,自始至终都得到了王老师的悉心指导。无论是在大框架的搭建上,还是在细节的问题上,王老师都给我提出了很多宝贵的意见,有的思想是在王老师的直接启发下才形成的。能够做王老师的博士生,是我读硕士时的梦想。那时候,我选修了王老师的"系统功能语法"课。记得当时王老师要求我们阅读韩礼德的《功能语法导论》(*An Introduction to Functional Grammar*),那是我第一次直接阅读英文专业文献,心里非常紧张。我事先把需要讲的那一节翻译为汉语,请王老师帮我看理解得是否准确。让我大吃一惊的是,王老师不但仔细地帮我修改了译文中不准确的地方,而且连表述上的问题都作了批改。就是那个时候,王老师的敏锐、博学、亲切,给我留下了深刻的印象。研究生毕业后的第五个年头,我终于如愿以偿地做了王老师的弟子。在这三年里,王老师不仅在学业上给予我悉心的指导,而且在为人和治学上也给了我很大的影响。去台湾讲学期间,王老师还不辞辛苦帮我找到了解志强的论文。此次论文成书出版,王老师欣然答应拨冗为我写序。对老师的提携与帮助,不是一个"谢"字所能包含得了的。

我还要感谢北京大学中文系语言学教研室的徐通锵老师、陈保亚老师、李娟老师、叶文曦老师和董秀芳老师以及现代汉语教研室的郭锐老师和袁毓林老师,他们都给我提出过很多很宝贵的建议。资格考试、开题报告和预答辩时,各位老师给我指出了很多不足之处,提出了宝贵的意见,促使我进一步思考主观性与情态的关系、助动词的范围、语气助词的意义等很多问题,这些都对论文的最终成形起了很大的作用。董秀芳老师还提供给我很多很有价值的参考文献。在论文成书出版的今天,敬爱的徐通锵老师已经永远离我们而去,我愿以此书告慰徐老师在天之灵。

我还要感谢我的硕士导师李晓琪老师。我是在李老师的指导下，完成对情态的最初认识，并开始学习学术论文的写作。李老师也拨冗参加了我的博士论文开题报告，给我指出了大框架和细节上存在的问题。生活上，李老师也曾给我很大的帮助，让我终生受益。

我还要特别感谢大学本科时的张玉来老师和程凯老师，是他们第一次引导我走进了语言学的殿堂，让我喜欢上了这个专业。

感谢北京大学英语系的钱军老师、何卫老师和哲学系的周北海老师，他们热情地回答了我请教过的很多问题。当然，我也要感谢所有教过我的老师，恕我不能一一将他们的名字列在这里。

感谢北京语言文化大学的崔希亮老师，他借给我谢佳玲的博士论文，让我更多地了解到境外和海外学者的研究情况。

感谢 Joan Bybee 教授、屈承熹教授和陆镜光教授。我几次通过电子邮件就情态的问题请教过 Bybee 教授，她每信必复。屈承熹教授耐心地回答我的问题，并告诉我他的几篇论文的出处。陆镜光教授还邮寄给我关于广东话语气词的论文。

我还要感谢我的同事刘颂浩和方霁，他们帮我从美国购买了急需的书籍。

论文中的很多内容，我在北京大学中文系语言学讨论班上宣读过。那时候，语言学教研室的几位老师和学友张和友、赵果、曾立英、应晨锦、宋作燕等，都提出过不少有益的见解。我还要感谢远在韩国的郑素英师姐，她几次给我提供文献材料，还特意从韩国将我需要的文献复印给我。

······

要感谢的人和事太多，恕我不能一一在此说明。谨对所有直接或间接给过我帮助和鼓励的朋友表示我最诚挚的感谢。

最后，我要特别感谢我的家人。父亲一直以来都在不停地鼓励鞭策我，他对知识的热爱与不懈的追求自小就给了我很大的影响；母亲默默的支持与关怀是我最宝贵的财富；公公婆婆四年里一直帮我照看孩子；爱人郑涛分担了一些家务，还曾冒着严寒去国家图书馆帮我借书；我还要感谢我可爱的女儿郑涵颖，她的健康、快乐与宽容是对我最大的支持。

学术的路还很长很远，我愿意继续在这条路上不懈地探求下去。

图书在版编目（CIP）数据

现代汉语话语情态研究 / 徐晶凝著. — 修订本. — 上海：
上海教育出版社，2022.1
ISBN 978-7-5720-1050-7

Ⅰ.①现… Ⅱ.①徐… Ⅲ.①现代汉语 – 助动词 – 研究
Ⅳ.①H146.2

中国版本图书馆CIP数据核字(2021)第277213号

责任编辑　毛　浩
封面设计　郑　艺

现代汉语话语情态研究（修订本）
徐晶凝　著

出版发行　上海教育出版社有限公司
官　　网　www.seph.com.cn
地　　址　上海市闵行区号景路159弄C座
邮　　编　201101
印　　刷　上海颛辉印刷厂有限公司
开　　本　700×1000　1/16　印张 17.5
字　　数　304 千字
版　　次　2022年3月第1版
印　　次　2022年3月第1次印刷
书　　号　ISBN 978-7-5720-1050-7/H·0035
定　　价　78.00 元

如发现质量问题，读者可向本社调换　电话：021-64373213